JN411649

한국 근대 기행시 연구

한국 근대 기행시 연구

정수연

한국문화사

한국 근대 기행시 연구

1판 1쇄 발행 2019년 6월 25일

지은이 | 정수연
펴낸이 | 김진수
펴낸곳 | 한국문화사
등 록 | 1991년 11월 9일 제2-1276호
주 소 | 서울특별시 성동구 광나루로 130 서울숲 IT캐슬 1310호
전 화 | 02-464-7708
팩 스 | 02-499-0846
이메일 | hkm7708@hanmail.net
웹사이트 | www.hankookmunhwasa.co.kr

ISBN 978-89-6817-047-8 93810

머리말

이 책의 1부는 정지용과 백석의 기행시편 및 기행산문을 비교 분석하여 1930년대 한국 근대시의 대표적인 두 시인의 시작에 여행 체험이 미친 영향과 시 쓰기에 관한 연구이다.

1920년대 이후의 근대적 취미이자 교양인의 생활양식으로 여행의 경험과 감각은 유학생 신분으로 바다 건너 일본과 식민지 조선 간의 왕복 여행을 경험한 정지용과 백석의 기행시편과 기행산문에 두드러지게 나타난다. 기차와 기선을 이용한 근대적 이동 수단의 경험과 수차례 바다를 건너 해외를 갔다가 돌아오는 과정에서 체험한 공간적, 지리적 감각을 시화하는 과정에서 여행은 두 시인에게 시 쓰기의 새로운 자극과 동기가 되었다.

정지용과 백석의 시에는 왜 유독 기행시편과 기행산문이 많을까. 백석의 시에서 유년의 기억을 시화한 작품을 제외하면 그의 시의 대부분은 기행시편이라고 해도 과언이 아니다. 정지용의 『백록담』에 수록된 시 25편 중 '산'을 소재로 하거나 배경으로 한 시가 20편이다. 넓게 본다면 이 시집 전체가 산행 체험을 바탕으로 한 기행시편이라고 볼 수 있다.

이것은 그들이 살았던 1930년대의 특징과 더불어서 생각해 보아야 한다. 1930년대를 특징 짓는 문화 현상 중에서, '여행'을 빼놓을 수 없다. 근대적인 의미의 여행이 가능해진 것은 기차의 부설과 관련이 깊다. 정지용은 기차의 속도에 슬픔이나 사랑 같은 감정을 투영하여 청춘의 우울과 불안을 토로하였다. 백석의 시에서 벌판을 가로지르는 철도는 새로운 세상으로 가는 화살표와 같다. 지금 여기가 아니라 항상 그 너머에 도달하기를 희망하는 백석에게 기차는 이를 실현시키는 수단이었다. 백석의 기행시편 전체를 아우르는 방랑의 근원이 여기에 있다.

정지용과 백석에게 '바다의 발견'은 기행 시편의 출발점으로 보아도 무방하다. 그들의 유학 여정에서 바다가 존재했고 이후의 시편에서 정지용은 '산'을 등반하는 것으로, 백석은 '북방'의 평원을 방랑하는 것으로 각각 시적 체험의 여정에서 방향성은 달라졌다. 여행의 체험이 누적되는 과정에서 시는 생생한 신체 감각과 구체성을 얻게 되었으며 시의 지평을 넓혀 갔다.

근대의 길항과 전항의 갈등 속에서 정지용은 구체적인 조선의 산을 등반하는 수직과 하강, 정지의 과정을 통해, 극기와 인내 등 동양적 정신에 도달하고자 하였다. 백석은 식민지 조선에서 만주까지 수평적 이동을 계속해 오면서 북방의 광활한 대륙적 개방성에 매료되었지만, 자신을 여기까지 오게 한 것이 낭만적 자유와 방랑이 아니라 더 크고 높은 사명감과 운명임을 깨닫는다.

책의 2부는 백석의 시에 대한 논문으로, 일본 유학 시절 이즈반도를 여행하고 쓴 시 2편과 기행산문 1편을 분석하여 백석이 '이즈'에 간 이유와 경로를 밝힌 논문을 1장에 실었다. 2장에는 백석 시의 구조 중 수수께끼 형식으로 된 작품 3편을 분석하여 백석 시의 창작 방법과 의미를 밝혔다.

끝으로 부족한 제자를 학문의 길로 이끌어주신 최동호 교수님, 아낌없는 성원을 보내 주시는 김재문 선배님께 마음 깊이 감사드리며, 기꺼이 출판을 맡아주신 한국문화사 김진수 사장님과 편집부 여러분께 감사드린다.

2019년 6월 정수연

차례

제1부 정지용과 백석의 기행시 연구

제2부 백석 시에 관한 소고

제1부
정지용과 백석의 기행시 연구

01 근대시에서 여행의 시적 수용

1. 지용과 백석의 기행시

1930년대는 여행의 시대라고 지칭된다. 이 글의 목적은 여행으로 근대[1]를 경험했던 시인 정지용(鄭芝溶 1902~1950)과 백석(白石

1 근대적인 의미의 여행이 시작된 것은 개항 이후 외래의 근대 문물이 수용되면서부터다. 개항 이후 외국과의 교류가 빈번해지면서 국외여행이나 기차를 이용한 국내여행이 늘어나는 추세였으며 금강산 등의 명산대찰을 여행하는 전통적인 여행 유형도 계속되었다. 여행의 중요성이나 유익함을 강조하는 지식인들의 사회적 분위기도 확산되어 갔다. 그러나 이 시기의 국외여행은 일부 관료들의 공무 수행이나 유학생들을 중심으로 한 여행이 일반적인 현상이었으며 국내 여행의 경우도 활발했다고 보기는 어렵다. 외국인의 경우 그리피스나 비숍, 캠프 등이 국내를 여행하면서 조선에 대한 느낌이나 여행의 감상을 글로 남겼다. 개항 이후 국내의 철도는 1899년 경인철도부설권을 일본이 미국으로부터 매수하여 제물포와 노량진을 구간으로 하는 경인선이 개통되었다. 1905년 서울과 부산을 잇는 경부선이 부산이 인천을 제치고 한반도의 관문이 되었다. 1906년 경의선이 개통되었다. 1909년에는 명승지의 안내판이 등장하기도 했다. 최남선이 1909년 『少年』에 발표한 기행문 「교남홍조」와 「평양행」에서 최초로 철도여행에 관한 이야기를 소개하고 있는

1912~1996)의 기행시편 및 기행산문을 중심으로 여행 체험과 감각이 어떻게 시적으로 수용되고 표현되었는지 고찰하고 그 의미를 규명하는 것이다. 아울러 근대시의 형성 과정에서 여행 체험과 기행시편은 정지용과 백석의 시에 어떤 시적 개성을 부여하였으며, 근대시의 지형도를 풍부하게 하는 데 어떻게 기여했는가를 살펴보도록 하겠다.

그동안 정지용과 백석 시에 대한 개별적 연구는 여러 학자에 의해 방면으로 심도 있게 논의되었고 수준 높은 연구 성과가 축적되었다. 최근 들어 근대적 공간에 관한 탐구로서 '여행 체험'에 집중된 논의가 진행되고 있는 점은 주목할 만하다. 정지용은 일본 교토의 도시샤 대학 영문과에서 유학 시절(1923~1929)에 쓴 「파충류동물」, 「갑판우」

데 「교남홍조」는 남대문역에서 신의주행 기차를 타고 평양에 도착하기까지 기차가 거쳐 가는 역의 이름, 역의 소재지, 철교의 이름과 길 등을 자세하게 기록하여 마치 철도 안내서를 방불케 하는 초기 여행기로서의 특징을 나타내고 있다(황민호, 「개항 이후 근대 여행의 시작과 여행자」, 『숭실사학』 제22집, 숭실대학교사학회, 2009.6). 무엇보다도 조선에 놀라움과 설렘을 안겨준 철도의 탄생은 근대적 여행을 가능하게 하는 큰 몫을 차지하였다. 철도는 국토를 가로지르며 지역을 해체하고 국가를 탄생시켰다. 이렇게 정립된 국가는 일본에 의한 근대 자본주의의 도래를 맞이해야 했고 수탈과 침범의 대상이 되었다. 먼 곳에 볼일이 있어도 며칠에 걸려서 걸어 다니는 것이 익숙했고 비싼 기찻삯이 부담스러웠던 조선인에게 기차여행은 낯선 풍습일 뿐이었다(박천홍, 『매혹의 질주, 근대의 횡단』, 산처럼, 2003). 철도의 발달에 따라 발생하는 새로운 요구로서 여행안내서 출간을 들 수 있다. 근대적 여행을 처음 시도했던 유럽 사회의 여행이 그러했듯이 여행안내서의 출간은 독자로부터 관광의 욕망을 끌어내는 데 큰 공헌을 하였다. 그리고 여행자의 수요 증가에 따른 여행업의 탄생으로 여행자는 마음만 먹으면 일정 금액을 지불하고 업체의 도움을 받아 비교적 안전한 여행을 할 수 있게 되었다(서기재, 『조선 여행에 떠도는 제국』, 소명출판, 2011).

와 금강산, 장수산, 한라산을 등반한 산행 체험을 바탕으로 한 「장수산1·2」, 「백록담」을 비롯한 다수의 기행시편과 기행산문을 발표했다. 백석은 일본 도쿄의 아오야마 학원 영어사범과 유학 시절(1930~1934)에 쓴 이즈반도 기행시편 「柿崎의 바다」, 「伊豆國湊街道」을 비롯하여, 국내 여행 후에 쓴 「남행시초」, 「함주시초」 등의 연작 기행시편과 만주 체류 시편 「杜甫나李白같이」, 「北方에서」를 남겼다.

이 논문에서는 정지용과 백석이 일본 유학이라는 공통점을 시작으로 국내외의 여러 지역을 여행하며 다수의 기행시편과 기행산문을 남겼다는 점에 주목하여, 근대에 관련된 기존의 다양한 연구의 연장선상에서 근대를 체험하는 양식의 하나인 '여행'을 주제로 이들의 시를 본격적인 분석의 대상으로 삼고자 한다. 특히 백석은 해방 이후 북한에서 쓴 동화시집과 몇 편의 시를 제외한 97편 중 여행 체험과 관련해서 읽을 수 있는 시가 48편으로 거의 절반을 차지한다.[2] 이는 새롭고 낯선 세계를 체험한 것이 백석의 시세계에 절대적인 영향을 미친 것으로 이해할 수 있다. 백석의 시에서 유년기의 기억을 시화한 작품을 제외하면 그의 시의 대부분은 기행시편이라고 해도 과언이 아니다.

정지용이 1941년 문장사에서 간행한 두 번째 시집 『백록담』에 수록된 시 25편 중 '산'을 소재로 하거나 배경으로 한 시가 20편이다. 넓게 본다면 이 시집 전체가 산행 체험을 바탕으로 한 기행시편이라고 볼 수 있다. 또한 정지용이 쓴 산문 중에서 많은 부분을 차지하는

---

2 이경수, 「백석 시에 나타난 문화의 충돌과 습합-여행·음식·종교를 중심으로」, 『한국시학연구』 제23호, 한국시학회, 2008.12, 10쪽.

것이 기행산문이다. 시집 『백록담』에 수록된 정지용의 기행시편을 세밀하게 읽기 위해서는 기행산문을 함께 살펴보는 것이 필요하다. 전남 강진을 거쳐 목포에서 밤 배를 타고 제주도에 가는 여정이 담긴 그의 기행산문을 함께 보아야 시 「백록담」에 면밀하게 접근할 수 있다. 정지용이 시인 김영랑, 시인 김현구와 함께 셋이서 김영랑의 고향 강진에 머물면서 쓴 「남유(南遊)」가 있다. 소제목으로 꾀꼬리, 동백나무, 체화, 오죽·맹종죽, 석류·감시·유자를 선정하여 남도의 자연이 가진 아름다움을 서간문 형식으로 쓴 6편의 기행산문이며 1938년 8월 6일부터 23일까지 『동아일보』에 연재되었다. 「다도해기」는 『조선일보』에 1938년 8월 23일부터 30일까지 실린 총 6편의 기행산문으로 이가락(離家樂), 해협병(海峽病)(1·2), 실적도(失籍島), 일편낙토(一片樂土), 귀거래(歸去來)를 소제목으로 하여 여행의 시작과 끝을 시간 순서대로 썼다.[3] 특히 「다도해기」에서는 동양 고전에서 사용하는 한자어로 소제목을 붙여서 여행의 동기가 옛 선비의 풍류와 정취를 쫓는 것처럼 의도하였다. 그러나 산문의 내용은 실제로 그렇지 않다.

근대적인 여행을 하면서도 간혹 기행시편이나 기행산문의 제목 또는 소제목을 한자어를 사용하여 고풍스럽게 짓는 것은, 정지용이나 백석에게 공통적으로 나타나는 부분이다. 그들은 유학 시절 영미 모더니즘의 세례를 받았지만, 이전에 한시의 전통과 한문학의 영향이 그 기저에 깔려있었다. 1930년대에 이르러 여행이 점차 대중화되고 기차와 호텔을 이용하여 편안한 방식으로 여행을 향유하면서도 경성을 비롯한 대도시가 아닌 이상에는 기차역 인근 지역이나 산이 근대

3 「남유」와 「다도해기」는 『문학독본』(1948)에 재수록되었다.

적인 공간으로 인식되지는 않았을 것이며 여전히 전통적인 삶의 방식이 영위되는 장소였다. 그러므로 1930년대의 여행에는 근대적인 것과 전통적인 것이 공존할 수밖에 없으며 이러한 시선은 기행산문과 기행시편에도 자연스럽게 반영되어 있다.

내금강 일대를 유람하고 쓴 「내금강소묘(1·2)」와 「수수어2」(『조선일보』, 1937.6.9)를 비롯하여, 정지용이 서양화가 길진섭과 함께 선천, 의주, 평양, 오룡배 등 평북 지역 및 만주[4]를 여행하고 쓴 13편의 기행산문 「화문행각」(『동아일보』, 1940.1.28~2.15)은 금강산 및 장수산을 소재로 한 기행시편을 분석하는 데 매우 유용한 자료이다.

---

4 정지용의 기행산문을 살펴보면, 만주 안동과 경남 통영이 백석과 여행 지역이 겹치는 장소라는 것을 알 수 있다. 압록강철교의 완공(1911)으로 만주 안동과 신의주가 철도로 연결되었고 안동에서 봉천을 잇는 안봉선은 남만주철도와 이어졌다. 안동은 대륙으로 이어지는 첫 번째 관문이었다. 백석은 시 「안동」을 1939년 9월 13일에 『조선일보』에 발표하였고 정지용은 1940년 1월에 만주 안동의 오룡배 온천에 다녀간 기행 산문을 『동아일보』에 발표하였다. 백석의 시에는 만주의 "이방거리"에서 보는 낯선 풍경과 풍물에 대한 관심 및 즐거움이 표현되어 있고 정지용 역시 가솔린 차 안에 만주사람들과 함께 타고 가면서 조선풍속과 다를 것이 없는 이곳에서 엉터리 만주어로도 짧은 대화가 통한다는 사실에 놀라워한다. 철도가 만주까지 연결되어 있었고 1930년대 후반은 일제가 만주 개척을 위해 조선인의 이주를 독려했던 시기였기 때문에 만주 여행을 가거나 만주로 이주를 하는 경우가 많았다. 백석이 통영에 처음 간 것은 박경련을 만나기 위한 사적인 여행이었지만 이후 1936년 2월에 동료 기자인 신현중과 함께 취재 여행으로 남해안 지역을 방문했고 『조선일보』에 3월 5일부터 8일까지 「남행시초」를 발표했다. 따뜻하고 낭만적인 분위기의 시가 주를 이룬다. 당시에는 남해안 일대도 여행지로 각광받던 시기였다. 정지용은 1950년 5월 경남 부산, 통영, 진주를 여행하고 『국도신문』(1950.5.7~ 1950.6.28)에 17편의 기행산문 「남해오월점철」을 연재하였다.

여행의 시대로서의 근대를 살펴보기 위해서는 먼저 정지용과 백석이 일본 유학길에서 반복적으로 경험한 근대적 이동 수단인 기차와 기선을 어떻게 인식하는가에 주목해야 한다. 특히 기선을 통해서 접하게 되는 '바다'에 대한 감각과 감수성은 두 시인이 서로 다른 지향점을 추구하게 하는 결정적인 역할을 한다. 충북 옥천 출신의 정지용에게 바다는 감각으로 포착하려는 낯설고 물질적인 탐구의 대상이었지만, 평북 정주 출신의 백석은 구체적인 삶의 현장으로서의 바다, 즉 항구와 해변에 주목하였다. 정지용에게 '바다', 즉 대한해협은 학습을 위해 떠나는 여행인 유학길에서 관부연락선을 통해 조우하게 된 낯설고 근대적인 '발견'에 해당한다. 그에 비해 백석의 고향인 평북 정주는 지형적으로 서해와 인접한 지역이어서 항구나 어촌이 백석에게 익숙한 풍경이었다고 할 수도 있겠다. 그러나 대한해협을 건너 도쿄에서 유학 생활을 하던 백석은 도쿄만에서 다시 바다를 건너 이즈반도의 시모다항[5]으로 갔다. 백석이 이즈반도에 가게 된 경위에 대해서는 알려진 바가 없지만 백석에게 바다는 그 너머에 있는 새로운 세계로의 확장을 상상하게 하는 출발선이었다.

여행은 근대에 새롭게 발견된 경험의 형식이다.[6] 근대적 이동 수단인 기차와 기선의 운행, 그리고 자동차의 보급으로 여행이 가능한 지역이 지리적으로 확대되었으며 이동 시간도 단축되었다. 기차의 노선도와 정차역을 따라서 국토가 근대적 의미에서 재배열되었으며, 북쪽

5 백석이 도쿄에서 이즈반도의 가기사키까지 간 이동 경로에 대해서는, 졸고 「'이즈'라는 문학적 공간-백석의 일본 유학 시기를 중심으로」(『근대문학연구』 제34호, 한국근대문학회, 2016.10)에서 자세하게 다루었다.

6 닝 왕, 『관광과 근대성:사회학적 분석』, 이진형·최석호 역, 일신사, 2004.

으로는 만주까지 이어져 만주의 안봉선과 남만주철도, 시베리아철도[7]를 통해 대륙으로 진입할 수 있었다. 부산에서 정기적으로 운항되는 관부연락선은 대한해협을 건너 일본의 시모노세키까지 이어졌고 일본 내에서는 시모노세키에서 고베까지 산요선으로, 다시 고베에서 도쿄까지 도카이도선으로 연결되었다. 일본의 조선 침탈과 물자 수탈, 그리고 대륙 침략의 교두보로 철도가 건설되었다고 하더라도 철도가 여행의 시대로서의 근대를 경험하는 데 가장 큰 역할을 담당하였다는 점을 부인할 수 없다. 가격이 비싸서 처음에는 승객이 많지 않았지만, 장거리를 빠른 시간에 이동할 수 있다는 장점은 곧 여행의 방식과 문화를 이전과는 다르게 바꾸어 버렸다.[8]

1899년 9월 18일 인천에서 노량진을 잇는 경인선을 시작으로 1905년 1월 1일에 영등포에서 부산까지 길이 441.7km의 경부선이, 1906년 4월 3일에 용산에서 평양을 거쳐 신의주까지 길이 499km의 경의선이 개통되었다. 철로를 따라 국토를 종단하는 경험과 종착지의 항구에서 기선을 통해 바다 건너 일본까지 여행할 수 있는 교통의 발달은 이전의 시대와는 달리 여행이 대중적이고 보편적인 것이라는 감각을 가능하게 했다. 경부선이 개통된 해의 9월 11일부터 부산과 시모노세키 사이의 320km를 연결하는 관부연락선[9]이 운항을 시작하였다.

---

7 조지 린치, 『제국의 통로-시베리아 횡단철도와 열강의 대각축』, 정진국 역, 글항아리, 2009.

8 김정은, 「철도와 근대여행-식민지 시기 조선과 일본의 통시적 고찰」, 『일본연구』 제63호, 한국외국어대학교 일본연구소, 2015.3.

9 1930년 12월 25일 광주·여수 간 광주선이 개통되면서 여수에서 시모노세키까지 관여연락선이 정기적으로 운항되었다.

경부선의 개통 결과 인천이 아니라 부산이 한반도의 관문이 되었다. 부산과 인접한 마산, 통영, 삼천포, 여수 간의 국내 여객선 운항이 활성화되고 일본인의 어업 이주가 확대되었다. 백석의 기행시편 「남행시초」[10]의 여정을 살펴보면 삼랑진역에서 경부선의 지선인 마산선으로 환승하여 창원을 거쳐 마산역에 하차한 후, 배편으로 마산항에서 통영항까지 이동하였다. 1926년부터 조선기선회사는 마산·통영간 직통항로를 신설하고 매일 정기선을 취항하였다. 삼천포, 창원, 고성, 통영 등 시의 제목을 통해 그가 거쳐 간 여정을 확인할 수 있다. 그 중에서 통영은 백석이 여러 차례 방문한 지역이며, '통영'을 제목으로 쓴 시는 모두 3편이 있다. 백석의 통영 여행은 낭만적인 성격이 강하다. '통영'을 제목으로 한 시가 3편이나 되는 것도 이 항구 도시에 대해 특별한 감정이 있었기 때문이다. 백석의 조선일보사 동료이자 친구인 신현중과 함께 취재 여행을 명분으로 통영의 박경련을 만나러 갔으나 만날 수 없었다. 「남행시초」에는 박경련을 향한 애틋한 마음은, "더꺼머리 총각은 정든 님 업고 오고 싶을 길이다"(「창원도-남행시초」, 『조선일보』, 1936.3.5)라는 구절에서 짐작할 수 있다. 백석은 여행지의 지명을 제목으로 하는 기행시편을 창작했다는 점이 특징인데, '통영'처럼 지명을 그대로 제목으로 하는 경우가 대부분이고 길을 의미하는 한자를 지명에 붙여서 '지명+도(道)', '지명+로(路)', 지명+가도(街道)'로 제목을 정함으로써 여행이 곧 '길 위에 있음'이라는 정

10 1936년 3월 5일에 「창원도」, 6일에 「통영」, 7일에 「고성가도」, 8일에 「삼천포」가 『조선일보』에 실렸다. 당시 국내외의 기행산문과 기행가사가 신문과 잡지에 실렸던 것처럼, 문인기자였던 백석의 남해안 기행시편이 각 편의 제목을 지명으로 하여 4일 연속으로 게재되었다.

의에 충실하였다. 또 '지명+의 바다'로 시의 공간을 한정시키는 제목을 짓기도 하였다. 시의 제목은 '바다'로 동일하고 일련의 숫자를 붙이는 것으로 정지용은 초기 바다 시편을 썼으나 후기의 산행 시편에서는 '장수산', '구성동', '백록담' 등 구체적인 지명이[11] 제목으로 선정된다는 점에서 백석의 기행시편과 공통점이 있다.

여행은 여기를 떠나 저기를 향해 가는 이동이라고 했을 때 여기와 저기에 해당하는 지명, 그리고 그사이를 거쳐 가는 여러 지명으로 여정이 구성된다. 당시에는 철도의 노선과 정차역을 중심으로 여정이 짜이기 때문에 기행시편에서 지명은 '어디를'에 해당하는 것이므로 기행시편을 구성하는 기본적인 요소이다. 따라서 기행시편의 제목에 지명이 직접 등장하는 것은 자연스럽고 타당하다. 기행산문이나 기행가사의 제목을 짓는 방식으로 기행시편의 제목에도 지명의 사용이 적절해 보이며 1930년대에는 자신의 여행 체험을 시화한 시인이 많지 않았기 때문에 백석의 개성이 드러난 부분이기도 하다.

조선에서 근대적인 의미의 여행이 시작된 것은 철도 노선의 부설과 관련이 깊다. 그런데 철도의 부설은 조선의 근대화와 발전을 위한 것

---

11 문혜윤은 정지용의 시적 공간이 '바다'에서 '산'으로 이동하면서 나타난 특징으로, '바다'는 동해도 서해도 남해도 아닌 그저 '바다'로 등장하는 '이름이 없는' 공간이었음에 비해 '산'의 경우 비로봉, 옥류동, 구성동, 만물산, 장수산, 백록담 등의 '이름을 가진' 공간이었다는 점을 들었다. '바다'의 시편을 통해 환기되던 외부의, 새로운 문물에 대한 열림은 '산'의 시편에 이르러 내부의, 조선적인 것에 대한 되돌아봄으로 변했기 때문이라고 원인을 지적하였다(문혜윤, 「국토 여행과 '조선시'의 형식-정지용의 「장수산2」를 중심으로」, 『한국문학이론과 비평』제37집, 한국문학이론과 비평학회, 2007.12, 155～156쪽).

이 아니라 일제의 식민지 지배와 수탈, 대륙 침략을 위한 목적으로 전략적으로 진행되었다. 철도 노선의 개통은 군수 물자와 병력의 원활한 수송이 주된 목적이었고 조선의 식량 자원과 광물 자원을 수탈해 일본으로 가져가는 데 이용되었다. 철도가 일반적인 교통수단이 되기 이전에 운송 수단의 역할이 강조되었다. 그리고 조선의 철도 노선을 따라 일제는 식민지 관광을 시작하였다. 1905년 경부선과 경의선이 개통되자 통감부는 1908년 『조선철도안내』를 발행하여 경부선과 경의선의 각 역과 주요 명승지를 소개하였다. 이 여행안내서에는 여관, 요리점, 교통, 인력거 요금, 통신 등 여행과 관련된 각종 정보가 수록되어 있다.[12]

철도 노선에 의해 구획된 조선의 국토가 이전과는 다른 방식으로 인지되었다는 점이 중요하다. 크게는 한반도의 지정학적 위치에 관한 재인식이다. 북쪽으로는 대륙과 연결되고 남쪽으로는 바다 건너 일본과 연결되는 한반도를 직접 체험하고 알아가는 과정이 여행의 경험이 되었다. 국토의 세부적인 지역에 대해서도 변화가 생겼다. 철도 노선에서 제외된 기존의 도시는 급속하게 쇠락해 갔지만, 철도역이 새로 생긴 지역은 근대 도시로 성장하게 되었다. 교통의 중심지에는 인구 유입과 물자 유통이 원활해졌다. 기차역 인근의 명승지는 개발·홍보되어[13] 관광 도시로 부상하였다. 철도에 의해 주요 지역을 이동하는 시간이 단축되었고 그만큼 공간적 거리감도 축소되었다. 자유로운 이

12

13 경의선과 경부선을 비롯하여 주요 철도 노선의 역과 관광지에 대해서는, 성주현(「철도의 부설과 근대관광의 형성」, 『시선의 탄생:식민지 조선의 근대관광』, 선인, 2011)의 논문에 자세하게 정리되어 있다.

동이야말로 근대적인 경험이다. 특정한 계급만이 누릴 수 있었던 여행과 이동의 자유가 누구에게나 허락되었고 기차를 통해 현실 가능한 것이 되었다는 점이 근대를 여행의 시대로 인식하게 했다.

1911년 11월에는 신의주와 중국 안동(현재 단동) 간 압록강철교가 완공되어 만주까지 연결되었다. 안동에서 봉천(현재 선양)을 잇는 안봉선은 조선에서 남만주철도로 연결되는 지선이다. 서울과 만주의 신경(현재 장춘) 간에는 주 3회 급행열차가 운행됐고 시베리아철도를 경유해 런던까지 갈 수 있었다. 경부선과 경의선의 연결 노선이 만주까지 직통 급행을 운행하면서 이 노선은 일본-조선-만주를 잇는 국제선의 기능을 하게 되었다. 이는 조선인뿐만 아니라 일본인의 해외여행과 이주[14]에도 큰 영향을 끼쳤다. 1909년 일본의 근대 소설가 나쓰메 소세키(夏目漱石 1867~1916)의 만한여행이 이 철도 노선을 통해서 이루어졌으며[15] 이후에 신설·개통되는 노선을 포함하여 정지용과

---

14 이금재, 「나쓰메 소세키가 본 한국-「만주와 한국 기행일기」를 중심으로」, 『일어일문학연구』77권2호, 한국일어일문학회, 2011.5.
신윤주, 「나쓰메 소세키가 체험한 온천을 통해 본 중국특유의 정취 고찰」, 『일어일문학』제52집, 대한일어일문학회, 2011.11.
양연자, 「가와바타 야스나리의 만주 인식」, 『한일군사문화연구』제14집, 한일군사문화학회, 2012.
유수정, 「기타무라 겐지로의 전후 '만주'」, 『만주연구』제19집, 만주학회, 2015.6.

15 나쓰메 소세키의 만한여행은 그의 대학예비교 시절 친구이자 당시 만철 총재였던 나카무라 제코(中村是公)의 초대로 이루어졌다. 1909년은 9월 2일에 도쿄를 출발하여 3일 아침 고베에서 오사카 상선(商船) 데쓰레이마루(鐵嶺丸)로 대련을 출발하여 여순, 웅악성(熊岳城), 영구(營口), 탕강자(湯崗子), 봉천(奉天), 무순(撫順), 하얼빈, 장춘을 돌아 한국의 평양, 경성, 인천, 개성

백석의 일본 유학 및 국내 여행, 만주행도 철도 노선을 기반으로 여정이 구성되었다.

나쓰메 소세키의 만한여행은 당시 만철 총재였던 나카무라 제코(中村是公)의 권유로 만주와 조선을 시찰하고 본국에 보고하기 위한 목적에 충실하게 계획된 것이었다. 여행 일정도 러일전쟁 및 청일전쟁 관련지와 일본의 전승지를 중심으로 일본이 새롭게 획득한 영토를 둘러보며 서구 열강과 마찬가지로 제국으로 성장하고 발전하는 모습을 선전하고 일본인의 자긍심을 고취시키는 데에 초점이 맞추어져 있다. 제국의 식민지배 논리는 일본 근대 문물의 우수성과 식민지의 문화적 열등감을 조선인에게도 각인시키고자 하였다. 조선 여행에 내면화된 이러한 의도는 1910년과 1920년대 조선인 유학생의 기행 산문에서 살펴볼 수 있는데, 식민지 조선과 근대화된 일본을 바라보는 시선 속에 '개화'와 '계몽'의 논리로 덧씌워져 있음을 알 수 있다. 그러나 당시 조선의 명승고적을 중심으로 한 볼거리 위주의 관광[16]과는 조금 벗어난 지점에 백석의 기행 시편이 놓여 있다. 백석의 여행은

을 여행하고 부산에서 관부연락선을 타고 10월 14일 시모노세키에 도착하는 42일간의 긴 일정이었다. 여행에서 돌아온 그는 『만한 이곳저곳(満韓ところどころ)』이라는 제목으로 1909년 10월 21일부터 12월 30일까지 51회에 걸쳐 『아사히신문(朝日新聞)』에 연재했다. 아사히신문이 일본 최초의 단체 해외관광여행인 만한순유단을 1906년 조직하여 크게 성공한 이후부터 조선과 만주에 대한 일본인의 수학여행과 관광이 붐을 이루었다. 일본인의 만한여행 목적은 청일전쟁과 러일전쟁을 통해 획득한 새로운 영토를 눈으로 확인함으로써 일본이 서구 열강과 마찬가지로 제국으로 발전하고 있음을 선전하기 위해서이다.

16 서기재, 『조선 여행에 떠도는 제국』, 소명출판, 2011.
조성운, 『식민지 근대관광과 일본 시찰』, 경인문화사, 2011.

직업상 취재여행이나 수학여행을 비롯하여 여러 지역을 다니게 되지만, 유명한 볼거리에 대한 감상보다는 그곳에 살고 있는 사람들의 생활과 풍속에 초점이 맞추어져 있다. '산길'을 걷다가 비를 맞기도 하면서 '장'이 서는 곳이나 깊은 산 속의 국수집을 겸하는 '여인숙'에서 묵는 여행은, 기차를 타고 이동하여 역 근처의 철도호텔[17]에 묵으면서 온천관광이나 명승지 탐승을 하던 당시의 관광과는 다른 측면에서 근대성을 보여준다.

여행의 시대로서의 근대는 신문사와 철도국의 기획에 의해 탐승단을 모집하여 단체관광을 하는 방식으로 철도 여행이 향유되었지만, 그것뿐만이 아니라 산골 마을이나 시골 장터에서는 여전히 일상적인 삶이 영위되고 있으며 이것을 발견하고 포착하는 시선도 근대적인 여행에 포함되어야 한다. 도보 여행은 철도 노선으로 구획된 국토의 소외된 지역까지 아우르게 한다. 도보 여행은 1930년대에 전근대적인 여행 방식이 결코 아니다. 근대적인 이동 수단을 이용하지 않더라도 여행은 그 자체로 근대적인 경험이며, 철도 여행과 도보 여행의 공존이 또한 근대적인 의미의 여행을 구성하고 '조선적인 것'을 찾는 도정에 해당된다. 왜냐하면 철도 노선과 가도, 혹은 산길이 국토의 전 지역으로 이어져 있으며 도보 여행으로 당도하게 되는 외진 곳의 삶이나 길 위에서 만나는 사람들의 슬픈 내력, 그리고 음식의 맛을 통해 일제의 식민지 근대 관광의 논리를 부정하고 '조선적인 것'을 발견하게 되기 때문이다. 이것이 백석 시에서 근대성을 논의할 때 기행 시편

17 여행객 유치와 편의를 위해 1912년에는 부산·신의주 등지에 철도호텔을 개관하였는데 철도의 개통에 따른 철도경영의 일환이라고 할 수 있다.

에 초점을 맞추어야 하는 이유이기도 하다. 정지용이 국토기행의 일환으로 시작한 등산 체험도 동일한 맥락에서 금강산철도와 도보 산행이 공존하는 여행이다. 철도 노선의 부설로 금강산 여행의 접근성이 수월해졌지만 험난한 산길을 걸어 올라가는 체험은 '산'을 단순한 탐승의 공간이 아니라 산속에 들어가 하나가 되는 체험을 통해 사색과 정신의 공간으로 인식하게 하였다.[18]

다시 철도 노선이 부설되던 지점으로 돌아가 보면, 1914년 1월 11일에는 대전과 목포를 연결하는 길이 252.5km의 호남선이, 8월에는 용산을 기점으로 삼방·세포 부근의 해발 600m 고지를 넘어 원산에 이르는 223km의 경원선이 완공되어 한반도를 X자로 종관하는 간선 철도의 형태가 갖추어졌다. 경원선의 지선으로 철원에서 갈라져 내금강에 이르는 길이 116.6km의 금강산철도가 1931년 7월 1일에 개통되었다. 봄·가을로 금강산을 찾는 관광객들의 편의를 위해 서울역에서 직통 침대차가 운행되기도 하였다. 근대적인 교통수단으로 적은 시간과 돈으로 금강산 여행이 가능해지면서 금강산을 찾은 탐승객의 수는 1920년 연간 700명에 머물던 것에서 금강산철도가 완전 부설된 1931년 이후에는 연간 4만여 명으로 증가하였다. 여행이 여가와 교양을 함양하기 위한 문화의 한 형태로 대중적으로 향유되기 시작한 것은 1930년대에 들어서 철도의 간선과 지선이 확충된 이후에 가능해진 것이다. 따라서 시기적으로 보았을 때, 정지용과 백석이 일본 유학에

18 철도노선이나 관광지도를 비롯하여 한반도의 지리를 재인식하는 과정과 다르게 정지용과 백석이 여행을 다니면서 인식했던 식민지 조선의 심상지리에 대해서 살펴볼 예정이다.

서 돌아온 이후 정지용의 등산 체험이나 백석의 북관 및 만주 지역의 방랑이 시작되는 1930년대 중·후반은 철도에 의해 재편된 국토의 이곳저곳을 여행하는 것이 이전의 시대에 비해 세분화되었으며 대중적이었다는 것, 그리고 철도가 개설된 곳은 어디든지 갈 수 있다는 지리적 확장성이 현실화되어 가던 시기였다. 여행이 근대적인 경험이라고 할 수 있는 것은 이처럼 특정 계급만이 누리는 여행에서 탈피했다는 점에서이다. 기차 안에서 신분 계급과 상관없이 좌석에 앉아서 여행할 수 있었으며 국적이나 인종이 다른 외국인도 기차의 옆자리에 동승했다. 여행은 평등과 개방성의 사회로 나아가는 데 일조했다.

1928년 함남 원산에서 함흥을 거쳐 함북 청진을 잇는 길이 666.9km의 함경선이 개통되었다. 함흥에서 송흥까지 50.6km의 송흥선을 이어서 1933년 9월에 부전호수까지 연결하는 신흥선이 개통되었다. 개마고원의 삼림수송 및 부전강수력발전소와 동해안 공업도시를 연결하는 산업철도로 고원지대 개발에 큰 몫을 하였다. 여름에는 서늘한 부전호반을 찾는 관광객이 많이 이용했다.

근대의 여행은 철도와 신문의 기획[19]으로 이루어졌다. 신문과 잡지의 보급[20] 또한 자신의 영역이 아닌 곳에 대해서도 관심을 가질 수

19 1915년에 모집된 명승지유람단의 경우 조선총독부 기관지『매일신보』등 신문사가 실질적인 홍보를 담당하면서 행사 진행 이전과 이후 화보 및 관련 기사가 비중 있게 다뤄졌다(김수현·정창현,『제국의 억압과 저항의 사회사: 사진과 엽서로 본 근대 풍경』, 민속원, 2011).

20 1909년 3월 30일『대한매일신보』에는 '여행운동'이라는 생소한 어휘가 등장하는데 이것은 운동의 개념으로 전파되고 장려되는 것이 '여행'이었으며 이후에도 신문과 잡지, 여행안내서 등의 인쇄 매체는 근대적 교양과 취미로서 '여행'을 적극 홍보한다. 또한 여행과 지도의 전략성에 대한 논의로는 서

있는 정보를 제공하고 낯선 대상과 장소에 대한 호기심을 가능하게 했다. 신문사의 광고란을 통한 단체관광 모집 기사와 관광 홍보 사진과 특집 기사는 여행을 구체적으로 계획할 수 있는 방법을 제시해 주었다. 1920년 무렵부터 『동아일보』를 비롯하여 신문지상에서 금강산, 백두산, 경주 등의 탐승단 모집 광고가 지속적으로 게재된다. 특히 1920년을 전후한 시기 탐승단의 모집 주체는 신문의 분국, 지국이었다.[21] 신문사는 독자들을 위해 기자가 직접 다녀온 여행기를 게재하거나 유학생들의 해외 기행문을 꾸준히 실었다.[22] 1910년대~1920년대에 창작된 산문 가운데 기행산문이 차지하는 비중이 거의 30%에 달하는 것은 그만큼 대중적으로 여행에 관한 관심과 인기가 높았고 기행산문의 내용이 그들의 호기심을 충족시키고 실용적인 요구에 응했기 때문이다. 여행하는 것 자체가 근대적 경험이고 계몽이었기 때문에 기행 산문을 읽는 것 자체가 지식의 함양에 도움을 주었다.[23] 정지용이 기행산문을 『조선일보』와 『동아일보』에 게재하던 시기는 1930년대 후반이고 유명 문인의 기행산문이기 때문에 여행에 대한 욕구를

기재(『조선 여행에 떠도는 제국』, 소명출판, 2011)의 책에 자세히 언급되어 있으며 지도와 여행의 관계를 생각했을 때 인식의 지평을 확장하고 공간에 대한 상상력을 증대시킨다는 점에서 와카바야시 미키오(『지도의 상상력』, 정선태 역, 산처럼, 2006)의 책을 참고하였다.

21 박진숙, 「기행문에 나타난 제도와 실감의 거리, 근대문학」, 『어문론총』54호, 한국문학언어학회, 2011.6.

22 김경남, 「1920년대 전반기 「동아일보」 소재 기행 담론과 기행문 연구」, 『한민족어문학』제63집, 한민족어문학회, 2013.4.

23 이동원, 「기행문학연구-1910~1920년대를 중심으로」, 연세대학교 대학원 석사학위논문, 2003.

지닌 독자들의 기대에 부응하였을 것이다. 여행 경로나 숙소, 동행인, 음식, 에피소드, 감상 등이 상세하고 친절하게 기술되어 있다. 백석이 일본 유학 시기에 쓴 기행산문 「해빈수첩」은 방응모 장학생 모임인 "이심회"의 기관지 『이심회 회보』 창간호(1934)에 실려 있다. 당시에 유학생들의 글쓰기는 기행산문이 보편적이었고 여행이나 박람회 구경, 산책 등은 동인지에 싣기에 매우 적합한 주제와 내용이었다. 그러나 백석의 기행산문에는 동행인, 여행 날짜, 이동 수단, 숙소 등의 정보가 전혀 담겨 있지 않고 매우 시적인 산문 3편을 「해빈수첩」이라는 제목 아래 묶고 있다. 이 후에도 『조선일보』에 실린 몇 편의 기행산문도 형식적인 면에서는 기행산문에 충실한 글쓰기는 아니었다.

철도와 기선을 이용하여 장거리 여행을 했던 초기의 여행자는 유학생이었다. 유학생 중심의 기행산문이나 수학 여행기를 접하면서 여행이 근대 문화를 향유하는 방식의 하나라고 인식하게 하였다. 여행을 하는 것은 근대적인 것이었고 낯선 지역을 직접 가서 새로운 문물을 보는 여행의 경험은 계몽을 구체화하는 것이었다. 철도의 발달에 따라 발생하는 새로운 요구로서의 여행안내서 출간은 여행에 대한 욕망을 끌어내는 데 큰 공헌을 했다. 유학생 기행문은 명승지를 대상으로 한 관광의 기록으로 나타난다. 특히 최남선과 이광수의 금강산 기행문은 금강산에 대한 예찬을 전달하는 데 그치지 않고 실질적인 정보 전달을 통해 더 많은 사람이 금강산 관람을 할 수 있도록 유도하였으며 민족성 고취라는 사명을 담았다.[24]

24 서영채, 「최남선과 이광수의 금강산 기행문에 대하여」, 『민족문학사연구』 24권, 민족문학사연구소, 2004.3.

기차와 기선을 통한 여행은 낯선 체험의 순간을 제공해주고 새로운 세계를 인식할 수 있는 계기를 마련해 주었다. 여행에 수반되는 공간의 이동[25]은 거주지를 떠나 다른 시공간 속으로 진입하는 것이고 그 경로는 여행자의 의식에도 영향을 주게 된다. 여행은 근대화된 문물과 제도를 경험하고 근대인임을 향유하기에 효과적이었다. 독서나 신문 읽기, 풍경의 관찰과 함께 익명의 승객과의 오랜 동승이라는 낯선 경험을 제공하는 기차여행은 시각 중심의 인간, 그리고 내향적 인간이라는 새로운 인간형을 창조한다.[26] 한편으로 옆 승객과의 간단하고 사교적인 담소를 나누거나 간식을 먹는 것도 기차여행에서 기대할 수 있는 즐거움이었다.

1920년대 이후의 근대적인 취미이자 교양인의 생활 양식으로 이러한 여행의 경험과 감각은 유학생 신분으로 바다 건너 식민지 조선과

---

25 일반적으로 여행은 공간의 이동으로 인식한다. 그러나 그것으로 충분하지는 않다. 여행이란 공간적·시간적 그리고 사회 계층적 층위에서 이루어지는 이동인 것이다. 우리가 여행에서 느끼는 인상이라는 것은 이 세 축과의 관련 속에서만 의미를 갖는 것이다. 여행은 비단 수천 킬로미터를 이동한다는 것뿐만이 아니라 우리들 각자의 위상을 각인하고 끌어내리기도 한다. 단지 시간과 공간상의 이동을 의미하는 것에 그치지 않고－좋은 경우이건 나쁜 경우이건 간에－자신의 사회적 위상을 격화시키는 것이기도 하다. 새로운 장소에서 느끼는 색채와 향기는 여행으로 인해서 우리가 잠깐만 맛보도록 허용된 새로운 위상과 분리될 수가 없는 것이다(클로드 레비 스트로스, 『슬픈 열대』, 박옥줄 역, 한길사, 1998).

26 차혜영, 「1920년대 해외 기행문을 통해 본 식민지 근대인의 내면형성 경로」, 『국어국문학』 제137권, 국어국문학회, 2004.9.
김진량, 「근대 일본 유학생의 공간 체험과 표상-유학생 기행문을 중심으로」, 『우리말글』 32호, 우리말글학회, 2004.12.

일본 간의 왕복 여행을 경험한 정지용과 백석의 기행시편에서 두드러지게 나타난다. 기차와 기선을 이용한 이동 수단의 경험과 수차례 바다를 건너 해외로 갔다가 돌아오는 과정에서 체험한 공간적 지리적 감각을 시화하는 과정에서, 여행은 두 시인에게 시 쓰기의 새로운 자극과 동기가 되었다.

정지용은 1926년 교토학우회가 주관한 ≪학조≫ 창간호에 시 「카페 프란스」를 발표하며 등단하였고 백석은 1930년 ≪조선일보≫ 신춘문예에 「그 母와 아들」이 당선되면서 신인 소설가로, 1935년 ≪조선일보≫에 시 「정주성」을 발표하며 시인으로 활동하였다.[27] 시인 등

27 백석은 『조선일보』와 관계가 깊다. 일본 유학 전후로 소설과 시의 등단이 모두 『조선일보』 지면을 통해서였으며, 일본 아오야마 학원에 유학했을 당시 평북 정주 출신의 부호이자 『조선일보』 사주였던 방응모의 장학금을 받아 생활했다. 장학생으로 선발되면 한 사람이 수업료 120원 이내, 월례금 600원 이내 등 1년에 720원 이내의 장학금을 받게 된다. 1930년경의 3원은 요즘 돈으로 10만원에 해당된다. 1년에 720원이면 지금의 약 2400만원이다. 장학생은 매 학년 말에는 성적증명서와 재정보고서를 내야 했다(이선민·최흡, 『서중회 이야기』, 기파랑, 2008). 백석은 방응모의 장학금을 받고 유학생활을 했기 때문에 경제적으로 큰 어려움은 없었지만 일정한 성적을 유지하기 위해서 창작보다는 학업에 열중해야 했다. 당시 아오야마 학원에는 조선인 유학생이 많지 않았다. 1934년 영어사범과 졸업예정자 명단을 살펴보면 조선인은 백석 한 명뿐이다. 귀국 후 백석이 시인으로 문단에 등장했던 것을 보면, 백석의 일본 유학 시절은 소설에서 시로 창작 활동을 전환하고 시집을 묶을 만큼의 시를 창작하며 시인 등단의 준비 기간으로 보인다. 영어사범과의 정규 수업, 다양한 분야의 독서, 그리고 시 창작이 유학 생활의 대부분을 차지했다. 백석은 방응모의 장학생 모임인 "이심회"의 회보 창간호에 일본 이즈반도 여행 후 창작한 산문 「해빈수첩」을 싣기도 했다. 졸업 후 경성으로 돌아온 백석은 조선일보사의 기자로 활동하면서 번역문과 시를 『조선일보』, 그리고 조선일보사에서 발행하는 잡지 『조광』에 발표하였다.

단 시기는 다소 차이가 나지만, 정지용은 1935년에 첫 시집 『정지용 시집』을 출간하였고 그 다음 해인 1936년 백석의 첫 시집 『사슴』이 발행되었다. 현대시사에서 매우 중요한 두 권의 시집이 연이어 출간되었다. 1941년 정지용의 두 번째 시집 『백록담』에는 제주의 한라산을 비롯하여 금강산 등 국토의 산을 등반하고 남긴 시가 수록되어 있다.

정지용은 1923년 일본 교토의 도시샤(同志社) 대학에 입학해 1929년 3월 영문과를 졸업했다.『정지용 시집』(1935)에 바다를 소재로 하거나 바다를 공간적 배경으로 한 시들이 많다는 것은 알려진 사실이다. 바다에 관한 정지용의 시적 관심은 6년 동안의 유학 기간 중에 식민지 조선에서 일본으로 왕래하는 과정에서 자연스럽게 이루어졌으며 바다를 소재로 하거나 여행의 경험이 투영된 작품들을 활발하게 창작하고 발표하였다. 바다에 관한 시들에서 주목할 점은 1908년 최남선의 「海에게서 少年에게」가 보여주는 계몽의 어법과 단절하고 근대적 개인의 새로운 감성과 언어를 현실화시켰다는 것이다. 지리와 과학이라는 근대적 지식을 새로운 상상력의 영역으로 전환하여 시어로 사용할 수 있도록 그 상상을 발현시킨 공간도 유학 기간 정지용이 수차례 왕래했던 바다이다. 정지용 시에서 바다의 의미에 대해서는 많은 연구자들이 주지하고 있는 사실이다. 정지용 시 속의 "바다 발견은 그 자체가 새로운 요소로서 옛 시가의 관습을 벗어난 일이고 따라서 모더니스트란 호칭은 이러한 면에서도 타당하며 바다는 그의 근대 경험의 표상"[28]이다. 기차와 마찬가지로 바다는 정지용의 근대 경험

28 유종호, 「시는 언어로 빚는다-정지용의 시」, 『문학의 즐거움』, 민음사, 1995.

을 바로 보여주는 소재임이 틀림없다. 또한, 바다를 소재로 한 정지용 시의 변모과정 역시 그가 근대를 어떻게 인식하고 있는지 드러낸다고 할 수 있다. 그리고 고향 옥천과 일본 교토를 반복적으로 오가는 과정에서 형성된 여행자 시선, 혹은 외부인의 시선으로 고향을 바라보았을 때, 고향을 떠나 본 적이 있는 사람이 고향에 대해 갖게 되는 노스탤지어와 상실감을 발견할 수 있다. 이것은 근대인이 갖게 되는 고향에 대한 인식이다. 정지용이 옥천과 교토를 왕복하는 여행에서 근대의 이동 수단인 기차와 기선에 승선하는 체험이 드러나는 시에는 고향을 떠나고 돌아오는 일의 반복 때문에 생기는 길 위의 우수라든가 교토에서 이방인으로 생활하는 슬픔, 또 청년 시절 경험하는 연애에 대한 복잡하고 미묘한 감정이 기차의 속도와 맞물려 표현되고 있다.

백석은 고향인 평북 정주를 떠나 1930년부터 1934년까지 도쿄 아오야마 학원(青山學院) 영어사범과에 4년간 유학했다. 백석의 일본 유학 시기에 대해서는 알려진 바가 거의 없지만, 이즈반도(伊豆半島) 여행 경험을 바탕으로 한 2편의 시 「柿崎의 바다」와 「伊豆國湊街道」, 산문 「해빈수첩」을 남겼다.[29] 정지용과 백석에게 '바다'의 발견은 기행 시편의 출발점으로 보아도 무방하다. 그들의 유학 여정에 '바다'

29 백석의 일본 아오야마 학원 유학 시절에 관해서는 김숙이(「새로 찾아낸 백석 시인 연구 자료」, 『서정시학』, 2010.봄호)와 김응교(「백석·일본·아일랜드」, 『민족문학사연구』44권, 민족문학사학회·민족문학사연구소, 2010.12)의 논문이 있다. 특히 일본의 이즈반도 여행 및 기행시편에 관한 최근 논의로는 김응교(「백석의 일본기행시와 환상-백석 시 연구5」, 『한민족문화연구』44권, 한민족문화학회, 2013.10)와 정수연(「'이즈'라는 문학적 공간」, 『한국근대문학연구』제34호, 한국근대문학회, 2016.10)의 논문이 있다.

가 존재했고 이후의 시편에서 정지용은 '산'을 등반하는 것으로, 백석은 '북방'의 평원을 방랑하는 것으로 각각 시적 체험의 여정에서 방향성은 달라졌다. 여행의 체험이 누적되는 과정에서 시는 생생한 신체감각과 구체성을 얻게 되었으며 시의 지평을 넓혀갔다. 정지용의 「바다」 연작이 바다 그 자체에 대한 묘사와 근대의 표상으로서 대한해협에 국한되었던 반면, 백석의 바다는 여행자의 방랑과 그리움의 정서를 표현하기 위한 공간으로 기능하였다. 백석의 여행자 시선은 어촌사람들의 삶의 터전으로 바다를 바라보고 있으며 그 지역 사람들이 궁핍한 삶의 여건에 어떻게 적응하며 살아가고 있는지를 살피고 있다. 이런 경향은 백석의 다른 기행 시편에서도 분명하게 나타나는 특징이다. 백석의 사투리는 자신의 고향에 대한 내용을 시의 소재로 삼았을 때 빈번하게 등장하지만 그 외에도 여행지의 지명이나 풍물, 풍속과 음식을 소개할 때에도 시어로 사용된다. 백석 시의 지방주의[30]에 대한 논의에서도 밝히고 있듯이 일본 유학이나 조선일보사 재직 등 도시 근대 문명의 혜택을 상당 기간 체험했음에도 불구하고 백석의 시에는 도시 풍경이 거의 나타나지 않고 있으며 고향인 평북 정주, 일본 이즈반도 남단의 어촌 가키사키를 비롯하여 지방 소도시의 풍물이 형상화되고 있다. 이 같은 경향은 1920년대 교토의 카페와 시계탑과 도시 풍경에 주목한 정지용과는 차별되는 시적 경향이라고 할 것이다. 이것은 두 시인이 체험하게 되는 여행의 성격에서도 근본적인 차이점을 발생시킨다.

---

30 이현승, 「백석 시의 로컬리티」, 『한국근대문학연구』 제25호, 한국근대문학회, 2012.4.

해방 전 백석의 연보를 살펴보면 한 곳에 정주하지 못하고 이주와 여행을 자주 했음을 알 수 있다. 그의 시적 체험의 바탕에는 '방랑'에 대한 낭만적 동경과 열망이 자리잡고 있었다. 백석은 1930년 일본 유학길에 오르는 것을 시작으로 1934년 졸업 후 귀국하여 경성의 『조선일보』 편집부에서 근무하였으나 1936년 4월에 『조선일보』를 사직하고 함흥영생고보 영어교사로 부임하였다. 그러나 1938년 학교를 사직하고 경성으로 돌아와 『조선일보』에 잠시 근무하다가 1940년 2월에는 만주 신경으로 이주하였다. 1942년에는 만주 안동 세관에서 근무하기도 한다. 백석의 시를 분석하는 과정에서 백석 역시 유랑민처럼 떠도는 고달픈 삶을 살았다고 보는 것은 사실과 다르다. 장기간 체류하지 않고 거주지를 자주 옮겨 다닌다는 의미에서는 유랑과 방랑이 같은 의미 범주에 속한다. 그러나 '유랑'은 자의에 의해서가 아니라 외부 환경 조건에 의해 또는 강제적으로 추방을 당하여 일정한 거처를 정하지 못하고 떠돌아다니는 것을 의미한다. 백석은 안정적인 직업인 기자나 교사직을 사직하고 스스로 '방랑'을 선택하여 만주로 갔다. 그 이전에도 정주, 도쿄, 경성, 함흥, 만주를 오가는 이동 사이에 짧지 않은 여행의 기록들을 시로 남겼다. 유학 중 일본 이즈반도 가키사키를 여행한 일본 기행시편이 있고 마산, 통영 등 남해 일대와 함경도 일대, 평안도 일대를 여행한 뒤 각각 「남행시초」 연작(1936), 「함주시초」 연작(1937), 「서행시초」 연작(1939)을 비롯한 여러 작품을 발표하였다. 1938년 영생고보 재직 당시 만주 수학여행[31], 1939년 안

31 수학여행은 근대 학교가 설립되면서 학생들에게 역사학과 함께 지리학의 중요성을 일깨우기 위한 목적으로 시행되었다. 교실 수업에서 학습한 지식을

동 여행을 다녀온 뒤에도 기행시편을 남겼다. 백석에게 여행의 의미는 대부분의 근대 여행가들에게 나타났던 새로운 장소와 문물을 경험하려는 욕망이라든가 또는 고난과 역경을 통해 획득한 경험과 지식을 장악하고 전달하려는 계몽적인 의도와는 거리가 있다. 만주 체류 시기의 시에서 이국의 풍물 묘사나 풍경의 재현에 큰 비중을 두기보다는 북방 지역의 '만주'라는 드넓은 공간을 향한 방랑을 통해 고향과는 다른 낯선 공간이라는 자각에서 오는 외로움과 고독, 자신의 내면을 향하는 깊은 시선을 드러내는 경우가 많다. 이때 백석의 여행은 과거의 역사 속 위대한 소수림왕과 광개토대왕, 중국의 옛 시인 두보와 이백, 러시아의 대문호 도스토옙스키의 이름을 호명하는 방식으로 시간과 공간을 넘나들며 이미 존재해 왔던 옛것의 아름다움과 강인함을 찾아가는 여행이다. 백석의 여행은 근대 문인들의 기행문에 나타난 '문명 시찰'이라든가 '국토순례', 또는 근대 문명의 소비 행위로서의 관광이나 도시 풍경 또는 자연물에 대한 순수한 감각 지각 행위와도 일정한 거리에 놓여 있다.

현장에 직접 가 봄으로써 역사의식을 고취하고 견문을 넓히며 지리에 대한 실감을 하게 하려는 것이다. 대체로 옛 역사의 도읍을 순례하는 국토 기행의 성격을 띠기도 하며 만주와 일본 등 해외도 수학여행지로 선택되었다. 함흥고보 학생들을 인솔하는 교사로 수학여행에 참가한 백석이 시 「북신-서행시초」에서 역사의 인물인 "소수림왕"과 "광개토대왕"을 생각하게 되는 것도 "향산 부처님이 가까웁다는 거리"에서 "털도 안뽑는 고기를 시껌언 맨모밀국수에 언저서 한입에 꿀꺽 삼키는 사람들"의 식사를 통해서다. 백석의 여행은 대체로 자발적이고 의식적인 방랑과 이주에 의한 것이지만 당시 수학여행의 목적과 장소성을 고려했을 때 고구려의 왕과 신라 백성(「북관-함주시초」)을 시에서 호명하는데 영향을 미쳤다고 볼 수 있다.

반면, 1930년대 발표된 정지용의 시와 산문에서 국토 기행은 문학적 체험의 원천을 이룬다. 조선일보사, 동아일보사의 후원으로 1936년과 1937년에 금강산을 두 번 다녀왔고 1938년에 다도해와 제주도, 한라산을 다녀왔다. 1940년 1월부터 선천을 시작으로 의주, 평양, 오룡배 등으로 여행을 떠난다. 시집 『백록담』에 수록된 시편들에서는 '산'이라는 시적 공간의 탐색이 본격화된다. 시적 공간의 이동은 단순한 소재 변화 이상의 의미를 지닌다. 정지용이 산에서 본 것은 동양적인 정신세계나 아름다움에 앞서, 산의 절대적인 높이를 강조하면서도 그 속에 있는 여러 가지 자연물들 하나하나의 작은 풍경을 세밀하게 인식하면서 산행을 했고 또 그 경험을 재현하였다. 정지용의 산 시편은 여행자의 탐승의 시선을 주로 다루고 있다. 모더니스트로서 경험했던 근대의 풍경과, 관찰과 응시의 방식에 노출되었던 근대의 지식인은 이전 전통 사회의 지식인들처럼 자연에서 은일하는 삶을 살아가거나 혹은 자연을 풍경으로서가 아닌 자신이 그 일부를 이루는 세계를 그려내기에는 균열이 있을 수밖에 없다. 정지용의 기행시편에서 화자는 자연 속에서 은일하는 생활인의 형상이 아니라 피로한 육체를 이끌고 산행을 하는 탐승의 주체로 등장한다. 정지용의 산수시[32]는 어떠한 선험적인 관념에 의해 형성된 것이 아니라 산과의 즉자적인 만남에 의해 이루어졌다. 산행 체험을 기록하면서 자연과 합일하면서 서구적이고 근대적인 사유의 방식을 극복하고 있다. 기행시편에서 재

32 최동호, 「정지용의 산수시와 隱逸의 정신」, 『민족문화연구』, 1986.
_____, 「정지용의 산수시와 情·景의 시학」, 『작가세계』, 세계사, 2000.가을호.

현된 산의 풍경은 보는 화자에 의해 선택된 풍경들이다.

풍경은 여행자의 시선으로 발견된다. 풍경 체험은 단순히 하나의 공간적 경험이 아니다.[33] 시간과 공간의 장에서 얻어지는 연속적인 체험의 일종이다. 특정한 공간에서 이루어지는 인간 행동의 물리적이고 사회적인 사건의 배열이며 시간적으로는 지속과 배열의 연속적인 변동을 통해 이루어진다.[34] 따라서 풍경의 체험, 혹은 풍경의 구조를 파악하기 위해서는 시간과 공간의 연속선과 맥락을 파악하는 동시에 인간의 감각적 요구와 자연의 힘과의 적절한 상호작용을 염두에 두어야 할 것이다. 정지용은 '비로봉' 자체의 경관을 묘사하지 않고 비로봉을 오르는 도정에 초점을 두고 있다는 것에 주목해야 한다. 이것은 백록담에서도 마찬가지다. 정지용은 비로봉 자체가 가지는 정신적인 높이보다는 그곳을 향하는 자신의 모습을 시의 풍경 속에 함께 담고 있으며 자연과 인간이 조화를 이루는 풍경을 그리고자 하였다.

바다와 산은 정지용 시의 전체를 통해 주요한 제재와 모티프가 된다. 정지용에게 물음과 발견의 모티프로서 도착한 곳이 바다였다면, 발견과 성찰의 도정에 있는 것이 산이다. 감각적 체험과 그 형상화 공간으로서의 풍경이라는 관점은, 유학 체험과 산행 체험이라는 여행을 주제로 정지용 시세계 전체를 통괄할 수 있는 시각을 제공한다는 점에서 중요하게 다루어져야 하는 부분이다. 이것은 기존의 연구 성

---

33 주은우, 『시각과 현대성』, 한나래, 2003.
풍경에 대한 논의는 가라타니 고진의 『일본근대문학의 기원』, 민음사, 1997.
김예리, 「1930년대 한국 모더니즘 문학에 나타난 시각 체계의 다원성:새로운 '풍경' 개념 정립을 위한 시론」, 『상허학보』, 상허학회, 2012.

34 이-푸 투안, 『공간과 장소』, 구동회·심승희 역, 대윤, 2007.

과들, 감각적 모더니즘 지향의 시세계와 전통적 자연 지향 모두를 수용하면서 보다 심화된 논의를 이끌어낼 수 있을 것이다. 정지용의 후기 시들은 산문지향적인 면모를 보이며 그 독자적인 양상을 내보인다. 그것은 그의 기행 산문이 개척해낸 새로운 문체와도 연관된다. 상대방에게 내밀하게 자신의 심경과 상황을 고백하는 것처럼 내면의 풍경을 보여준다.

정지용과 백석 시의 면밀한 비교 분석을 토대로 1930년대 기행시편을 통해 근대시의 지형도가 그려질 것이라고 본다. 두 시인은 일본 유학을 통해 신문물을 습득하였으며 여행을 통해 자신의 시 세계에서 근대적인 것을 실험하고 확장하였다. 그러나 한계에 부딪힌 후 쇄신과 모색의 일환으로 정지용은 국토의 '산'을 선택했으며 백석은 만주지역의 '북방'을 향해 떠났다. 여행이 결국 '나'에 대한 근원과 재발견의 의미가 있다고 할 때, 정지용에게 여행의 의미는 조선적 미의식의 전통에 대한 재발견으로, 백석에게는 나로부터 확장된 공동체의 윤리와 역사에 대한 운명적 재인식의 과정으로 볼 수도 있을 것이다.

2. 근대시에서 여행의 문학적 수용

김진희는 여행을 전근대적 가치에서 해방되는 근대적 감수성의 원천으로 인식하였다.[35] 정지용이 여행지의 특성과 풍물에 주목하여 그

35 김진희, 「나-조선의 발견과 시의 탄생:정지용과 백석의 기행산문과 시」, 『서정시학』, 2012.가을호.

느낌을 시의 언어로 재구해 내는 것에 집중하고 조선적 미의식을 추구했다면, 백석은 여행지에서 인정을 그리워하며 나에서 확장되는 공동체와 역사 인식의 과정으로 나아갔다고 그 차이점을 밝히고 있다. 김영주는 정지용, 김기림, 백석, 이들 세 시인이 일본 유학을 통하여 근대를 체험했던 영문학도였다는 공통점에 착안하여 정지용은 동양주의 회귀로, 김기림은 이방인의 시선으로, 백석은 부끄러움으로 '여행'이라는 의미가 여전히 근대적 문물로 발견되는 자리에서 근대화된 타자의 시선을 답습하는 데 머물렀다는 점을 비판하였다.[36]

1920년대 한국시의 이질적인 두 별이 소월과 만해라면 1930년대 한국시의 북극과 남극에는 지용과 백석이 자리잡고 있다. 지용은 자신의 사유는 물론이고 내적인 번민까지도 감각의 형상으로 바꾸어 표현함으로써 현대적 시작법의 정점을 보여주었고 백석은 감각에 포착되는 현상 저편에 어떤 추상의 정신세계가 있다고 보고 그 보이지 않는 실존의 영역을 탐색하는 자세를 보여주었다. 사유의 감각화와 감각의 정신화라는 두 지향을 이 두 시인만큼 철저히 밀고 나간 시인은 그 시대에 없었다.[37]

개별 연구사를 살펴보면, 정지용의 시사적 위치는 1930년대 한국현대시사에서 한국시가 도달한 근대성과 관련되어 있다는 점에서 매우 중요한 지점에 놓여 있다. 세련된 언어 조탁과 감각적 형용사의 활용을 통해 새로운 근대시를 전개시켰고 근대적 경험에 어울리는

---

36 김영주, 「1920-1930년대 기행시 연구:식민지 풍경의 시적 현현」, 『한국문학논총』 제42집, 한국문학회, 2006.4.

37 이숭원, 「사유의 감각화와 감각의 정신화」, 『서정시학』, 2002.겨울호.

감수성을 시 형식에 담아왔다는 평가를 받고 있다.

이근화는 여행 모티프와 항해 체험은 정지용 초기 작품에 공통적으로 드러나는 것으로, 바다를 배경으로 한 작품에는 비애감과 외로움, 정지용의 초기 작품들은 여행을 모티프로 하여 당대 유행했던 연애 감정을 드러나면서 시적 형상을 구축하고 있음을 지적하고 있다.

정지용 후기 시에 나타난 '여행'에 대해, 신범순은 병적인 신경증과 연관된 예민한 감각주의로부터 이탈되는 계기로서 여행은 치료의 과정이기도 하며 고독한 도시의 산책자로부터 벗어나는 것으로서 여행의 의미를 밝혔다.[38] 국토 기행이라는 외적 조건과의 관련성에 주목한 논의로는 송기한[39]과 문혜윤[40]이 있다. 곽명숙[41]은 유학과 산행을 중심으로 분석을 시도하여, 근대적인 교통수단인 철도와 선박이 다른 감각을 차단한 채 보는 것과 보여지는 것과의 상호성이 존재하지 않던 초기의 여행시와 달리 정지용의 산행시는 자아와 타자의 교응을 통해 공통감각을 회복하였다고 평가했다. 그리고 정지용의 감각, 풍경, 시선에 주목한 연구들은 여행이라는 체험적 요인을 부각시키지는

---

38 신범순, 「정지용의 시와 기행산문에 대한 연구」, 『한국현대문학연구』, 한국현대문학회, 2001.
______, 「정지용 시에서 헤매임과 산문양식의 문제」, 『한국현대문학연구』, 한국현대문학회, 1997.

39 송기한, 「산행체험과 시집 『백록담』의 의미」, 『한국문학이론과 비평』 제19집, 한국문학이론과 비평학회, 2003.6.

40 문혜윤, 「국토 여행과 '조선시'의 형식-정지용의 장수산2를 중심으로」, 『한국문학이론과 비평』 제37집, 한국문학이론과 비평학회, 2007.12.

41 곽명숙, 「정지용 시에 나타난 여행의 감각과 의미 연구」, 『한국현대문학연구』 제37집, 한국현대문학회, 2012.8.

않았지만 후기시의 변화 양상이 여행과 관련이 있음을 분석했다. 김신정은 정지용 시에서 감각에 주목하여 시어의 감각적 표현이나 감각어의 해석을 통해 정지용 시의 현대성을 면밀하게 분석해 냈다.[42] 정지용의 시선에 주목한 남기혁의 연구는, 산이라는 장엄한 공간을 드러내는 동시에 산의 풍경을 이루는 작은 자연물 하나하나를 시각적으로 재현하고 재현된 자연물들을 조합하여 전체의 풍경을 재현하였다고 언급하면서 '백록담'과 '비로봉'의 정상에서 폭력적인 원근법의 시선을 앞세워 세상을 굽어보거나 대상을 지배하려 하지 않았다는 점을 근거로 들었다.[43] 또한, 기행 산문시에서 나비의 시선을 통해 객관적 재현이 불가능한 세계 앞에서 느끼게 되는 공포와 환상을 그려내며 성찰적 시선의 문제를 제기하였다. 이광호는 정지용 시의 근대성의 문제를 시선의 주체가 형성되는 과정에 초점을 맞추어 정지용 시가 시각적 주체의 우위에 의해 이미지가 구축되는 근대적인 면모를 보인다는 점을 지적하였다.[44] 정지용 시는 보편적인 의미의 시선 주체의 동일성을 확립함으로써 근대적 주체 형성 과정을 '갑판 위', '기차', '유리창'이라는 근대적인 장소에서 보여주었으며 그것의 변이를 통해 시선 주체의 동일성에 균열의 공간을 만들어낸다고 하였다. 이상오[45]

42 김신정, 『정지용 문학의 현대성』, 소명출판, 2000.

43 남기혁, 「정지용 중·후기시에 나타난 풍경과 시선, 재현의 문제」, 『국어문학』 제47집, 국어문학회, 2009.8.

44 이광호, 「정지용 시에 나타난 시선 주체의 형성과 변이」, 『어문논집』 64권, 민족어문학회, 2011.10.

45 이상오, 「정지용 시의 풍경과 감각」, 『정신문화연구』, 2005.
______, 「정지용 시의 자연 인식과 형상화 양상」, 고려대학교 대학원 박사학위논문, 2005.

는 정지용의 시에서 사물들에 대한 감각적 체험으로 자연의 있음을 발견하고 그 시공을 자연의 실존으로 연결하려는 시도를 통해 감각적 체험과 그 형상화 공간으로서의 풍경이라는 관점이 정지용 시세계 전체를 통괄하는 핵심적인 시각이라고 주장하였다.

백석의 시 중에서 해방 이후 북한에서 쓴 동화시집과 몇 편의 시를 제외한 97편 중 여행 체험과 관련해서 읽을 수 있는 시는 48편이다. 새롭고 낯선 세계를 체험하는 것이 백석의 시세계에 미친 영향이 크다고 할 수 있는데, 동시에 백석의 기행시편에 대한 연구도 연구자들의 관심 속에서 지속해서 진행되어 왔다. 기행시편을 주된 연구의 대상으로 삼은 연구로는 김명인[46], 곽효환[47], 이경수[48], 유지선[49], 한경희[50]의 논문이 있다. 특히 북방 체험[51], 만주 체류[52] 등 장소를 중심으

46 김명인, 「백석 시에 나타난 기행」, 『한국시학연구』 제27호, 한국시학회, 2010.4.

47 곽효환, 「백석 기행시편 연구」, 『한국근대문학연구』 제18호, 한국근대문학회, 2008.10.

48 이경수, 「백석의 기행시편에 나타난 장소의 심상지리」, 『민족문화연구』 53, 고려대학교 민족문화연구원, 2010.12.

49 유지선, 「백석의 기행과 유랑시의 성격」, 『한국문화기술』 8호, 단국대학교 한국문화기술연구소, 2009.12.

50 한경희, 「백석 기행시 연구-유랑의 여정과 장소 배회」, 『한국시학연구』 제7호, 한국시학회, 2002.11.

51 오양호, 「일제 강점기 북방과 이민문학에 나타나는 작가의식 연구:백석의 후기시를 중심으로」, 『한민족어문학』 45, 한민족어문학회, 2004.12.
김용희, 「백석의 북방체험과 도가적 상상력:1930년대 말 동양주의의 한 방향에 대하여」, 『한국문학이론과 비평』 제33집, 한국문학이론과 비평학회, 2006.12.
이희중, 「백석의 북방 시편 연구」, 『우리말글』 32, 우리말글학회, 2004.12.

로 시를 분석한 연구가 있다. 그 외에 기행 시편의 풍경[53], 시선[54], 음식[55]에 주목하여 백석 시를 분석한 연구들이 있다.

이숭원은 백석 시의 특징으로 거론되는 여행, 기행, 유랑의 의미에 대해서 명확한 선이 필요하다고 지적하였다. 백석은 1934년 동경에서 귀국한 후 조선일보사에 입사하여 서울에서 거주하며 시집 『사슴』을 간행하였고 시집 발간 이후 서울을 떠나 1936년 4월부터 1938년 12

52 서준섭, 「백석과 만주:1940년대 백석 시 재론」, 『한중인문학연구』19, 한중인문학회, 2006.12.
신주철, 「백석의 만주생활과 「흰 바람벽이 있어」의 의미」, 『우리문학연구』25, 우리문학회, 2008.10.
______, 「백석의 만주 체류기 작품에 드러난 가치 지향」, 『국제어문』45, 국제어문학회, 2009.4.
이승이, 「희망의 한 풍경으로서 백석의 만주 시편」, 『어문연구』제65집, 어문연구학회, 2010.
왕염려, 「백석의 '만주' 체험 고찰」, 『민족문학사연구』43, 민족문학사학회, 2010.8.
심원섭, 「자기 인식 과정으로서의 만주 여정-백석의 만주 체험」, 『세계한국어문학』6집, 세계한국어문학회, 2011.10.
김재용, 「만주 시절의 백석과 현대성 비판」, 『만주연구』제14집, 만주학회, 2012.12.
남기혁, 「백석의 만주 시편에 나타난 '시인'의 표상과 내면적 모럴의 진정성」, 『한중인문학연구』제39집, 한중인문학회, 2013.4.

53 최승호, 「백석 시의 풍경 연구」, 『우리말글』제46집, 우리말글학회, 2009.8.
남기혁, 「백석 시에 나타난 풍경과 시선, 그리고 여행의 의미」, 『우리말글』제52집, 우리말글학회, 2011.

54 장석원, 「백석 시의 시선과 역동성」, 『한국시학연구』제26호, 한국시학회, 2009.12.

55 고형진, 「백석의 음식 기행, 문화와 역사의 탐미」, 『서정시학』, 2012.봄호.

월까지 함흥의 영생고보 교사로 재직하면서 함흥에 거주하였으며 1939년 1월부터 12월까지는 다시 조선일보에 입사하여 서울에 거주하다가 1940년 1월 이후에는 만주 일대에 거주하였다. 거주 공간을 자주 옮기며 자유로운 편력의 생활을 한 셈인데 각각의 거주 공간에서 관찰한 내용에 따라 시의 양상이 조금씩 달라졌다. 그리고 특정 지역을 여행하고 쓴 시도 많다. 이러한 작품의 특성 및 배경을 거론하면서 기행, 여행, 유항 등의 말이 혼용되고 있는데, 이 부분에 대한 개념 규정을 명확히 해 둘 필요가 있다. 동일한 대상의 시를 두고 남기혁은 '여행'이라는 말을, 곽효환은 '기행'이라는 말을, 심원섭은 '만주행' 또는 '만주 여정'이라는 말을, 소래섭은 '유랑'이라는 갈을 썼다. 백석의 「통영」 시편이나 「남행시초」 연작이나 「서행시초」 연작, 「안동」, 「한남도안」 등의 시편에 대해서는 '여행'이라는 말보다는 '기행'이라는 말이 적합할 것 같다. '기행'이 "여행하는 동안 보고 듣고 느끼고 겪은 것을 적은 것"이라는 뜻을 지니고 있어서 '여행'보다 무거운 느낌을 주기 때문이다. 그러나 「함주시초」 연작이나 「산중음」 연작, 그리고 만주 시편에 대해서는 유랑이라는 말은 적합하지 않다. 그 시들은 자신이 거주하고 생활하는 지역에서 보고 느낀 것을 시로 표현했기 때문이다. '유랑'이라는 말은 일정한 거처가 없이 떠돌아다닌다는 뜻인데, 백석은 거주지를 옮긴 적은 있어도 일정한 거처가 없이 떠돌아다닌 적은 없다.[56]

56 이숭원, 「백석 시 연구의 현황과 전망」, 『한국시학연구』 제34호, 한국시학회, 2012.8.

3. 연구 대상과 범위

정지용이 기차, 카페 등 근대 도시 문명의 감각에 예민한 시인이었다면 백석은 그와 반대되는 편에서 근대적 여행의 감수성을 토속적인 인정의 세계에서 찾고 있다. '관광'이나 '국토 순례' 등의 일련의 유행에서 벗어나 '방랑'의 여로에서 만난 사람들의 삶과 언어, 음식에서 그의 여행의 감각을 살펴볼 수 있을 것이다. 이향 체험이 정지용과 백석에게 다소 상이하게 나타나는 점을 또한 주목해야 할 점이다.

서론에서 근대의 연결고리인 여행 체험을 통한 기행시의 단초를 제공해주는 일본유학 시절의 시를 중심으로 본론을 시작할 예정이다. '바다'의 풍경을 발견하는 것은 두 시인의 초기 시에서 나타나는 공통적인 특징이다. 이후 정지용은 후기 시에서 「백록담」을 비롯하여 "산"의 시편들을 발표하며 정신적인 세계로 한국의 전통과 미의식을 찾게 되며 이것은 기행산문과 함께 분석할 예정이다. 백석의 경우에는 일본 기행시는 「枾崎의 바다」와 「伊豆國湊街道」 2편이 있는데 이에 대한 분석이 본격적으로 이루어지지 않고 있지만 기행시편에서 중요하게 다루어져야 할 것이다. 백석은 국토의 여러 곳을 여행한 후 만주로 이주하는데 이것은 새로운 시의 형식을 위한 고민 끝에 결정한 여행으로 보인다. 공동체적인 윤리와 운명을 찾아가는 그의 시형식과 만주 체험은 동일한 것이라고 할 수 있으며 이것은 정지용의 경우에도 등산 체험과 후기시가 매우 밀접하게 연결되어 있다는 점에서 동일한 비중의 중요도를 지닌다.

결론에서는, 정지용과 백석의 시를 분석하여 그들의 근대적 여행 체험이 시쓰기의 감각과 형식에 미친 영향을 정리할 것이며 1930년

근대의 기행시의 전반적인 지형도를 바라보는 시선을 제공할 것이다. 기행시편이 중요한 점은 그것이 체험을 기반으로 하고 있다는 점이다. 4장에서 다루고 있는 부분은, 실제로 북방에 가기 전에 백석이 생각했던 부분과 실제로 가서 겪은 북방은 그 괴리가 상당했을 것으로 짐작된다. 이것은 시 속에서 이중적인 면으로 드러나게 되는데 이것은 정지용의 경우도 마찬가지이다. 정지용도 실제 등산 체험을 통해 시를 썼기 때문에 매우 상반된 시 형식과 상반된 내용, 즉 절제와 여백을 보이는 시 형식과 내면의 형식을 산문 시형 사이사이에 은폐시키는 서로 다른 시 쓰기 형식이 한 권의 시집 안에 창작되고 수록되는 것이 가능하다.

02 근대의 여행 방식과 낭만적 동경: 1930년 전후 시편

정지용과 백석의 기행시편을 연구하기 위해서 고려해야 할 첫 번째 여정은 일본행이다. 유학은 한 장소에 학습을 목적으로 주거를 정하여 생활하면서 일정 기간 머물렀다가 다시 돌아가기를 반복하는 형식의 정주 형태, 혹은 그 일련의 과정이다. 유학 자체가 근대적인 문물을 학습하고 다양하게 경험하는 일련의 과정이지만, 정지용과 백석의 시에서 여행이 어떠한 감각으로 인식되고 수용되었는가를 살펴보기 위해서는 그들의 여행 체험에서 이동을 담당했던 '기차'와 '배'가 어떻게 근대적 여행을 인식하는 통로가 되었는지를 고찰해야 한다. 그러나 근대적 이동 수단인 기차 탑승의 경험과 운행 속도에 대한 감각은 1920년대와 1930년대가 시간적인 격차가 있는 만큼 다르게 나타난다. 1920년대의 시와 산문에서 기차 자체에 대한 신선한 충격과 두려움에 집중되어 있는 것처럼 정지용의 기차를 소재로 한 시편에서도 그렇다. 정지용은 1923년부터 1929년까지 교토의 도시샤 대학에서 영문학을 공부하였고, 백석은 1930년부터 1934년까지 도쿄의 아오야마 학원에서 영어사범과를 다녔다. 일본 유학을 통해 영미 모더니즘의 수혜를 받은 것도 두 시인의 공통점이다.

일본 유학은 경부선 기차를 타고 부산에 도착하여 관부연락선으로 현해탄을 건너 시모노세키에 도착한 후, 다시 고베까지 산요선 기차를 타거나 도쿄까지 도카이도선 기차로 갔다가 방학이 되면 고향집으로 돌아오기를 반복하는 형태의 여행이었다. 일본의 유학지까지는 기차에서 배로 다시 기차로 옮겨 타면서 최소 일주일이 소요되는 여정이었다.

1. 기차 여행과 내면의 발견

근대적인 의미의 여행이 가능해진 것은 철도의 부설과 관련이 깊다. 일본까지 가는 유학 여정의 시작과 끝에는 기차가 있었다. 기차에 대한 인식은 기차를 대상으로 외부에서 바라볼 때의 시각과 기차에 탑승했을 때 승객으로서의 공간을 인식하는 감각으로 나뉠 수 있다. 정지용은 기차 안에서 승객으로서의 공간 체험을 시의 소재로 다루고 있다. 기차의 속도에 슬픔이나 사랑 같은 감정을 투영하여 청춘의 우울이나 불안을 토로하고자 하였다. 반면 백석은 기차에 직접 탑승한 경험에 대해서 서술하기보다는 기차가 있는 공간, 예를 들어 기차가 정차한 후의 플랫폼 풍경이나 기차가 벌판을 지나가는 모습을 바라보는 시선이 주로 포착된다. 백석에게 기차는 정거장에 잠시 정차했다가 다시 다음 정거장을 향해 가야만 한다, 벌판을 지나서 먼 곳으로 가 닿기를 희망하는 동경과 관조가 이면에 깔려 있다.

1) 기차의 속도와 감정의 고조

근대적인 이동 수단인 기차에 탑승하였을 때, 정지용이 가장 예민하게 느낀 것은 속도에 대한 감각이다. 기차는 바람을 가르며 달리거나 "달어나는"(「파충류동물」) 행위에 충실하다. 석탄을 동력으로 움직이는 무생물의 기차에 사람과 같은 감정을 부여하여 "슬픔"이나 "사랑"이 기차를 재빠르게 달아나게 하는 원동력으로 보았다. 정지용은 기차를 "파충류동물"에 비유하여 기차의 내부 공간을 파충류동물의 내장 기관으로 치환시키는 기발하고 독특한 생물학적 상상력을 발휘한다. 이것은 기차가 뱀처럼 긴 외형을 가지고 있기 때문이기도 하지만 기차를 타고 있는 승객들이 자신이 타고 이동하는 기차에 대해 편안하고 안락한 기분보다는 낯설고 기괴한 기분을 느끼게 되기 때문이다. 정지용의 시에서 기차는 다양한 사연과 감정을 지닌 승객들로 채워지고, 기차는 승객들의 감정이 전이된 것처럼 "슬픔"을 싣고 또는 "사랑"의 들뜬 감정을 품고 외부의 상황으로부터 도망치듯 달려가는 존재로 의인화된다. 기차를 움직이게 하는 것은 화자를 포함한 승객들의 감정이고, 감정들의 충돌과 혼합이 기차의 속도를 높인다.

기차가 속도를 낼수록 기차 내부의 탑승객인 화자의 감정이 고조되는 이유는 무엇일까. 기차의 속도는 여행자를 그때까지 자신이 속해 있던 공간으로부터 떼어낸다. 여행자는 좌석에 가만히 앉아 있는 수동적인 상태에 있으면서 전속력으로 달려가는 기차의 속도만큼 거리 이동을 한다. 그러나 기차 내부의 수동적인 상황은 시간이 경과할수록 속도감 있게 달리는 기차와 일체감 같은 것은 느낄 수 없고 점차적으로 분리되어 화자에게 어지럼증과 피로를 유발시킨다. "사랑과 같은 어질머리"(「슬픈기차」)를 호소하게 되는 것은 화자가 주도적인 입장에서가 아니라 타의에 움직여지고 있다는 데에서 오는 고통이기도 하다.

할머니
무엇이 그리 슬어 우십나?
울며 울며
鹿兒島로 간다.

해여진 왜포 수건에
눈물이 함촉,
영! 눈에 어른거려
기대도 기대도
내 잠못들겠소.

내도 이가 아퍼서
故鄕 찾어 가오.

배추꽃 노란 四月바람을
汽車는 간다고
악 물며 악물며 달린다.

— 「汽車」(『鄭芝溶詩集』, 시문학사, 1935) 전문

기차 안에서 나누는 일상적이며 가벼운 담소는 상대방의 여정에 대한 질문이 될 것이다. 기차 안에 타고 있는 승객들은 다양한 사연을

갖고 각자의 목적지를 향해 간다. 1연의 할머니는 "鹿兒島로 간다"고 하였고 3연의 화자는 식민지 조선의 "故鄕 찾어 가"고 있으며 이들을 태우고 "汽車는 간다"고 서술되어 있는 것을 보면 동사 '가다'의 반복이 이 시에서 중요하다. 단순하게 정의하면, 목적지를 향해서 가는 이동 행위가 여행이다. 여행에서 핵심적인 동사는 '가다'이다. 동사 '가다'는 '어디로'와 '어떻게'를 거느리는 서술어인데, '어디로'에 해당하는 것은 일본 규슈 남단의 가고시마와 식민지 조선의 고향이며 시에서는 "鹿兒島"와 "故鄕"이 한자로 표기되어 있다. 두 지역을 연결하는 것이 기차 노선이다. '어떻게'에 해당하는 "汽車"와 '언제'를 의미하는 "四月"도 한자로 표기하였다.

1연의 "할머니/무엇이 그리 슬어 우십나?"라는 질문에 대한 답으로 할머니가 가고시마까지 가는 여정을 밝히고 있지만, 눈물의 이유는 확인할 수 없다. "~로 간다"는 서술어 앞에 운다는 행위를 반복하여 "울며 울며"로 강조되고 있다. 슬픔의 정도가 깊다는 것을 의미하기도 하고 울고 있는 시간의 지속성을 의미하기도 하다. 슬픔과 눈물의 사연을 가지고 있는 할머니는 "영! 눈에 어른거"리며 화자의 연민을 불러일으킨다. 감탄부호의 사용은 이 시 외에도 기차와 배를 소재로 한 시에서 자주 찾아볼 수 있는데, 감정의 노출을 피하지 않고 그대로 문면에 드러내는 데 기여하고 있다.

그들이 공유하고 있는 것은 기차의 내부 공간만은 아니다. 할머니의 슬픔과 "눈물"은 전이되어 화자의 "잠"을 방해한다. "기대도 기대도/내 잠못들" 만큼 기차의 내부 공간은 승객들끼리 가까운 거리를 유지하고 있다. 화자의 시선이 1연의 울고 있는 할머니에 이어 2연의 할머니 눈물을 닦고 있는 "해어진 왜포 수건"으로 옮겨 갔으며, 눈을 감아도 외면하기 어려운 상황에 놓여 있다. 이제 4연에서 화자는 기차의 내부에서 창밖의 외부로 시선을 돌리는데 "배추꽃"이 노랗게 펼쳐진 배추밭을 기차는 지나가고 있다. 그런데 기차가 "악 물며 악물며 달린다"는 마지막 행이 의미심장하다. 이 시에서 2번 연속으로 반복 강조된 구절은 1연의 "울며 울며"와 2연의 "기대도 기대도", 그리고 4연의 "악 물며 악물며"이다. 행위의 반복은 시간의 지속성을 의미하기도 하지만 동시에 행위의 강도를 의미하기도 한다. 4연에서 기차의 빠른 속도가 승객들의 슬픔과 눈물과 육체적 고통까지 견디며 달리고 있음을 "악 물며 악물며"의 반복으로 나타냈다. 정지용의 시에 등장하는 기차는 단순히 이동 수단에 그치지 않는다. 기차는 속도를 내어 달리고 있고 그 안에 탄 승객들은 마치 병이라도 앓는 듯 아프거나 사랑의 감정에 의한 가벼운 흥분 또는 슬픔에 젖어 있다.

> 우리들의 汽車는 아지랑이 남실거리는 섬나라 봄날 왼하로를 익살스런 마드로스 파이프로 피우며 간 단 다.
> 우리들의 汽車는 느으릿 느으릿 유월소 걸어가듯 걸어 간 단 다.
>
> 우리들의 汽車는 노오란 배추꽃 비탈밭 새로
> 헐레벌덕어리며 지나 간 단 다.
>
> 나는 언제든지 슬프기는 슬프나마 마음만은 가벼워
> 나는 車窓에 기댄 대로 회바람이나 날리쟈.
>
> …(중략)…

대수풀 울타리마다 妖艶한 官能과 같은 紅春이 피맺혀 있다.
마당마다 솜병아리 털이 폭신 폭신 하고,
집웅마다 연기도 아니뵈는 해ㅅ볕이 타고 있다.
오오, 개인 날세야, 사랑과 같은 어질머리야, 어질머리야.

靑만틀 깃자락에 마담 R의 가여운 입술이 여태껏 떨고 있다.
누나다운 입술을 오늘이야 싫것 절하며 갑노라.
나는 언제든지 슬프기는 슬프나마,
오오, 나는 차보다 더 날러 가랴지는 아니하랸다.

―「슬픈汽車」(『鄭芝溶詩集』, 시문학사, 1935) 전문

'언제', '어디를'에 해당하는 "섬나라 봄날 왼하로"가 1연에 제시되어 있다. 1연과 2연에서 주어 "우리들의 기차는"과 서술어 "간 단 다"가 세 번 연속적으로 반복된다. 기차가 지나가는 모습을 외부에서 바라보는 시선으로 서술하였다. 기차를 타고 창밖을 바라보면 기차가 빠른 속도로 지나간다고 느끼지만, 외부에서 일정한 거리를 두고 기차를 바라보면 기차는 "익살스런 마드로스 파이프" 연기를 피우며 낭만적인 분위기로, "느으릿 느으릿 유월소 걸어가듯" 한가롭고 전원적인 분위기를 전달하며 지나간다. 특히 서술어 "간 단 다"를 모두 띄어쓰기 하여서 여백의 효과를 주며, 소리 내어 읽을 때 시간적인 휴지가 생겨서 기차의 운행 속도가 빠르지 않고 여유가 있음을 알 수 있다. "느으릿 느으릿 유월소 걸어가듯" 간다고 하는 표현은 시 「새빩안機關車」의 "느으릿 느으릿 한눈 파는 겨를"과 같은 느린 진행의 순간이다. 근대 문물인 기차를 농촌의 친숙한 가축인 "소"의 움직임에 비유한 것은 멀리서 바라보는 기차의 속도가 위협적이지 않고 오히려 친

밀하게 느껴지기 때문이다. 백석의 시 「광원」에서도 "무연한 벌을/경편철도가 노새의 맘을 먹고 지나간다"라는 구절에서 기차를 "노새"에 비유하였다. 기차는 "소"와 "노새" 등의 가축 동력을 증기력으로 대체한 것이다. 기차가 벌판을 지나가는 풍경을 익숙하게 받아들이고 있다. 이것은 정지용의 시 「파충류동물」과 비교했을 때에는 사뭇 다르다.

2연의 우리들의 기차는 '노오란 배추꽃 비탈밭 새로/헐레벌덕어리며 지나' 가고 있다. 이것은 시 「汽車」의 마지막 연에서 "배추꽃 노란 四月바람을/기차는 간다고/악 물며 악물며 달린다"와 유사하다. 노란 배추꽃이 차창의 풍경으로 공통적으로 제시된 점, '헐레벌덕어리며'와 '악물며 달린다'라는 기차의 빠른 진행 속도를 의인법을 사용하여 표현한 점이 유사하다. 우리들의 기차는 출발역을 지나 서서히 속도를 높여 빠른 속도로 달리기 시작한다. 화자는 기차의 속도감에서, 차창 밖으로 빠르게 스쳐 지나가는 풍경을 보며 슬픔과 함께 마음이 가벼워짐을 동시에 느낀다.

기차에 탑승하여 빠르게 지나쳐 가는 창밖의 풍경과 멀어져 가는 출발지 등에서 오는 소외의 정서가 슬픔을 유발시켰다면, 이 모든 것으로부터 빠르게 멀어지는 것은 또한 여행의 자유를 만끽하게 해주는 심정적 가벼움이다. 다소 상반된 정서를 갖게 되는 것은 기차의 속도감으로부터 유발된 것이다.

"슬픔"은 기차를 소재로 한 정지용의 시에서 자주 발견되는 정조이다. 기차 객실 안의 낯선 승객들 사이에서 느끼는 고독과 소외일 수도 있지만, 바다 시편 중 「甲板우」에서와 같이 사랑의 감정이 그 원인을 제공하기도 한다. "사랑과 같은 어질머리야, 어질머리야"에서는 차창을 바라보던 화자가 느끼는 어지러움이 단순히 기차의 속도 때문만은 아님을 제시한다. 창밖의 풍경으로 제시된 "대수풀 울타리마다 妖艶한 官能과 같은 紅春이 피맺혀" 있고 "마당마다 솜병아리 털이 폭신 폭신 하고,/집웅마다 연기도 아니뵈는 해ㅅ볕이 타고" 있는 풍경은 화자의 내면 풍경을 보여 준 것이라고 해도 크게 다르지 않는다. 마담 R의 떨고 있는 입술을 보고 있는 화자는 창밖의 "홍춘"처럼 붉고 요염하고 관능적인 여인에 대해 어지럼증을 느끼고 있다. 다음 시에서도 "사랑"은 기차를 달리게 하는 원동력으로 작용한다.

느으릿 느으릿 한눈 파는 겨를에
사랑이 수히 알어질가도 싶구나.
어린아이야, 달려가쟈.
두뺨에 피여오른 어여쁜 불이
일즉 꺼저버리면 어찌 하쟈니?
줄 다름질 처 가쟈.
바람은 휘잉. 휘잉.
만틀 자락에 몸이 떠오를 듯.
눈보라는 풀. 풀.
붕어새끼 꾀여내는 모이 같다.
어린아이야, 아무것도 모르는
새빩안 기관차 처럼 달려 가쟈!

―「새빩안機關車」(『鄭芝溶詩集』, 시문학사, 1935) 전문

화자는 "두뺨에 피여오른 어여쁜 불"과 "만틀 자락에 몸이 떠오를 듯"한 흥분으로 사랑에 빠져 아무것도 알 수 없는 상태이다. 오직 "새

빪안 기관차 처럼 달려" 갈 것을 재차 권유한다. 마지막 행의 감탄부호는 강조의 의미이다. 그대로 질주하는 것만이 유일하게 사랑의 상태를 유지하는 것임을 화자는 잘 알고 있다. 또한 이 사랑의 열정이 "일즉 꺼저버리면 어찌 하쟈니?" 하는 두려운 마음도 한편에는 존재한다. 속도를 늦추어 사랑에 대해 생각할 수 있다면, 그것은 사랑의 속성을 거스르는 일이다. 화자는 사랑의 속도가 늦추어졌다가 그 자리에 멈춰 버리는 것을 원하지 않는다. 앞만 보며 달리는 기차의 맹목성만이 사랑의 속도를 유지하는 방법이다. 10행에서 겨울 눈보라 속을 달리는 기차는 눈앞의 모이를 보고 달려드는 붕어새끼의 욕망에 비유된다. 1행의 "느으릿 느으릿 한눈 파는 겨를에/사랑이 수히 알어질가도 싶구나"라는 사색과 반성을 거부하고 화자는 '달려가쟈', '줄다름질 처 가쟈'라며 기차의 속도를 높일 것을 권유한다. 이 시에서 기차를 움직이는 원동력은 사랑이다. 사랑의 맹목적 열정처럼 새빨갛게 달아올라서 기관차는 달려가는 일에 충실하다.

"어린아이야"로 호명되는 것은 기차이다. 그러나 사랑의 열정으로 인해 "아무것도 모르는 새빪안 기관차"와 같은 순진한 아이 상태인 화자 스스로에게 말을 거는 것으로도 해석할 수 있다. 그러나 "새빪안 기관차"라는 제목과 "어린아이야, 달려가쟈"라는 구절 때문에 동시 같은 느낌을 주기도 한다.

> 식거먼 연기와 불을 배트며
> 소리지르며 달어나는
> 괴상하고 거–창 한 爬蟲類動物.

그 녀ㄴ 에게
내 童貞의結婚반지를 차지려갓더니만
그 큰 궁둥이 로 ㅆㅔ밀어

…털 크 덕…털 크 덕…

나는 나는 슬퍼서 슬퍼서
心臟이 되구요

여페 안진 小露西亞 눈알푸른 시약시
「당신 은 지금 어드메로 가십나?」

…털 크 덕…털 크 덕…털 크 덕…

그는 슬퍼서 슬퍼서
膽囊이 되구요

저 기—드란 ㅉㅏㅇ골라 는 大腸.
뒤처 젓는 왜놈 은 小腸.
「이이! 저다리 털 좀 보와!」

털크덕…털크덕…털크덕…털크덕…

六月ㅅ달 白金太陽 내리ㅉㅗ이는 미테
부글 부글 ㅅㅓ—러오르는 消化器管의 妄想이여!

赭土 雜草 白骨 을 짓발부며

둘둘둘둘둘둘 달어나는
굉장하게 기-다란 爬蟲類動物.

ㅡ「爬虫類動物」(『學潮』1호, 1926.6) 전문

화자가 기차의 내부에서 느끼는 감정은 '슬픔'이다. 슬픔의 원인은 실연에 의한 상처에서 찾을 수 있다. 2연의 "내 동정의 결혼반지를 차지려갓더니만/그 큰 궁둥이 로 ㅆ네밀어" 버리는 그녀로부터 거부 당했기 때문이다. 그러나 이것은 기차 내부에서 승객으로서 느끼는 감정일 뿐 기차의 외관은 이와는 상반된다. 1연에 '식거먼 연기'와 '불'을 뱉고 "…털 크 덕…털 크 덕…"거리는 불편하고 시끄러운 '소리'를 지르며 달아나는 "괴상하고 거-창한 파충류동물"이 기차다. 불을 내뿜는 모습에서 상상의 동물인 용을 생각할 수도 있지만 마지막 연에서 "굉장히 기-다란 파충류동물"이라는 표현에서 몸통이 긴 뱀에 가깝다고 보면 될 것이다. 기차의 움직임이나 외양을 분석해서 어떤 새로운 생물로 분류한다고 하면 그것은 "파충류"에 속하는 특징을 가진 징그럽고 무시무시한 괴물 같은 이미지를 가진 것이다. 슬픔보다는 위협적이고 두려운 모습을 보여준다.

"파충류동물"에 승차하여 좌석에 자리를 잡고 앉아 있는 승객은 좌석의 위치에 따라 "파충류동물"의 내장 기관의 위치를 상상하게 된다. 근대의 문물인 기차에 탑승하고 여행하는 경험을 '파충류동물'의 내부 장기가 되는 경험으로 치환시켜 놓는 상상력은 그 자체로 기괴하고 낯선 이미지를 준다. 승객이 승차하면서 좌석이 채워지는 것처럼 파충류동물의 내장 기관들도 채워지고 기차, 즉 파충류동물은 살아 움직이게 된다. 승객들은 "소러시아 눈알푸른 시약시", 짱골라, 왜

놈 등 인종과 국적에 상관없이 다양하다. 기차의 노선은 북쪽으로는 만주까지 이어져 만주의 안봉선과 남만주철도, 시베리아철도를 통해 대륙으로 진입할 수 있었다. 그러므로 조선인을 비롯하여 중국인, 일본인, 러시아인이 승차하거나 하차하며 기차의 내부 공간을 채우는 일은 기차의 출발역에서 종착역까지 계속 진행된다. "짱골라는 대장"으로 "왜놈은 소장"으로 소화기관에 비유된다. 기차의 진행 속도가 빨라질수록 화자는 기차의 진행 과정이 "부글 부글 ㅅㄱ—러오르는" 소화 과정과 일치하는 것은 아닌가 하는 망상에 사로잡힌다.

6월의 태양은 뜨겁고 여러 국적의 사람들이 기차의 한 공간을 각자 차지하면서 어디까지 가는지 가볍게 행선지를 물어보거나 외모를 힐끗거리며 시간을 보낸다. "그들은 서로 고립되어 있으면서도, 단지 일그러졌다는 공통점에 의해 '부글 부글 ㅅㄱ—러오르는 소화기관'으로 뭉뚱그려진다. 그들은 단절되어 있으면서도 개체성이 유지되지 않는다. 기차면 기차, 사람이면 사람, 주체면 주체, 대상이면 대상인 것이 아니라, 기차도 나도 그도 한꺼번에 징그러운 파충류동물이다."[57] "소화기관의 망상"이라는 표현이 의미하는 것처럼 기차 여행은 이질적인 자극들을 수용하고 이를 해석하기 위한 상상력의 고투 과정에 비견된다.[58] "망상"이야말로 기차와 승객을 바라보는 화자의 복잡하고 불편한 심리상태를 잘 보여주는 표현이며 기차를 파충류동물로 보는 생물학적 상상력 자체가 비현실적인 망상의 시발점이다. 내가 심장이

57 신지연, 「파충류 동물, 혹은 근대의 이미지」, 『다시 읽는 정지용 시』, 월인, 2003.

58 조강석, 「정지용 초기시에 나타난 근대의 '감성적' 전유 양상 고찰」, 『상허학보』 29, 상허학회, 2010.6.

되는 이유가 "슬퍼서 슬퍼서"이고 그가 담낭이 되는 것도 "슬퍼서 슬퍼서"라고 이유를 제시하고 있는데, 앞에서 분석한 시들과 마찬가지로 이 시에서도 망상의 근원에 슬픔의 정서가 내재되어 있다. 이것은 실연의 감정에서 유발된 것이든 "나는 언제든지 슬프기는 슬프나마"(「슬픈기차」)라고 근원적으로 내재된 슬픔이든 파충류동물인 기차를 움직여가는 망상의 원동력이 된다. 화자의 망상 속에서 1연의 통제 불가능해 보이는 파충류동물인 기차가 마지막 연에서 "둘둘둘둘둘둘 달어나"기에 몰두하고 있는 굉장히 긴 몸을 가졌다는 것을 발견한다.

2) 기차의 정차와 시선의 확장

백석의 시에서 기차의 이미지는 벌판과 결합되어 제시된다. 벌판을 직선으로 가로지르는 철도는 새로운 세상으로 가는 방향을 가리키는 화살표와 같다. 1930년대의 기차는 더 이상 낯선 근대 문명의 표상을 나타내지는 않는다. 기차의 외양이나 속도에 대한 묘사보다는 벌판을 가로지르며 놓여 있는 "경편철도"와 가정거장도 없이 내리는 "젊은 새악시둘"을 바라보며 기차가 확장시킨 공간 너머를 바라본다. 철도는 그 자체로 여정의 확장이며 연장이다. 경편철도[59]가 놓이지 않았다면 "무연한 벌"은 흙먼지가 이는 황량하고 인적 드문 곳일 뿐이다. 경편철도가 부설되면서 광원의 풍경이 변하게 된다. 아직은 "가정거장도 없는 벌판"이지만 경편철도를 따라 정해진 시간에 기차가 오고

---

59 경편철도(輕便鐵道)는 궤도의 간격이 표준치인 1,435㎜보다 좁고, 소형의 기관차나 차량을 사용하여 운행되는 철도이다. 건설비나 운행비가 적게 들지만 속도가 느리고 교통량이 적은 지방철도로 사용되었다.

가는 풍경이며 승객들이 승차하고 하차하는 풍경을 갖게 된다.

흙꽃니는 일은봄의 무연한벌을
輕便鐵道가 노새의맘을먹고지나간다

멀리 바다가뵈이는
假停車場도없는 벌판에서
車는머물고
젊은새악시둘이날인다

—「曠原」(『사슴』, 선광인쇄주식회사, 1936) 전문

경편철도 위의 느린 운행 속도에서 "노새의맘"이라는 비유를 읽어내기는 어렵지 않다. 경편철도 위를 차량이 작은 기차가 천천히 달려가다가 벌판에 젊은 새악시 둘을 내려놓고 다시 지나간다. 노새의 느긋하고 순박한 이미지를 근대의 이동수단인 기차에 빗대는 순간 광원의 풍경은 여유 있게 보이기도 하고 한편으로는 낭만적으로 읽히기도 한다. 이 시에서 낭만성을 불러일으키는 요소는 여러 가지가 있다. "일은봄"이라는 계절적 배경이나 "무연한벌"과 "경편철도"가 주는 길 떠나기의 자유, 그리고 멀리 "바다"가 보인다는 기대감이 "광원"이라는 제목과는 다르게 이 시를 낭만적으로 읽히게 한다. 마지막 부분에서 기차가 서고 "젊은새악시둘" 내리는 장면도 그런 이미지에 기여한다. "흙꽃니는 일은봄"의 이미지와 만나면서 경편철도는 노새의 친숙한 이미지와 자연스럽게 겹쳐지며 벌판의 풍경 속으로 화자의 시선을 끈다. "노새의맘을먹고지나간다"는 것은 철도로 대표되는 근대 문명에 상반되는 이미지이다. 더욱이 기차를 움직이는 원동력을

이 시는 노새가 먹은 마음에서 찾고 있다. 가축 동력의 증기력에 의한 대체, 즉 피로감의 제거가 기차의 근대적 효율성인데, 노새의 힘이 아니라 마음을 헤아리는 것은 근대의 빠른 속도나 기계적인 힘이 주는 편리성보다는 벌판 너머에 닿으려는 기차의 꾸준한 운행에서 찾고 싶은 것이다. 철도가 놓인 그 위를 따라 정해진 길을 계속 따라간다는 것은 어떤 마음일까. 물건이나 대상에 깃든 '마음'을 생각하는 것은 백석의 시에서 자주 등장하는 표현 기법이다.

그런데 이 시에서 중요한 것은 철도가 놓여진 "광원"을 바라보는 조망의 시선이다. 이 시선에 의해 "노새의 맘을 먹고" 지나가는 기차를 발견할 수 있으며 일정 시간 동안 관찰하게 한다. 그 시선은 또 일정 거리 너머에 "멀리 바다"가 있다는 것을 본다. 이 시선의 유도가 영화의 "익스트림 롱 쇼트 기법과 유사하다"라는 분석은, 시선의 확장과 깊이가 기차 여행의 경험과 관련될 때 더 명확해진다. "상당히 먼 거리에서 배경 전체를 찍는 이 기법은 대상을 관찰하는 시선의 거리를 조절함으로써 시간적 흐름을 개입시키고 평면적인 장면에서 서사적 넓이를 형상화한다."[60]

꾸준히 가야 하는 노새의 마음을 먹고 지나간다는 상상력이 이 시를 아름답게 한다. 중요한 것은 "젊은새악시둘"이 내린 후에도 기차는 경편철도의 종점까지 계속 지나간다는 점이다. 승객의 하차를 위해 잠시 정차하는 순간의 모습을 포착하고 있는 이 시는, 기차의 속성이 질주에만 있는 것이 아니라 정차와 출발의 연속이며 그 사이에 타고

---

60 오형엽, 「광원」, 최동호·방민호 외, 『백석 시 읽기의 즐거움』, 서정시학, 2006.

내리는 사람의 모습도 놓치지 않고 있다는 점이다. 경편철도가 놓이지 않은 다른 방향, 즉 저 멀리 보이는 바다까지 바라보는 시선의 확장은 기차 여행을 통한 거리감에 대한 상상력에서 비롯된 것이다.

> 高原線 終點인 이 적은 停車場엔
> 그렇게도 우쭐대며 달가불시며 뛰어오던 뽕뽕車가
> 가이없이 쓸쓸하니도 우두머니 서있다
>
> 해빛이 초롱불 같이 히맑은데
> 해정한 모래부리 플랫폼에선
> 모두들 쩔쩔끓른 구수한 귀이리茶를 마신다
>
> 七星고기라는 고기의 쩜벙쩜벙 뛰노는 소리가
> 쨋쨋하니 들려오는 湖水까지는
> 들죽이 한불 새까마니 익어가는 망연한 벌판을 지나가야 한다.
>
> —「咸南道安」(『文章』1권 9호, 1939.10) 전문

이 시에서도 철도가 주요한 시어로 작용한다. "고원선"을 타고 철도가 도착한 곳은 종점인 함경남도 도안이다. 도안은 고원선의 마지막 종착역이고 부전강을 막아 만든 부전호수가 근처에 있다.[61] 백석은 이 시에서 고원선 종점의 '작은 정거장'까지 급경사를 달려온 기차를 "그렇게도 우쭐대며 달가불시며 뛰어" 왔다고 의인법을 사용하여 묘

61 고형진, 『정본 백석 시집』, 문학동네, 2007, 123쪽.

사한다. 특히 기차를 "뽕뽕차"로 표현한 것은 "뽕뽕"이라는 의성어를 강조하여 증기를 내뿜으며 달려오는 모습을 제시하는 앞 구절을 생생하게 전달하기 위해서이다. "뽕뽕차"는 증기선 따위가 달릴 때 내는 소리의 일본어 의성어 "ぽんぽん"에 "車"를 결합한 어휘이다. 그렇게도 요란스러운 소리를 내며 속도를 내서 달려온 기차도 종점에서는 멈추고 이 해발 높은 지대의 풍경에 동참한다. 조금 전까지의 맹렬한 기세는 사라지고 플랫폼 안에서 기차는 "쓸쓸"하니 "우두머니 서 있"을 뿐이다. 고요해진 플랫폼에서는 "쩔쩔 끓는 구수한 귀이리차"를 마시는 사람들이 있다.

백석의 시에서 기차는 시 「광원」에서처럼 정거장에 들어서는 순간의 모습을 포착하고 있다. 정차의 순간 화자의 시선은 "쩔쩔끓는 구수한 귀이리차"를 마시는 "모두들"을 발견한다. 승객들도 기차도 한숨을 돌리고 "망연한 벌판" 방향을 바라보는 평온하고 조용한 휴지의 시간이 있는 장소가 종점의 플랫폼이다. 이때 플랫폼에 서 있는 화자는 벌판 너머로 시선을 두고 있고 벌판 너머의 풍경을 짐작하고 있다. 이 시에서도 기차는 벌판과 결합되어 있다. 시 「광원」이 "흙꽃니는" 황량하고 거친 광야였다면, 이 시의 벌판에는 "들죽이 한불 새까마니 익어가고" 있다. 들쭉나무는 높은 산에서만 자란다. 열매가 익어가는 시기는 8~9월이므로 이 시의 계절적 배경은 여름이다. 화자는 벌판 너머에 있는 '호수'와 '칠성고기'가 '쩜벙쩜벙' 뛰노는 소리가 들려오는 호숫가에 서 있는 것처럼, 벌판을 가로지르는 물리적 거리 너머에 시선을 두는 상상력을 발휘한다. "시인이 바라보는 이곳과 저곳의 거리만큼 시의 공간이 확장되었다."[62] 백석의 시에서 기차는 지금의 여기가 아니라 항상 그 너머에 도달하기를 희망하고 이를 위한 수단의 역할을 담당한다. 이것은 백석의 기행시편 전체를 아우르는 '방랑'의 근원을 형성하기도 한다. '저 너머'를 생각하는 호기심과 상상력은 이후에 더 크고 귀한 것을 내는 '하늘'에 대한 사명감을 깨닫게 되는 과정으로 이어진다.

먼 거리를 이동하여 본 경험이 있는 사람이 지금 현재 있는 곳을 기점으로 상당히 거리가 떨어져 있는 어느 지점까지를 상상할 수 있다. 백석은 기차를 타고 이동하여 정차한 곳으로부터 그 너머를 상상하여 보는 것이다. 그 사이를 가득 채우고 있는 것은 "들죽이 힌불새까마니 익어가는" 벌판이다. 여행은 다른 공간으로 시선을 확대하여 관조의 시선을 획득하게 된다. 그는 플랫폼에 서서 "저 망연한 벌판" 너머에 있는 호수와 호수 안의 칠성고기는 얼마나 활기차게 물위를 뛰어오르며 생동감 넘칠 것인지를 상상하는 즐거움을 한 잔의 차를 마시며 생각하는 것이다. '망연한 벌판'을 생각하며 '귀이리차'를 마실 수 있는 것도 기차가 있었기 때문에 가능한 것이다.

1930년대는 여행의 시대로서 도시와 도시의 먼 거리를 연결하는 기차를 비롯하여 도시의 거리를 이동하는 마차까지 다양한 이동 수단이 발달하였다. 기행 시편에서 기차와 마차의 승차 경험이 중요한 것은 이 경험이 공간에 대한 감각을 근본적으로 바꾸어 놓기 때문이다. 특히 백석의 경우, 기차 여행의 경험은 북방 지역을 여행하고 쓴 기행시편에서 시간과 물리적 거리를 뛰어넘어 한 장소에서 다른 시간, 다

62 장석원, 「백석 시의 시선과 역동성」, 『한국시학연구』 제26호, 한국시학회, 2009.12, 335쪽.

른 장소에 존재하던 사물들을 호명하고 소환하는 상상력을 발휘하는 데 일조한다.

2. 기선 여행과 외부의 응시

정지용은 일본 교토의 도시샤 대학 영문과에서 1923년부터 6년간 유학했으며 백석은 일본 도쿄의 아오야마 학원 영어사범과를 1930년부터 4년간 다녔다. 일본 유학 체험은 정지용과 백석에게 기차와 기선을 이용해 바다를 건너서 식민지 조선의 고향과 일본의 학교를 수차례 왕복하는 여행이었다. 유학길의 여정에서 발견하게 되는 공통적인 풍경은 '바다'이며 바다에 대한 인식은 정지용과 백석에게서 서로 다르게 나타난다. 이동 수단으로 탑승한 기차와 기선의 경험을 통해 정지용과 백석이 식민지 유학생의 신분으로 근대 문명의 속도감을 어떻게 받아들였는지 살펴보도록 하겠다.

기차는 선로가 놓인 방향으로 직진하는 속성을 지녔으며 속도감은 차창으로 지나가는 풍경으로 인식할 수 있었다. 이에 반해 기선은 전진하는 속성을 지녔지만, 철도처럼 직진한다는 느낌이 강하지 않다. 바다 위에서 보는 풍경 변화도 크지 않을 뿐더러 수면 위에 떠 있기 때문에 선상에서는 '깊이'에 대한 인식이 우선한다. 이것은 후에 산시편과도 연결되는 지점이다.

1) 선상의 여행자와 바다의 탐구

정지용의 초기 시에서 바다 시편[63]은 상당히 중요한 위치를 차지한다. 정지용에게 '바다'는 근대 경험의 표상으로 존재한다. 무엇보다도 바다를 소재로 하여 시로 형상화하는 과정에서 보여주는 시선은 근대적이다. 근대 이전에 바다는 시의 소재로 제대로 다루어지지 않았으며 산과 비교하면 그 움직임이나 성질이 군자의 도와 맞지 않는다는 이유로 시의 소재로 채택되는 경우가 드물었다. 바다를 어떻게 시의 소재로 다루었느냐는 것만으로도 이것은 새로운 시도이며 공간의 참신한 발견이다. 최남선이 「海에게서 少年에게」(『少年』 창간호, 1908)를 발표했을 당시에도 바다는 시각적 이미지로 포착된 시적 대상이라기보다는 근대적 문물을 수용하는 '계몽'의 통로로서 상징하는 바가 컸다. 정지용은 교토 도시샤 대학으로 유학을 가는 과정에서 바다를 처음 경험하게 되고 이것은 시각적으로도 매우 신선한 공간 감각을 선사했을 뿐만 아니라, 파도의 규칙적이면서도 반복적인 움직임이나 바닷가 특유의 냄새와 바람, 그리고 배를 타고 가는 여정 속에서 다양하고 복잡한 감정들을 느끼게 했다.

자네는 人魚를 잡아

---

63 정지용의 바다 시편은 『鄭芝溶詩集』(시문학사, 1935)의 1부에 「바다」 1·2, 「海峽」, 다시海峽」, 2부에 「바다」 1·2·3·4·5, 「甲板우」, 「醉船」, 「風浪夢」 1·2, 「갈메기」가 있다. 제목이 「바다」인 연작시 9편 외에, 최근 한 편의 「바다」(『부인공론』1권 제4호, 1932.5) 시가 발굴되었다. 또, 일본어 시 「海邊」(『同志社大學豫科學生會誌』 6호, 1926.6)에는 바닷가를 거니는 서정적인 화자가 등장한다(최동호, 『정지용 문학전집1·시』, 서정시학, 2015).
송기한, 「정지용 시에서의 바다의 의미」, 『한중인문학연구』42, 한중인문학회, 2014.12.

아씨를 삼을수 있나?

달이 이리 蒼白한 밤엔
따뜻한 바다속에 旅行도 하려니.

—「피리」1, 2연(『鄭芝溶詩集』, 시문학사, 1935)

이 시에서 바다는 화자의 시선이 닿는 곳에 실재하는 공간으로서의 바다는 아니다. 화자가 주목하고 있는 곳은 "바다 속"이다. 피리 선율을 따라서 연상되는 낭만적인 분위기의 바다가 이 시의 배경으로 묘사된다. 바다는 옛이야기 속[64]의 "인어"가 살고있는 공간[65]이며, 인어

64 이 시는 「향수」의 '傳說바다에 춤추는 밤물결 같은/검은 귀밑머리 날리는 어린 누이'의 이미지와도 겹쳐지는 분위기가 있다.

65 고려시대부터 조선 중기까지 수백 편의 시문에서는 인어와 관련된 소재를 다루고 있다. 특별히 인어의 눈물은 가장 아름다운 것을 비유할 때 쓰였다. 훌륭한 문장이나 아름다운 사물을 교주에 비유하거나 은혜에 감격하여 눈물을 흘리게 될 때 교주를 끌어들였다. 또 절대 변하지 않는 상징이나 가장 아름다운 옷감을 말할 때는 인어가 짜는 비단인 교초나 용사로 비유했다. 영원히 간직하고픈 말, 절대 잃어서는 안 될 것들은 교초에 적어 보관하고자 했다. 교인과 교주, 교초, 교실은 한국 한시에서 지속적으로 등장하며 하나의 관습적 상징을 이루고 있었다. 교인의 존재를 실제로 믿든 아니든 수많은 시인들은 시 속에서 교인을 관습적으로 사용하였다. 그러나 조선 중기 이후로 한시에서는 인어와 관련된 소재가 이전에 비해 활발하게 나타나지 않는다. 현실 너머의 황당한 이야기를 물리치는 유교적 가치관과 관련될 것이다. 괴력난신에 대해서는 말하지 않는다는 유교의 사유에서 도교적 상상력에 기반을 둔 인어가 자못 황당하게 들릴 수 있는 것이다. 한시를 창작하는 계층은 주로 유학자들이었으므로 유학자들이 인어를 직접 소재로 다루기엔 다소 부담으로 작용되었을 것이다. 하지만 야담을 비롯한 각종 문헌에서는 여전히 인어 관련 이야기가 계속 이어졌다. 우리나라 전설 속의 인어는 일반적인

는 아름답고 비현실적이며 비밀스럽다. 화자는 1연에서 "자네"에게 "인어를 잡아 아씨를 삼을 수" 있는지 용기와 호기심에 대해 넌지시 물어본다. 자네로 대변되는 2인칭은[66] 자신의 상황과 욕망을 표출하기 위해 호명하는 대화 상대자이다. 인어와 인간 사이의 사랑과 결합은 서로 사는 공간이 다른 만큼 현실에서는 이루어질 수 없는 사랑, 또는 비현실적이지만 애틋하고 동화적인 사랑을 의미한다. 만약 달이 창백한 밤이라는 조건 아래 그것이 가능하다면, 따뜻한 온도의 바닷속으로 인어를 아씨 삼아 "여행"을 떠날 수도 있을 것이라는 상상에는 고독과 외로움을 벗어나고 싶은 화자의 욕망이 숨겨져 있다. 화자에게 익숙한 삶의 공간이 아니라 인어의 공간인 따뜻한 바닷속으로의 여행은 미지의 공간을 향한 예측할 수 없는 모험을 감행하는 것과 같다. 정지용의 시에서 '여행'이라는 시어는 이 시에서 단 한 번 사용

신화나 설화 속에 나오는 여성 주인공과는 다른 모습을 갖고 있다. 고난의 수용, 인내와 희생이라는 틀을 넘어, 진주 눈물과 젖지 않는 비단 등을 만들어내는 생산력을 갖고 있다. 인어는 인간에게 해를 끼치지 않고 인간과 더불어 살아간다고 알려져 있다(강민경, 「한국 인어 서사의 전승 양상과 그 의미 고찰」, 『도교문화연구』37, 2012).

66 정지용 시에서 2인칭 대명사는 '그대', '너(네, 늬)', '당신', '자네' 등이 110회 사용되었으며, 전체 인칭대명사의 사용 중에 32.7%를 차지한다. 주로 유학 시절에 고향을 오가며 창작된 작품들과 이후의 종교시편에 빈번하게 나타난다. 2인칭 사용을 중심으로 정지용 시의 일면을 살펴보는 것은 근대적 자아의 감수성을 어떻게 표출하였고 어떠한 문학적 스타일을 창출해 갔는가에 대한 문제이다. 식민지 문학청년으로서의 고독한 감정과 조선 유학생으로서의 소외감에 출구를 마련해가고자 하는 의도를 읽을 수 있다(이근화, 「정지용 시의 2인칭과 감정의 형식화」, 『국어국문학』148, 국어국문학회, 2008.5).

되었다. 일본어 시에서는 「旅の朝」에서 여행을 의미하는 일본어 "다비(旅)"가 제목에 있다. 일본어에서 여행은 "旅行"과 "旅"로 나뉘어진다. 유의어 관계이긴 하지만 다비가 상위어이며 포괄적으로 사용된다. 여행은 자기가 사는 곳을 떠나 객지나 외국에 가는 일을 말하며 특히, 특별한 볼일이 없이 즐기거나 견문을 넓히기 위해 탈것을 타고 다니는 것을 가리키는 경우가 많다. 정지용의 시에서 여행과 유사한 의미로 '나그내ㅅ길'이 시어로 사용된 시가 2편 있다. '영원한 나그내ㅅ길 路資로 오시는/성주 예수의 쓰신 원광!/나의 령혼에 칠색의 무지개를 심으시라'(「臨終」)와 '가자, 가자니, 고대와같은 나그내ㅅ길 떠나가자./말은 간다./까치가 따라온다'(「말」3)에서 사용되었다. 정지용은 초기에 바다와 말(馬)의 이미지를 통해 방랑과 탐색이 뒤섞인 어떤 지점에 놓여 있었다. 그의 말과 바다는 그의 전체 시 속에서 가장 생동적이고 생식적인 이미지이다.[67] '나그내ㅅ길'은 길 위를 영원히 걸어가는 방랑자, 또는 고행자의 이미지를 연상시킨다. 정지용이 의식적으로 '여행'과 '나그내ㅅ'을 분리해서 사용했다면, '나그내ㅅ길'은 의미상 일본어의 '다비(旅)'에 가까운 뜻으로 폭넓게 사용할 수 있는 어휘이다. 2연의 '여행'은 동일한 내용의 일본어 시 「笛」(『近代風景』 3권 2호, 1928.2)에서도 마찬가지로 '旅行'으로 표기되어 있는데, 나그네길이 정처 없이 외로운 길을 떠나는 이미지와 쓸쓸한 분위기를 상기시키는 것과는 달리 몽환적이고 낭만적인 분위기를 느끼게 해 준다. 일본어 시 「笛」은 도시샤 대학 시절의 재학생 동인지 『自由

67 신범순, 「정지용의 시와 기행산문에 대한 연구」, 『한국현대문학연구』9집, 2001.

詩人』 3호(1926.3)에 일본어 시로 처음 실린 이후 다음 해에 『近代風景』 2권 9호(1927.10)에도 발표했다. 국문시로 번역하여 『詩文學』 2호(1930.5)에, 그리고 1935년 『鄭芝溶詩集』(시문학사)에 실었다. '여행'과 '나그내ㅅ길'의 차이점을 살펴본다면 분명 '나그내ㅅ길'이 방랑의 이미지에 가깝다. 정지용의 시에서는 '나그내ㅅ길'과 함께 여행의 이미지를 떠올리게 하는 대표적인 시어로 여행자를 지칭하는 '나그네'가 등장한다. 나그네가 시어로 사용된 시는 모두 4편이다.

정지용이 이 시에서 '여행'이라는 시어를 선택한 이유는 그것이 구체적인 장소를 직접 찾아가서 보고 경험하는 것이 아니라 "바닷속"이라는 상상의 공간을 설정하고 있기 때문이다. 육지와 바다의 경계를 넘어가는 것, 인간과 어류의 경계를 하나의 육체에 소유하고 있는 존재인 "인어"와의 조우 등이 여행의 의미를 풍부하게 한다. 바다는 환상적이고 동화적인 공간으로 비유된다. 현실 세계와는 동떨어진 다른 공간을 상정하고 밤이라는 시간과 창백한 달빛이 쏟아지고 인어가 헤엄치는 바다 그리고 울려 퍼지는 피리 소리를 시 안에 펼쳐 놓고 있다. 이 시에 그려진 바다는 인어와 낭만적인 사랑의 여행을 하는 상상의 공간으로서의 바다이다. 정지용이 바닷속 공간, 혹은 더 구체적으로 바닷속 수심에 대한 호기심을 드러낸 시는 이 외에도 「甲板우」와 「地圖」가 있다. 갑판 위에서 바닷바람을 쐬며 그대의 머리는 "슬픈듯 하늘거리고" 치마는 "부끄러운듯 나븟기"는 상황은 감상적인 분위기의 선상 풍경을 보여준다.

나지익 한 하늘은 白金빛으로 빛나고
물결은 유리판 처럼 부서지며 끓어오른다.

동글동글 굴러오는 짠바람에 뺨마다 고흔피가 고이고
배는 華麗한 짐승처럼 짓으며 달려나간다.
문득 앞을 가리는 검은 海賊같은 외딴섬이
흩어져 날으는 갈메기떼 날개 뒤로 문짓 문짓 물러나가고,
어디로 돌아다보든지 하이한 큰 팔구비에 안기여
地球덩이가 동그랐타는것이 길겁구나.
넥타이는 시언스럽게 날리고 서로 기대슨 어깨에 六月별이 시며
들고
한없이 나가는 눈ㅅ길은 水平線 저쪽까지 旗폭처럼 퍼덕인다.

※

바다 바람이 그대 머리에 아른대는구료,
그대 머리는 슬픈듯 하늘거리고.

바다 바람이 그대 치마폭에 니치 대는구료,
그대 치마는 부끄러운듯 나붓기고

그대는 바람 보고 꾸짖는구료.

※

별안간 뛰어들삼어도 설마 죽을라구요
빠나나 껍질로 바다를 놀려대노니,

젊은 마음 꼬이는 구비도는 물구비
두리 함끠 굽어보며 가비얍게 웃노니.

—「甲板우」(『鄭芝溶詩集』, 시문학사, 1935) 전문

여행 모티프 및 항해 체험은 정지용의 초기 작품에 공통적으로 드러나는 것으로, '바다'를 배경으로 한 「갑판우」, 「해협」, 「다시 해협」, 「선취」, 「선취2」와 「바다」 등의 작품에는 한반도와 일본을 오가며 느꼈을 조선의 현실에 대한 비애감과 식민지 청년으로서의 외로움이 드러난다. 정지용의 초기 작품들은 여행을 모티프로 하여 당대에 유행했던 연애 감정을 드러내면서 시적 형상을 구축하고 있다.[68] 이 시에서도 화자가 "별안간 뛰어들삼어도 설마 죽을라구요"라며 가볍게 농담을 하듯이 던진 말에서는, 갑판 위에서 흔들리는 신체의 가벼운 멀미 증세와 더불어 연애의 감정이 즉흥적인 투신 충동으로 드러난다. 부사어 "별안간"과 "설마"가 이 느닷없는 시적 발언이 주변 상황의 낭만적이고 평온한 진행과는 별개로 갑작스럽고 돌출적이라는 것을 나타내는 동시에, 그에 대한 반발로서 이 발언을 농담으로 치부해서 심리적 안도를 원하는 마음이 공존하고 있음을 암시한다. 갑판 위에서 내려다보는 바다는 출렁거리며 화자에게 "별안간"의 충동과 "설마"의 안도를 동시에 전달한다.

근대적 교통수단의 하나이며, 항해 여행을 가능하게 하는 "배"는 "화려한 짐승처럼 짓으며 달려나간다". 배를 비롯하여 기차도 '소'와 '파충류동물'로 비유되는 등 정지용의 시에는 근대 이동 수단의 소음과 속도에 주목하여 활동성을 부각시키기 위해 동물의 이미지를 활유법으로 사용하여 감각적으로 대상화하였다. 물결을 가르며 달려 나가

68 이근화, 앞의 글.

는 배의 갑판 위에서 바라보는 풍경은 속도감에 의해, "물결은 유리판처럼 부서지며 끓어" 오르고 바다의 "짠바람"이 뺨에 부딪쳐 "고흔피가 모이고", "앞을 가리는 검은 해적 같은 외딴섬"이 뒤로 물러가고 넥타이는 바람에 휘날린다. 그대의 머리와 치마폭도 바람에 휘날리고 배의 속도에 의해 배의 진행 방향과 반대편으로 바닷바람은 모든 것을 날려 보낸다. 화자는 갑판 위에서 자신을 스쳐지나가는 바람과 햇볕을 느끼며 수평선 저쪽까지 바다를 관찰하고 있다. 이때 "地球덩이가 동그랗다"는 것을 환기한다. 바다에서 출발한 감각적 이미지가 지구의나 지도, 해도 등 근대 문물로 치환되는 것은 정지용의 근대적 과학 지식과 상상력 때문이다.[69]

화자와 "그대"는 갑판 위에서 바다를 굽어본다. 거기에는 "젊은 마음 꼬이는" 듯 매우 유혹적인 "구비 도는 물구비"가 기다리고 있다. 물구비 아래의 바다는 그 속을 알 수 없는 측정 불가능의 거다한 공간

69 "1926년여름 玄海灘우에서"라고 창작시점이 표기되어 있는 시 「甲板우」의 경우 1927년 1월에 발표되었고 『정지용 시집』 2부에 실린 시들 중 1927년에 발표된 시들만 일별해도 「취선」, 「슲픈기차」, 「새빩안機關車」, 「말1」, 「바다1」, 「바다2」, 「바다3」, 「바다4」, 「바다5」 등 바다를 소재로 하거나 여행의 경험이 투영된 작품들이 활발하게 창작, 발표되었음을 알 수 있다. 이 바다에 관한 시들에서 주목하고 싶은 부분은, 바다 이미지 자체보다는 그것이 곧 지리적 이동과 여행이라는 근대적 경험을 전제로 창작되었다는 사실이다. "지구덩이가 동그랐다는 것이 길겁구나"라는 구절은, 지리와 과학이라는 근대적 지식을 새로운 상상력의 영역으로 전환할 수 있었던 정지용의 언어적 능력에 의해 창조되었으며, 그 상상을 발현시킨 공간이 되어준 것은 유학기간 정지용이 수차례 왔다 갔다 했던 바다였던 것이다(하재연, 「일본 유학 시기 정지용 시의 특성과 창작의 방향」, 『비교한국학』15, 국제비교한국학회, 2007.6).

이다. 바다 밑의 세계는, 해변에서 바라보는 파도나 갑판 위에서 출렁이는 물결을 바라보며 바다를 건너가며 경험하는 것과는 다르다. 갑판 위에서 내려다보는 것만으로는 바다의 본질적인 부분에 접근하지 못한 채 피상적으로 표면만을 경험하고 있다고 생각했을 것이다. 정지용은 "유리판처럼"[70] 바다의 표면만을 건너가고 있다는 생각을 지울 수 없었을 것이다. 뛰어들지 않으면 다다를 수 없는 세계가 거기에 있다. 그것은 연애의 감정과도 비슷하다. 따라서 투신 충동[71] [72]을 스

---

70 정지용의 시에서 "유리"의 이미지는 차단과 폐쇄로 화자와 대상 간의 접촉을 가로막는다. 바다에 대한 비유로 쓰인 '유리판'의 경우도 맑고 투명하게 푸른 바다를 그대로 비추는 듯 하지만 실제로는 바다와의 직접적인 접촉은 차단된 수밖에 없기 때문이다. '유리판'은 해수면이나 바다를 비추는 하늘과 같은 투명하고 푸른 판을 비유할 때 쓰였다. '먼데 산이 軍馬처럼 뛰여오고 가까운데 수풀이 바람처럼 불려가고 /유리판을펼친 듯, 瀨戶內海 퍼언한 물 물. 물. 물(「슬픈 汽車」)'와 '유리판 같은 하늘에 바다는─속속 드리 보이오(「바다6」)'.

71 '바다'와 접하는 대상들과의 교감은 대체로 감각적이고 물리적으로 이루어졌다. 자아는 유쾌하고 경쾌한 기분에 젖어서 '바람'이 아닌 '바다'와의 더욱 선명한 교감의 방법을 찾아낸다. 그것은 '바다로 뛰어드는 일', 그리해서 물질로서의 '바다'와 섞이는 일은 단지 '바다'를 바라보는 일에 견줄 수 없을 정도로 감각과 상상력을 자극할 것이다. 물론 그때 비로소 시적 자아는 '바다'에 대한 보다 생생하고 참신한 이미지를 만들어낼 수 있을 것이다. 그러나 시인은 그러한 시도를 감행하지 않는다. '별안간 뛰여들삼어도 설마 죽을라구요'하는 데에서 알 수 있는 것처럼 시적 화자는 입수를 장난과 농담의 차원으로 여긴다. 이는 「바다1」에서 보았던 '달려가기와 오기'의 반복된 놀이와 다른 것이 아니다. 시적 자아는 대상인 '바다'와 시각적인 거리가 보장된 상태에서의 교감을 이루어낼 뿐 그 이상의 접근을 회피한다. 그것은 '물'이라는 질료와 접촉을 차단하는 것이다. 이는 정지용이 '바다'를 통해 구하고자 했던 공간성이 일정 정도 한계를 지니고 있음을 의미하는 것이다. 시각적 이미지를 통한 공간성 구축은 그 나름의 교감을 유도하지만 물적 질료와

스로 비웃기나 하듯이 '빠나나 껍질'을 던질 듯 말 듯 장난을 치거나 "구비 도는 물구비"를 함께 굽어보며 가볍게 웃는 것으로 자조하고 있다

정지용은 옥천과 교토를 오가는 여정 속에서 기차와 배를 경험한다. 그 과정에서 만난 바다는 "오· 오· 오· 오· 오· 소리치며 달녀가니/ 오· 오· 오· 오· 오· 연달어서 몰아온다"(「바다」)로 표현할 수 있는 해변에서 바라보는 바다이거나, 갑판 우에서 바라보는 속도감 속에서 출렁이는 물결과 바닷바람과 수평선, 멀어져가는 섬 등을 풍경으로 바라보는 것이다. 따라서 정지용의 시에서 바다는 그 실체를 잡히지 않으려고 도망가는 "도마뱀"에 비유된다.

바다는 뿔뿔이
달어 날랴고 했다.

푸른 도마뱀떼 같이
재재발렀다.

꼬리가 이루
잡히지 않었다.

의 교류가 결여된 상태에서의 그것은 피상적인 교감에 불과하다(김윤정, 「정지용 시의 공간지향성 연구」, 『한민족어문학』47, 한민족어문학회, 2005.12).

72 '투신'에 관한 내용은 시 「禮裝」과 연결되는 지점이 있다. '모오닝코오트에 禮裝을 가추고 大萬物相에 들어간 한 壯年紳士'가 '舊萬物 우에서' 아래로 투신하는 장면은 환상적이면서도 몽환적으로 묘사되어 있다.

흰 발톱에 찢긴
珊瑚보다 붉고 슬픈 생채기!

가까스루 몰아다 부치고
변죽을 둘러 손질하여 물기를 시쳤다.

이 앨쓴 海圖에
손을 싯고 떼었다.

찰찰 넘치도록
돌돌 굴르도록

회동그란히 바쳐 들었다!
地球는 蓮닢인양 옴으라들고……펴고……

—「바다2」(『鄭芝溶詩集』, 시문학사, 1935) 전문

이 시는 바다에 대한 감각적인 묘사가 가장 두드러진 작품이라는 데에 이견이 없을 것이다. 1연에서 화자의 감각에 포착된 바다는 "뿔뿔이 달아 날랴고" 하는 데에 급급하다. "푸른 도마뱀떼"로 비유된 바다는 마치 놀라서 달아나려는 파충류동물처럼 꼬리가 잡히지 않을 듯 움직임이 빠르다. 바다는 깊은 수면을 감춘 채 해변 가까이에서 부서지는 파도로 화자의 접근을 허용하면서도 순식간에 빠른 움직임으로 끝없이 화자의 시선에서 벗어나려 한다. 최동호는 "이 시가 크게 전반부 제1-4연, 후반부 제5-8연으로 나눌 수 있으며, 이 시의 후반부가 없다면 전반부의 기발함 또한 효과가 반감된다고 본다. 화자는 왜

달아나려고 하는 바다를 붙잡으려는 것일까. 그 이유는 6연에 제시된 다. '앨쓴 해도'를 완성하고자 하기 때문"[73]이라고 최동호는 밝혔다. 달리는 배 위에서 바다를 응시하며 어디로 돌아다보든지 "地球덩어리가 동그랐타는것이 길겁구나"(「甲板우」)라며 둥근 지구 위의 바다를 건너가는 자신을 상상하는 정지용의 감각과 해변에서 밀려오는 파도를 보면서 '해도', 즉 지구덩어리 위에서 입체적으로 파도치는 바다의 전체를 조망하는 시선은 모두 바다의 부분이 아니라 전체를 묘사하고자 하는 욕망 때문이다. 정지용은 자신의 현재 위치에서 보는 바다의 부분적인 모습을 묘사하는 동시에 전체를 관망하고자 하였다. 그래서 손에 잡힐 듯 잡히지 않는 바다를 보면서 해도를 완성하고자 한 것이다. 이 '해도'는 마치 커다란 물방울처럼 '찰찰 넘치도록/돌돌 구르도록' 바다를 담아 놓은 듯한 입체적인 바다의 모형에 가깝다. 마침내 지구는 바다의 움직임에 의해 마치 연꽃잎처럼 '옴으라들고……펴고……'를 반복하는 입체적인 시선을 획득하게 된다. 해변에 서 있던 화자가 관찰했던 파도의 빠른 움직임은, 먼 곳에서 지구를 바라볼 때에는 서서히 오므라들고 펴고를 반복하는 한 송이의 연꽃과 같은 해도를 완성하였다.

정지용이 초기에 쓴 다수의 바다 시편들이 '앨쓴 해도'에서 완성되었다는 것은 타당한 지적이다.[74] 이러한 노력에도 불구하고 정지용에

---

73 최동호, 「난삽한 지용시와 바다 시편의 해석-「바다2」를 중심으로」, 『정지용 시와 비평의 고고학』, 서정시학, 2013, 187쪽.

74 "이후 바다에서 산으로 소재가 이동되면서 산수시 계열의 시들이 씌어진다. 감각에서 정신으로의 변전이 그것이다. 지용다운 특색은 「바다」 시편에서 「山」 시편들로의 전환에 있을 것이다. 결론적으로 요약하면 그의 시의 핵심

게 바다는 깊이를 가늠할 수 없는 공간으로 인식되고 그것은 이후 1935년에 씌어진 「地圖」에서도 드러난다.

> 地理敎室專用地圖는
> 다시 돌아와 보는 美麗한七月의庭園.
> 千島列島附近 가장 짙푸른 곳은 眞實한 바다 보다 깊다.
> 한가운데 검푸른点으로 뛰여들기가 얼마나 恍惚한 諧謔이냐!
> 倚子우에서 따이빙姿勢를 取할수있는 瞬間,
> 敎員室의 七月은 眞實한 바다보담 寂寞하다.
>
> ―「地圖」(『鄭芝溶詩集』, 시문학사, 1935) 전문

이 시에서 화자는 교원실에서 한 장의 커다란 지도를 바라보고 있다. 기억 속의 바다를 지도를 통해 '다시 돌아와 보는' 것이다. 종이 위에 세밀하게 그려진 지도를 '미려한 칠월의 정원'이라고 표현한 것은 육지의 높낮이와 바다의 수심에 따라 채색된 색의 채도가 모두 다르고 그것 때문에 아름답게 보이기 때문이다. 과거에 배를 타고 건너갔을 때에도 바다의 수심이 어떤지 배 위에서 가늠할 수 없고 설사 안다 하더라도 그것을 경험할 수는 없는 일이다. 지도를 통해서 보는 평면의 바다는 배 위에서 내려다볼 때 느꼈던 갈증을 해소해 준다.

이 '앨쓴해도'의 세계에서 산수화의 세계로 나아갔다는 것이다. 이 양자는 지향하는 바가 다르긴 하지만 그럼에도 본질적으로 같은 세계를 공유하고 있다는 것이 필자의 생각이다. 지용시의 감각과 정신을 선명하게 돌출시켜 주는 비법이 소묘적 언어의 정교한 회화성에 있다는 점에서 더욱 그러하다" (최동호, 「정지용의 산수시의 세계와 은일의 정신」, 『정지용시와 비평의 고고학』, 서정시학, 2013, 178쪽).

바닷속을 들여다보듯이 채도의 어둡고 밝은 정도에 따라 수심의 정도를 짐작할 수 있다. 그 중에서도 화자는 치시마 열도[75] 부근의 가장 짙푸른 곳에 주목한다. 그리고 화자는 「甲板우」에서와 같은 투신 충동을 다시 느끼며 지도 위의 '검푸른 점으로 뛰어들기'를 상상한다. 바다로의 투신은 그것이 일순간의 상상으로 시 속에서 다루어지지만 근본적으로는 미지의 공간에 대한 지적 탐구로서의 반응이다. 「甲板우」에서의 바닷속 투신 충동이 연애의 감정과 연결되어 알 수 없는 미지의 곳에 자신을 던지는 것이었다면, 「地圖」에서는 수심을 가늠할 수 있는 바닷속을 들여다보면서 "千島列島附近 가장 짙푸른 곳은 眞實한 바다 보다 깊다"라는 구절에서 알 수 있듯이 가장 깊고 푸른 지점이 바다의 '진실'이라고 인식하고 이를 위해 '따이빙'을 시도하고자 했던 것이다. 다소 우스꽝스러울지라도 그것은 "황홀한 해학"일 수 있을 것이라고 스스로 생각하며 '의자 위에서 따이빙 자세를 취할 수 있는 순간'[76] 화자가 실제 있는 공간이 바다가 아니라 교원실이라

75 쿠릴 열도((Kuril Islands)는 태평양 북서부 캄차카 반도와 일본의 홋카이도 사이 1,300km에 걸쳐 있는 열도로 56개의 섬과 바위섬들이 줄지어 분포하며 태평양과 오호츠크해를 나누는 경계를 이룬다. 러시아 동부 사할린에 속하며 일본명으로는 치시마(千島) 열도이다. 1875년 러시아가 사할린을 차지하는 대신 일본은 사할린 열도의 우루프(Urup, 得撫島)에서 슘슈(Shumsh, 古守島)까지를 차지한다는 내용의 사할린-쿠릴 교환 조약을 체결하였다.

76 권영민은 의자 위에서 다이빙 자세를 취한 것처럼 구부린 모습은 의자 위에서 한가롭게 졸고 있는 모양을 그린 것이라고 분석하였다. 이 시가 바다를 생각하면서 낮잠 자는 모습을 통해 7월 여름날의 바다보다도 더욱 적막감에 싸여 있는 교원실의 분위기를 보여 준다는 견해는 이 시를 단순하게만 보고 있다는 느낌을 준다(권영민, 『정지용 시 126편 다시 읽기』, 민음사, 2004, 187쪽).

는 것을 문득 깨닫게 된다. 파도 소리도 바다 냄새도 없으며 갈매기도 날지 않는 지도 위의 바다는 진짜가 아니다. 선과 색으로 '진실'이 그려진 바다를 보면서 느끼는 내면의 적막감은 교원실의 적막과 겹쳐지면서 매우 고요한 사색에 잠기게 한다. 정작 경험해 볼 수는 없었던 깊고 적막한 바다 깊은 곳에 대한 관념에 몰두했던 자신에 대한 해학과 반성이 여기서 드러난다. 실제 바다보다 많은 사실을 알려주는 지침서와 같은 한 장의 지도를 통해 바다의 깊이 혹은 진실을 황홀하게 깨닫게 되고 그것을 향해 투신해야 할 지점이 눈앞에 보이는 것처럼 생각했지만 그것은 사실과 다르다. 다시 돌아가야 할 곳은 바다다.

정지용은 바다 시편을 통해 바다 그 자체에 대해서 고민했으며 실제로 자신이 보고 느끼고 체험한 바다를 시화하는 데 노력하였지만 그의 시선에 포착된 바다는 달아나기에 급급하고 수면 아래 깊은 공간에 대한 탐색을 허락하지 않았다. 그래서 때때로 갑판 아래로 바다를 내려다보거나 지도를 바라보면서 투신 충동에 사로잡힌 듯한 행동을 취하게 된다. 정지용은 바다 전체를 조망할 수 있는 지구의와 지도를 시의 소재로 선택했으나, 여기서 겪게 되는 갈증은 이후 산 시편에서 주체와 대상의 거리가 좁혀지면서 극복된다. 항해 체험과는 달리 산행 체험을 통해 직접 두 발로 산에 올라가며 느끼는 신체의 감각과 산속에서 지내는 생활을 통해 바다 시편에서는 획득하지 못했던 구체성을 체득하게 된다.

2) 해변의 산책자와 어촌의 관찰

백석의 시에서 '바다'는 삶의 현장이자 그리움의 공간이다. 백석의 바다 관련 시에서 '바다'는 이전의 한국 근대시들이 보여주었던 근대 문명의 상징이나 계몽의 의미보다는, 바닷가 지역에 사는 사람들의 구체적인 삶의 모습이나 풍속을 관찰하고 시로 형상화하는 데 주목하였다. 한편으로는 바다가 사랑하는 이를 그리워하는 장소로 등장하는 시도 있다. "통영"은 사랑하는 여인 '란'을 만나러 찾아간 곳이다.[77] 그리고 「바다」 역시 그리운 대상에 대한 마음을 토로하고 있으며, 「삼호」에서도 옛 연인에 대한 그리움의 정조를 기반으로 하고 있다.

바다를 배경으로 한 백석의 시는 구체적인 지명과 함께 제시된다. 백석이 도쿄 아오야마 학원 유학 시절 이즈반도에 여행을 다녀와서 쓴 시 「柿崎의 바다」(『사슴』, 1936)에서 '가키사키'는 일본 남이즈 시모다 항 근처의 작은 어촌이다. 또, 「통영」이라는 동일한 제목의 시 3편은 경상남도 통영을 다녀와서 쓴 시이다. 시의 제목에 지명을 사용하는 것은 백석의 기행시편이 지닌 특징이다. 그는 한자를 사용하여 지명을 정확하게 드러냈다. 따라서 백석의 바다는 구체적이고 한정적인 장소성을 갖게 된다. 시 「삼호」와 「꼴뚜기」는 「물닭의 소리」에 묶여 있는 연작시 6편 중 2편이다. 삼호는 홍원군 남단에 위치한 유명한 명태 어장이 있는 지역이다. 그리고 제목이 「바다」인 시가 있다. 여기서는 백석의 시에서 바다를 배경으로 한 시, 또는 어촌의 삶을 보여주거나 해변을 산책하는 시를 중심으로 백석의 시에서 '바다'가 어떤 의미와 역할을 하는지 살펴보도록 하겠다.

백석은 일본 유학 시절 이즈반도[78]를 여행하면서 2편의 시와 1편의

---

77 이숭원, 『백석 시의 심층적 연구』, 태학사, 2006.

78 이즈반도(伊豆半島)는 일본 시즈오카현 동쪽에 있는 반도이다. 가노강(狩野

川) 유역과 해안부를 제외하면 반도 전체가 산이다. 폭포, 온천 등 명승지가 많다. 참치, 와사비, 귤이 유명한 특산품이다. 당시 '이즈'를 무대로 한 근대 일본 작가의 소설 내용을 고려하였을 때, 백석의 이즈 기행 작품과 연관성이 있다고 판단되는 것은 가와바타 야스나리(川端康成 1899～1972)의 『이즈의 무희』이다. 백석이 가와바타 야스나리의 『이즈의 무희』를 읽었다는 기록은 없다. 그렇지만 이 작품은 1926년 1·2월에 잡지 『운문시대』에 발표되고 그 다음 해에 단행본으로 출간되어 큰 인기를 얻은 작품이다. 무엇보다도 소설 『이즈의 무희』는 1933년 고쇼 히라노스케(五所平之助 1902~1981) 감독에 의해 동명의 영화로 제작되면서 더욱 인기를 누렸다. 『이즈의 무희』는 이즈의 슈젠지 온천에서 시작하여 주변의 온천 지역을 떠돌며 공연하는 유랑극단의 춤추는 소녀 "카오루"와 주인공이 만나서 동행하다가 남이즈의 시모다 항구에서 주인공이 도쿄행 배를 타고 떠나면서 헤어지는 내용이다. 도쿄에서의 독서 체험은 자연스럽게 일본 근대 문인들의 문학적 공간으로서 이즈를 인식하게 했다. 문학적 공간이라고 하면 작품의 배경이 되는 장소라든지 작가가 작품을 집필한 장소라는 이미지를 떠올리기 쉽다. 이즈는 당시 일본 근대 문인들의 작품 집필과 동시에 사교와 요양의 장소였다. 가와바타 야스나리가 「이즈서설」에서 "이즈는 시의 고장(詩の國)이라고 세상 사람이 말한다(伊豆と近代文學との關係であるが、昭和六年川端康成が「伊豆序說」に「伊豆は詩の國であると世の人 いう。」と謳いあげているようにそのかかわりは極めて深い。また「伊豆は近代文學の宝庫である。」という學者すらあるほどで、この地を舞台や背景にした作品の數が制限なく多い(勝呂伊 弘、『伊豆の文學-その風土と作品』、長倉書店、1988)"라고 한 것처럼 근대 일본 문학과 연관이 극히 깊은 곳이다. 당시 영국 유학파 출신의 유명 소설가 나쓰메 소세키는 지병인 위궤양이 악화되어 도쿄를 벗어나 자연 풍광이 아름답고 온천이 유명한 이즈 중북부의 다루마산 슈젠지 온천의 키쿠야 여관으로 요양을 떠났다. 그러나 1910년 슈젠지에서 발작과 각혈을 하고 사경을 헤매다가 겨우 회복이 되는데, 이 '슈젠지의 대환' 사건을 기점으로 전반기 3부작과 후반기 3부작이 나눠지고 작품 세계에도 영향을 주어서 후반기 3부작이라고 불리는 『피안이 지날 때까지』, 『행인』, 『마음』은 인간의 고뇌와 구원의 문제에 천착한 작품 세계를 보여준다. 나쓰메 소세키의 경우 '이즈'를 작품의 배경으로 한 「슈젠지의 일기」가

산문을 남겼다. 「伊豆國湊街道」와 「柿崎의 바다」는 제목에서부터 이즈반도의 지명을 사용하고 있어 이 2편의 시가 모두 이즈반도 기행

있다. 그 외에도 카지이 모토지로(梶井基次郎 1901~1932)의 『레몬』(1931)에 실린 단편소설들이 이즈의 아름다운 자연 풍광을 배경으로 하고 있다. 카지이 모토지로와 가와바타 야스나리는 바둑을 두거나 『이즈의 무희』의 교정을 보는 등 이즈의 온천 여관에서 친교를 맺었다. 이노우에 야스시(井上靖 1907~1991)도 이즈에서 보낸 유년 시절을 그린 『시로밤바』를 남겼다. 오카모토 기도(岡本綺堂 1872~1939)가 쓴 희곡 『슈젠지 모노가타리』가 있다. 가마쿠라 시대까지 이즈는 교통이 불편한 유배지에 불과했다. 그러나 근대에 이르러 철도 교통망이 확충되고 유명 온천지역이라는 장점 때문에 일본 근대 작가들의 방문이 이어졌다. 이즈에 와서 작품 창작에 몰두하거나 이즈를 배경으로 한 작품을 쓰는 이유는 이즈의 아름다운 자연이 창작의 영감과 모색의 공간으로 작용했기 때문이다. 또한 현실을 떠나 문학적 방황과 갱신의 공간이라는 역할을 수행하기에도 적합한 장소였다. 신인 소설가이자 시인 지망생이었던 백석에게도 학업과 독서의 공간인 도쿄를 떠나 문학을 생각하고 창작의 열의를 다질 문학적 방황과 갱생의 공간이 필요했을 것이다. 식민지 조선의 유학생 백석이 도쿄에서 느꼈을 외로움과 우울을 생각해 볼 때, 소설의 주인공이 그랬던 것처럼 이즈에 와서 확인하고 위로 받고 싶었을 것이다. 또, 시모다의 해변 풍경이나 유랑 가무단, 어린 무희 등의 묘사가 백석의 관심을 끌었을 것이다. 소설의 마지막 부분에 이르면, 백석의 산문에 나왔던 지명 "남이즈(南伊豆)"를 발견할 수 있다. 당시에는 시모다 항에서 밤에 출발하는 기선을 타면 다음날 오전 도쿄만에 도착하게 된다. 시모다 항은 백석의 시에 나오는 '가키사키'와 위치상 거의 비슷한 지역이다. 백석이 도쿄에서 이즈반도까지 기차를 타고 왔다면, 백석이 이즈반도 여행 후 남긴 작품은 분명 지금과는 다를 것이다. 기선에 승선하거나 배 위에서 바라본 바다의 풍경 등을 작품에 쓰지 않았지만 백석의 이즈 기행시편과 산문의 내용에 가키사키와 그 근처의 바다만 배경으로 등장하는 것은 그가 이 지역에만 머물다 갔을 가능성을 시사한다. 이즈 중부의 슈젠지 온천을 경유했다면 그와 관련한 작품도 창작했을 것이라고 판단된다. 기행시편에 대한 연구는 시의 내용을 분석하는 것도 중요하지만 여행의 여정과 이동 수단을 살펴보는 연구도 병행되어야 한다.

시편임을 알 수 있게 한다. 발표 연도 상으로 보았을 때, 1934년 3월 22일에 창간된 『이심회 회보(以心會 會報)』[79]에 실린 산문 「해빈수첩(海濱手帖)」이 시기상으로 가장 앞선다. 「해빈수첩」이라는 표제 아래 "개", "가마구", "어린아이들"이라는 소제목이 붙은 시적인 산문 3편이 백석의 이름으로 실려 있고, 글의 말미에 "미나미이즈 가키사키카이빈(南伊豆柿崎海濱)"이라고 적혀 있다. '남이즈'와 '가키사키' 라는 지명을 통해 산문을 쓴 장소를 밝히고 있다. 백석이 처음 쓴 산

79 백석의 일본 유학과 그 이후의 행적에 많은 영향을 끼친 것은 방응모였다. 금광 사업으로 부를 축적한 그는 1928년 평북 정주에서 "춘해장학부"를 설립하고 집안 사정이 어렵지만 포부가 있는 학생들을 후원하는 장학사업을 펼친다. 1933년 『조선일보』를 인수하여 경성으로 이사한 후 그 해 12월 방응모의 장학생 중 경성에 있는 사람들을 중심으로 "이심회(以心會)"가 결성되었고 1934년 3월 22일 『이심회 회보』(창간호)를 간행하였다. 회보에는 방응모의 표제와 축필을 서두로 하여 이심회 회원의 사진과 명단, 그리고 그들의 글이 실려 있는데 회원 14명 중에 백석이 있다. 백석이 1930년 1월 등단 이후 처음 글을 실은 지면이 장학생들의 회보이고 이후에 발표하는 글들도 『조선일보』, 그리고 조선일보사에서 발행하는 잡지 『조광』이었다. 작가에게 발표지면을 얻는 것은 매우 중요한 일이다. 나중에 "서중회"로 이름이 바뀌는 이심회 회원의 상당수는 학업을 마친 후 조선일보사에 입사하여 방응모와 함께 일했다. 1930년대에 장학생이 된 사람들은 대부분 길든 짧든 한 번씩은 『조선일보』를 거쳐 갔다. 당시 고등교육을 받은 사람이 일할 직장이 많지 않았기 때문이기도 하지만 방응모는 당시 최고 인재를 자신의 곁에 두고 싶어 했다. 또한 백석이 『조선일보』에서 근무하며 만난 동료 신현중과 허준, 그리고 정현웅은 백석의 인생과 시에 영향을 끼친 인물이다. 유학 시절의 교우 관계에 대해서는 알려진 바가 없으나 방응모의 장학생들 중 일본 유학생들과의 교류가 있지 않았을까 짐작할 뿐이다. 백석이 아오야마 학원을 졸업할 무렵 결성된 이심회 회원들은 경성에서 그리고 조선일보사에서 만남을 가졌다.

문이 기행산문이라는 점도 주목을 요한다. 당시 유학생들은 기행산문을 많이 창작하였다. 동인지나 신문, 잡지에 투고·발표한 글의 많은 부분을 차지하는 것도 기행산문이었다. 그런 면에서 「해빈수첩」이 이 심회 회보에 실린 것은 자연스럽다. 그러나 여행 기간이나 교통편, 숙소, 동행자에 관한 내용은 전혀 들어있지 않다는 점에서 일반적인 기행산문에서는 벗어나 있다.

산문 「해빈수첩」에는 가키사키 해변의 산책자로서의 시선과 태도가 잘 나타나 있다. 수첩에 메모하듯이 소제목을 따로 정해 놓고 그에 따른 단상을 적은 것 같지만 산문시로 보아도 무방한 매우 시적인 산문이다. 백석이 가키사키 해변의 저녁 풍경에서 먼저 발견한 것은 "고요한 시인"이자 "해변의 숭엄한 철인들"로 의인화된 개이다. "하늘에는 쏘구랑별들이 자리를 박구고 먼바다에 태ㅅ불이 물길을 옮는" 해변에서 개가 짖지도 않고 한가롭게 다니는 모습에서는 여유와 서정성이 느껴진다. 그러나 가키사키 해변의 아침 풍경은 사뭇 다르다. 갈매기가 아니라 검은색의 까마귀가 등장한다. "가마귀"는 "먼 촌수의 큰아버지의 제사에 쓸어 몽인 가난한 일가들"의 모습으로 의인화하였다. 아침 바다가 밝은 희망이나 활기찬 기운이 가득한 공간이 아니라 죽음과 저주의 공간으로 그려지고 있으며, "가마구"는 바다 사람들을 무섭게 저주하는 존재로서 "바다 사람들을 잡어오란 구신의 녕"을 기다린다. 까마귀에게 죽음의 이미지를 덧입힌 것은, "바다 사람들이 왕구새 자리를 펴고 참치를 말리는 시절엔 참대 끝에 가마구의 송장을 매어 달어 그 자리 가에 세"워 두며 까마귀를 쫓아내는 풍습에서 기인한다. 어촌의 "참대"에는 생선이나 "피도 같지 않은 가마구의 쭉찌 하나"가 늘 꿰어 달려있는 것이다. 백석은 삶의 현장인 동시에 도처에 죽음이 존재하는 공간으로 가키사키의 바다를 묘사하고 있다. 이것은 시 「柿崎의 바다」에서 "가슴앓는 사람", "얼굴이 했슥한 처녀", 버러지같이 누운 "병인"에게서 환기되는 죽음의 이미지와 유사하다. 백석이 온천 요양을 위해 이즈로 갔다는 주장을 뒷받침하는 근거로, 일본 기행 시편에는 여행지에서의 즐거움만이 아니라 병자들을 바라보는 백석의 연민, 그리고 죽음의 사자이며 제사장인 까마귀가 등장하는 산문의 내용을 들 수 있다. 어촌의 이국적인 풍속을 묘사한다는 차원을 넘어서 죽음의 분위기가 낯선 두려움으로 다가온다. 마지막으로 가키사키 해변에 등장하는 존재는 어린아이들이다. "바다에 태어난 까닭"에 "바다의 주는 옷과 밥으로 잔뼈가 굴른 이 바다의 아이들"은 모래성을 쌓기도 하고 바다에 조약돌을 던지기도 하며 하루 종일 즐겁게 놀다가 "크면은 바다로 나아가여햐 하는 바다의 작은 사람들"이다. 산문 「해빈수첩」은 고요한 저녁의 바닷가 풍경에서 시작하여 다음 날 아침 "밤물에 떠들어온 강아지의 송장을 놓고" 주변을 둘러싼 까마귀의 다소 그로테스크한 겨울 아침을 묘사하다가 "모래장변"에서 뛰노는 어린아이들의 매우 긍정적이고 희망적인 모습을 그리며 끝난다. 바다를 두려워하지 않는 건강하고 활기찬 아이들의 모습이 유독 백석의 시선을 끌어당겼는지도 모른다. 가키사키 해변의 저녁으로부터 다음 날 아침과 정오를 지나는 동안 백석의 시선이 개, 가마귀, 어린아이들로 옮겨가는 것은 단순한 관찰과 목격의 결과가 아니라 내면 의식의 흐름을 따라간 결과이다. 시인으로의 자각과 죽음에 대한 두려움을 벗어나 어린아이의 천진하고 힘찬 모습을 발견하는 과정이 산문에 담겨 있다.

이즈를 배경으로 한 2편의 시는 다음과 같다. 1936년 1월에 간행된 첫 시집 『사슴』에 시 「가키사키(柿崎)의 바다」와 1936년 3월 『시와 소설』 창간호에 시 「이즈노쿠니노미나토카이도(伊豆國湊街道)」가 실린 것을 확인할 수 있다. '가키사키(柿崎')와 '이즈노쿠니(伊豆國)'라는 일본의 지명을 한자로 표기하고 시의 제목으로 사용함으로써 이국적이고 낯선 어감이 여행지에 대한 호기심을 배가시킨다. 동시에 백석이 이 지역을 여행한 경험을 바탕으로 창작하였음을 드러낸다.

그러나 백석이 일본에서의 일상이나 작품 창작 배경에 대한 내용이 담긴 산문을 따로 남기지 않았기 때문에 정확히 언제 이즈로 여행을 갔으며, 누구와 함께 어떤 일정으로 갔는지 기록에 남아 있지는 않다. 『이심회 회보』가 발행된 1934년 3월 이전에, 그것도 금귤이 누렇게 익은 겨울에 이즈 남단의 가키사키에 다녀왔다는 것을 작품을 통해 알 수 있다. 당시 식민지 조선에서 보기 힘든 귀한 과일인 "싱싱한 금귤"(「伊豆國湊街道」)을 먹는 것은 분명 "즐거운 일"이었을 것이다. 또한 산문 「해빈수첩」의 소제목 "가마귀"에도 "겨울바다의 해가 올라와도 바람이 멎지 않는 아츰"이라는 서술을 보았을 때, 백석이 이즈에 간 계절은 겨울이다. 한편으로는, 타지에서의 오랜 유학 생활로 인해 건강상 요양이 필요했고 그 때문에 이즈로의 온천행을 선택하지 않았을까 하는 추측도 가능하다.[80] 이즈반도는 도쿄보다 겨울이 따뜻한 지방이다. 그러나 온천이 목적이었다면 이즈반도 남단 '가키사키'까지의 여정에 대한 설명이 불충분하다고 판단된다. 가키사키는 시모다 항 근처의 작은 어촌으로, 이즈반도의 유명 관광지도 아닐 뿐

80 『시와 소설』 창간호(1936)에는 「伊豆國湊街道」 외에 「탕약」도 함께 실려 있다.

더러 온천으로 유명한 지역도 아니다. 시모다 근처에 사는 사람들에게나 낯설지 않은 지명이다. 백석의 이즈 기행시편 중에서 가장 중요한 지명은 '가키사키'이다. 가키사키는 현재의 지도에서도 쉽게 찾을 수 있는 지역은 아니다. 남이즈 시모다 항 근처의 작은 바닷가 마을이기 때문이다.[81] 그러나 1930년대 백석이 이즈반도를 여행할 무렵에는 가키사키 근처의 '시모다'는 일본 근대 역사의 현장으로 유명한 관광지였다. 도쿄만과 시모다 항을 왕복하는 기선이 운항됐고 소설 『이즈의 무희』의 주인공처럼 백석 역시 이 기선을 타고 도쿄와 시모다를 오갔을 가능성이 있다. 철도의 노선과 기선의 운항로가 확대되어 가면서 1930년대는 여행을 새로운 문화 향유로 인식하고 있었다.

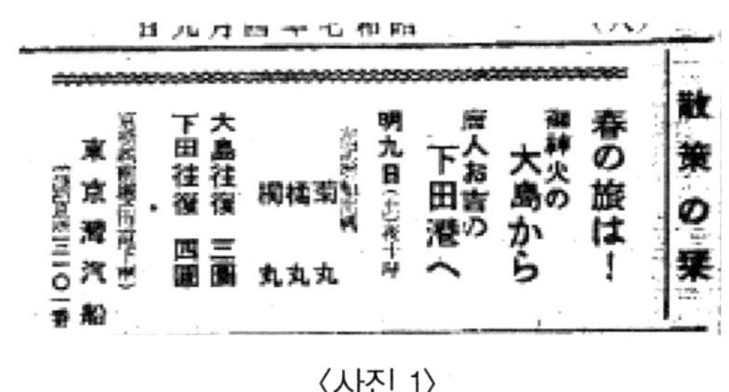

〈사진 1〉

81 김응교는 「柹崎의 바다」에 대한 분석에서 백석이 "일본의 가난한 갯마을"에 "자신도 모르게 바닷가 해변 풍경에 대한 관심이 모아졌을 것"이라며, 시인 자신의 고향인 정주가 작은 포구이기도 한 사실과 시인이 교사 생활을 하던 곳도 함흥 바닷가 연안 지역이라는 사실과 무관하지 않다고 밝히고 있다(김응교, 「백석의 일본기행시와 환상」, 『한민족문화연구』 44권, 2013.10). 그러나 이것이 백석이 가키사키를 배경으로 시를 쓴 이유로는 부족하다. 가키사키는 백석이 도쿄와 시모다 항을 오가는 기선에 승선했기 때문에 당도할 수 있었던 장소이다.

시모다 항은 일본 최초의 개항지이다. <사진1>은 1932년 『요미우리 신문(讀賣新聞)』(4월 9일 일요일 조간 8면)에 실린 여행 광고이다. '산책의 안내(散策の栞)'라는 제목으로 "봄의 여행은! 고진카(御神火)의 오시마부터 당인 오키치의 시모다에"[82]라는 광고 문구에 이어 운항 중인 3편의 기선 "키쿠마루(菊丸), 타치바나마루(橘丸), 키리마루(桐丸)가 적혀 있다. 시모다까지 왕복 가격은 4엔, 밤 10시 출발이다. 동경만기선을 찾아가는 방법(京橋越前堀 전차 정류장에서 하차)과 전화번호(京橋3101番)도 게재되어 있다.

1932년 10월 22일자에는 "메이지 개항사를 물들이는 흑선과 당인 오키치의 시모다 항"이라는 표제 아래 『요미우리 신문』 2만 호 기념으로 애독자 대표 3천 명을 초대한다는 기사와 사진이 크게 실려 있다. 여기에 "가키사키는 요시다 쇼인[83]이 숨어 있던 동굴이 있는" 장소로 소개되었다. 실제로 1933년 1월 10일부터 24일까지 200명이 승선할 수 있는 배를 전세 내어 매일 200명씩, 총 3천 명을 이즈반도 여행에 참가시킨다. 도쿄에서 1천 명, 지방에서 2천 명을 선정하였다. 밤 10시에 출발하면 시모다 항에 다음 날 아침 7시에 도착하며, 당일

82 이즈반도 남단의 여행지로 오시마 섬과 시모다를 소개하고 있다. 이즈 제도의 북쪽 가장자리에 있는 섬 오시마에는 중앙부에 활화산 미하라산에서 뿜어지는 분연이 신화(神火)라고 하여 숭앙의 대상이 되어 왔다. 오키치(お吉)는 시모다 개항 2년 후 미국 총영사로 온 해리스의 시중을 들다가 버림받은 후 외국인과 살았다는 이유로 마을 사람들로부터 당인(唐人)이라는 멸시와 천대 속에 자살한 비극적인 여인이다.

83 요시다 쇼인(吉田松陰, 1830~1859)은 막부말의 사상가이자 교육자. 페리 제독이 타고 온 흑선에 해외 밀항을 시도하였다가 페리 제독에게 거절당하고 투옥되었다.

伊豆半島の名蹟地、下田へ
愛讀者[極月]參千名招待の抽籤
愈よ正月五日と決定[七日紙上にて發表]

當籤者三千名

當籤漏れの讀者

讀賣新聞社

〈사진 2〉

시모다 항에서 밤 10시에 도쿄만을 향해 출발하는 배편이다. 3일간의 일정 중 이틀 밤을 배 위에서 보내게 된다. 기사에는 가키사키가 겨울에도 도쿄보다 15도나 따뜻하고 언제나 봄과 같은 곳이라고 소개되었다.

<사진2>는 1932년 12월 12일 석간 3면의 기사로, 시모다 항의 사진이 함께 실려 있다. 기차와 기선을 이용하여 여행을 독려하고 여행 정보를 제공하기 위한 관광 안내서도 당시에 많이 발행되었으며 물론 이즈반도 관광안내서도 있다.

당시에 도쿄에서 이즈반도를 오가는 여행 경로는, 첫째, 도쿄에서 기차를 타고 미시마에서 간선으로 갈아타 슈젠지 역까지 오는 방법이 있다.[84] 나쓰메 소세키를 비롯한 일본 근대 문인들[85]이 요양과 집필을

84 고형진, 『백석 시의 물명고』, 고려대학교출판부, 2015, 269쪽.

85 오자키 고요(尾崎紅葉 1867~1903)는 산문 「수선사행」(『홍엽유고』, 박신당, 1911)에서, 1901년 5월 6일 지병의 요양을 위해 슈젠지 온천으로 향한다. 신바시에서 도카이도선을 타고 가다가 미시마에서 다른 노선으로 갈아타려고 하는데 환승 시각이 바뀐 줄 몰라서 낭패를 겪었다는 내용이 서술되어 있다

위해 슈젠지 온천을 방문할 때 주로 이용했다. 둘째, 도쿄에서 기차를 이용해 슈젠지 역까지 오는 것은 첫째와 동일하나, 슈젠지에서부터 육로로 아마기 고개를 넘어 시모다 항까지 이동하여 시모다 항에서 기선을 타고 도쿄로 돌아가는 방법이 있다. 가와바타 야스나리의 소설『이즈의 무희』에서 주인공의 여정이 이와 같다. 셋째, 도쿄에서 기선을 타고 출발하여 시모다 항에 와서 다시 기선으로 도쿄에 돌아가는 방법이 있다. 1933년 1월 요미우리 신문사가 애독자 대표 3천 명을 초대하여 이즈반도 여행에 참가시킨 방법이다.

산문「해빈수첩」을 보면 시간적 배경이 "개"는 저녁 무렵, "가마구"는 아침, "어린아이들"은 정오쯤이다. 시「柿崎의 바다」에서도 저녁 무렵을 시간적 배경으로 하고 있다. 백석이 가키사키에 얼마나 머물렀는지는 정확히 알 수 없지만 이즈반도 여행에는 며칠이 소요되었으며 이즈반도 기행시편의 또다른 시「伊豆國湊街道」에서 "휘장마차"를 타고 달린 길은 시의 제목에서 알 수 있듯이 "湊(미나토)+街道(큰길)"이라는 이름이 붙은 현재 136번 국도이다.[86] 누런 금귤이 익어가는 마을은 백석에게 이국적인 동시에 매우 인상적인 풍경이었다.

> 저녁밥때 비가들어서
> 바다엔배와사람이 흥성하다
>
> 참대창에 바다보다푸른고기가께우며 섬돌에곱조개가붙는집의

86) 고형진,『백석 시의 물명고』, 고려대학교출판부, 2015, 269~267쪽.

복도에서는 배창에 고기떨어지는 소리가들렸다

이즉하니 물기에 누긋이젖은 왕구새자리에서 저녁상을받은 가슴앓는 사람은 참치회를먹지못하고 눈물겨웠다

어득한 기슭의행길에 얼굴이했슥한처녀가 새벽달같이
아 아즈내인데 病人은 미억냄새나는덧문을닫고 버러지같이 누었다

—「柿崎의 바다」(『사슴』, 선광인쇄주식회사, 1936) 전문

시의 제목에는 남이즈의 가키사키가 한자 "柿崎"로 쓰여 있다. 또한 "집의 복도"가 있는 구조나 "참치회"가 놓인 저녁상이 일본의 어촌임을 암시한다. 2연을 보면 집은 바다와 아주 가까운 거리에 있다. 집의 섬돌에는 "곱조개"가 장식처럼 붙어 있고 집의 복도에서 "배창에 고기 떨어지는 소리"가 들릴 정도이다. 어촌 사람들의 일상은 참대창에 푸른 고기를 꿰어 말리는 풍경에서 엿볼 수 있다. 산문 「해빈수첩」의 "가마구"에도 비슷한 풍경 묘사가 나온다. 생선을 말리는 풍경[87]은 가키사키의 바다가 삶과 죽음이 공존하는 장소임을 암시한다. 백석의 시선은 어촌의 풍경에만 머물지 않고 3연의 "가슴 앓는 사람"과 4연의 "얼굴이 했슥한 처녀", 그리고 "병인"의 모습을 따라간다.

---

87 백석은 어촌 지역의 풍경을 묘사할 때 생선을 말리는 모습을 시에 표현했다. "집집이 아이만한 피도 안 간 대구를 말리는 곳"(「통영」) "처마 끝에 명태를 말린다/명태는 꽁꽁 얼었다//명태는 길다랗고 파리한 물고긴데/꼬리는 길다란 고드름이 달렸다"(「멧새소리」)

밥을 넘기기도 어렵고 "새벽달" 같이 서 있거나 "버러지" 같이 누워 있는 병약한 사람들의 모습이 백석이 발견한 가키사키의 또다른 풍경이다.

1연의 배와 사람으로 흥성거리는 바다의 풍경과는 사뭇 상반된 아프고 쓸쓸한 사람들의 모습이 여행자 백석의 시선에 포착된 이유는 무엇일까. 자연이 아름답고 해산물이 풍부하고 근대의 역사 유적지가 많아서 볼거리가 많은 곳에 왔지만 백석이 찾아간 곳은 현지 사람들의 삶과 밀착된 장소이다. 가키사키 해변은 삶으로 생동하는 공간이면서 한편으로는 병든 사람들의 연약한 삶이 공존하는 장소이다. 이들을 바라보는 백석의 시선에는 연민이 담겨 있다.

백석이 시로 형상화한 바다는 바닷가 마을의 사람들이 하루의 일과를 마치고 집으로 돌아가는 시간인 '저녁밥때'의 모습을 그리고 있다. 1연에서 보듯이 바다에는 "배와 사람이 흥성"하다. 그러나 바닷가 마을의 집 안의 풍경은 그렇지 않다. "배창에서 고기 떨어지는 소리"가 들려오지만 바깥에 나가지 못하고 누워 있는 병인이 있다. 2연에서 묘사한 "참대창에 바다보다 푸른 고기"를 끼워 말리고 "섬돌에 곱조개가 붙는 집"은 비단 일본이 아니라 하더라도 바닷가 마을의 어느 집이나 비슷할 것이다.[88] 그것은 바다가 생업의 터전인 사람들의 집이

---

88 김응교는 이 시가 일본을 배경으로 하지만, 제목 외에 특별히 일본이라는 이국적인 풍경은 전혀 나타나지 않는다고 지적하면서 일본에서 오히려 고향의 기억이 되살아 회감되는 풍경으로 나타나고 있다고 하였다. 그 근거로 방안에 깔린 "다다미(畳, たたみ)"를 "왕구새자리"라는 평안도 사투리로 대체했다는 점을 들었다. 제목의 지명이 불러일으키는 이국에 대한 환상과 함께 시의 본문에서 평안도 사투리가 사용됨으로써 환기되는 강력한 정서가 백석의 일본 기행시편의 한 특징인 "환상"을 보여준다는 것이다. 이국의 장

다. 그리고 집의 복도에서 "배창에 고기 떨어지는 소리"가 들려올 만큼 그 집은 바다와 가깝다. 거기서는 바닷가에서 들려오는 사람들의 흥성한 소리들도 모두 들릴 것이다. 화자는 바닷가 마을의 풍경을 그리면서도 거리의 흥성한 모습만이 아니라 집 안의 쓸쓸한 풍경까지도 연민의 시선을 담아 서술하고 있다. 이것은 백석의 시 전체를 관통하여 일관되게 드러나는 정서이다. '가키사키(柿崎)'에서 화자의 시선은 흥성하고 활기찬 바다(항구)에서 시작해 어둑한 기슭의 거리와 집 안에 있는 병인에게로 옮겨간다. 참치회가 놓인 저녁상을 받고 제대로 먹지 못하는 "가슴 앓는 사람"의 눈물이 있고 행길에는 "얼굴이 해쓱한 처녀"가 새벽달 같이 서 있고 "미역 냄새 나는 덧문을 닫고 버러지 같이" 누운 병인이 있다.

백석의 시에 나타난 바다는 풍경으로서 바라보는 바다가 아니라 바다를 생업의 장소로 삼고 일상을 영위하는 사람들이 살고 있는 바닷가 마을이다. 바다에서 그물로 건져낸 "고기 떨어지는 소리"를 들을 수 있는 곳에 바닷가 마을의 생활이 있다. 마을 사람들의 삶은 바

소인데 이국적이지 않고 친근하게 읽히게 하는 매력으로써 고향을 느끼게 하는 환상을 제시하였다는 점이다(김응교, 앞의 글). 그러나 이 시에서 '집의 복도'라고 하는 적산가옥의 형태라든가 저녁상의 '참치회'는 충분히 이국적인 요소이다. 단지 낯선 이국의 정서 환기를 최소화시켰다는 점에서, 김윤식은 백석이 '『사슴』에서 「가즈랑집」도 읊고 「고야」도 읊었지만 동시에 경상도의 「통영」도 일본의 「카키쟈키의 바다」도 같은 수준으로 읊었던 것'(김윤식, 「허무의 늪 건너기」, 『김윤식 선집』5, 솔, 2007)을 지적한다. 평안도 사투리를 일본 기행시에서 사용한 것은 그 사물을 대체할 어휘가 존재하기 때문이다. 백석이 가키사키의 바다에서 발견하고자 한 것은 낯선 풍경이 아니라 익숙한 풍경이었다.

다와 밀접하게 연관되어 있으며 바다에서부터 건져 올린 "푸른 고기"와 "곱조개"와 "참치회", "미역 냄새"가 어우러져 있다. 그리고 그 삶 속에는 흥겨움과 함께 병들고 눈물 흘리는 사람이 함께 있다는 것을 화자는 연민의 시선으로 두루 살피고 있다.

신새벽 들망에
내가 좋아하는 꼴두기가 들었다
갓쓰고 사는 마음이 어진데
새끼 그믈에 걸리는건 어인일인가

갈매기 날어온다.

입으로 먹을 뿜는건
멫십년 도를 닦어 퓌는 조환가
압뒤로 가기를 마음대로 하는건
孫子의 兵書도 읽은것이다
갈매기 쭝얼댄다.

그러나 시방 꼴두기는 배창에 너불어저 새사끼같은 울음을 우는 곁에서
배ㅅ사람들의 언젠가 아홉이서 회를 처먹고도 남어 한깃씩 논아가지
고갔다는 크디큰 꼴두기의 이야기를 들으며 나는 슬프다

갈매기 날어난다.

—「꼴두기-물닭의 소리」(『朝光』4권 10호, 1938.10) 전문

신새벽 들망에 잡힌 꼴뚜기를 바라보며 일어난 연민의 감정을 담은 시이다. 앞에서 살펴본 시와 마찬가지로 뱃사람들의 어업과 삶에 밀착되어 있지만 한편으로는 꼴뚜기를 바라보는 시각에 의인법이 사용되어 동화적 상상력과 순수함이 느껴지는 시이다. 꼴뚜기의 외형 묘사는 1연의 "갓 쓰고 사는 마음"이 어질다는 것에서 선비의 모습과 소양을, 3연의 "입으로 먹을 뿜는 건/몇십년 도를 닦어 퓌는 조화"에서는 꼴뚜기의 습성을 도인의 수련과 도술의 경지로 유머러스하게 비유하였다. "앞뒤로 가기를 마음대로 하는 것은/손자의 병서도 읽은 것"이라며 꼴뚜기가 무인의 풍모와 전술을 지녔다고 서술한다. 그러나 바닷속에서 선비와 도인과 무인의 생존 전략을 모두 갖춘 존재이지만, 4연에서 뱃사람의 그물에 잡힌 신세인 꼴뚜기를 가엾게 생각하는 화자의 마음은 슬프다. 바다와 대비되는 "배창"이라는 공간에서는 아무리 큰 "크디큰 꼴뚜기"라도 나약한 존재일 뿐이다. 생명을 가진 존재에 대한 화자의 자비심과 연민의 마음이 잘 나타나 있다. 이것은 특히 뱃사람들의 호기로운 허풍과 대비되는 장면에서 두드러진다. "아홉이서 회를처먹고도 남어 한 갓씩 노나가지고 갔다는 크디큰 꼴뚜기의 이야기"는 사실이든 아니든 뱃사람들이 하는 허풍 섞인 재미있는 이야기이다. 큰 꼴뚜기를 잡길 바라는 뱃사람들의 마음과는 달리, 자신이 좋아하는 "꼴뚜기"가 "새새끼같은 울음"을 우는 곁에서 바라보고만 있는 화자의 슬픈 마음이 이 시에는 토로되어 있다.

백석의 시에서 풍경은 사람에 대한 그리움과 흔적을 떼어놓고 존재할 수 없다. 백석에게 통영은 특별한 의미를 지니는 도시이다. 그는 「統營」이라는 제목의 시를 3편 남겼다.[89] 백석의 세 번에 걸친 통영 여행은 통영 출신의 여인 박경련을 만나기 위한 것이었지만 결과적으로 사랑을 이룰 수는 없었다.[90] 따라서 이 여행은 사랑의 부재를 확인하고 돌아오는 길이 될 수밖에 없었다.

넷날엔 統制使가있었다는 낡은港口의처녀들에겐 넷날이가지않은 千姬라는이름이많다
미억오리같이말라서 굴껍지처럼말없시 사랑하다죽는다는
이千姬의하나를 나는어늬오랜客主집의 생선가시가있는 마루방에서맞났다
저문六月의 바다가에선조개도울을저녁 소라방등이붉으레한마당에 김냄새나는비가날였다

―「統營」(『사슴』, 선광인쇄주식회사, 1936) 전문

이 시는 '어디로 누구를 찾아와서 만났다'라는 서사를 지닌 기행시로, 화자가 통영에 온 이유가 천희를 만나기 위해서였음을 알 수 있다. 장소인 '어디'에 해당하는 지명 '통영'을 그대로 시의 제목으로 사용

---

89 첫번째 시는『朝光』1권2호(1935.12)에 발표하고 시집『사슴』에 재수록하였다. 두번째 시는『朝鮮日報』(1936,1)에, 세번째 시는「南行詩抄」 연작 중 한 편으로『朝鮮日報』(1936.3.6.)에 실렸다.

90 백석은 1935년 6월 허준의 결혼식 피로연에서 경남 통영 출신의 박경련을 만나 호감을 갖게 된다. 그는 1936년 1월 8일 경 신현중과 통영을 방문하였고 1월 23일자『조선일보』에 시「통영」을 발표하였다. 그리고 한달 후인 2월 9일 경 다시 통영을 방문한 것 같고 네 편의「남행시초」를 3월 5일부터 8일까지『조선일보』에 연재하였다. 1936년 겨울 방학 때 허준과 통영에 가서 박경련과 결혼할 뜻을 비쳤으나 완곡한 거절의 의사를 듣고 돌아왔다. 그리고 얼마 지나지 않아 1937년 4월 7일 신현중과 박경련이 결혼하였다(이숭원,『백석 시의 심층적 탐구』, 태학사, 2006).

하고 있다. 옛날에 수군통제사가 설치되면서 생긴 항구이기 때문에 통영이라고 불렸다는 지명의 유래로 첫 행을 시작하여 다시 이 통영에 사는 처녀들의 이름으로 관심을 옮긴다. 통영을 설명하는 구절을 앞부분에 배치하여 '녯날에 수군통제사가 있었다는 낡은 항구'와 동일한 형태인 'A 였다는 B'로, 천희에 대한 설명이 이어진다. '미억오리같이말라서 굴껍지처럼말없시 사랑하다 죽는다는 이 천희의 하나'로 마치 전해 들은 것처럼 천희의 특징을 설명한다. 통영의 유래가 객관적 사실에 근거한 것이라면 천희의 경우는 화자의 주관적 의견에서 비롯된 것일 가능성이 높다.

여행은 이름을 찾아가는 것이다. '통영'이라는 지명을 찾아서 왔으며 다시 '천희'라는 이름[91]을 찾아온 것이 여행의 목적이다. 마찬가지로 '천희'라는 이름에 대한 설명이 이어진다. 지금은 수군통제사가 없어졌지만 '천희'라는 이름은 예전과 마찬가지로 남아서 통영에서는 이름을 '천희'로 짓는 경우가 많으며 그녀들의 삶에서 사랑과 죽음은 "미억오리같이말라서 굴껍지처럼말없시" 진행된다. 통영의 바다와 그녀들의 일생은 밀접하게 관련되어 있다. '천희'[92]들의 삶은 "미억오

91 「夜雨小懷-물닭의 소리」의 마지막 행에 '그리고 千姬라는 이름이 한없이 그리워지는 밤이로구나'에 '천희'는 한 번 더 등장한다.

92 "통영의 천희를 만났던 저녁의 모습은 이방인에게는 근원적인 고독과 결부되어 있다. '천희'라는 이름을 중심으로 통영에서의 기억을 구조화하는 데 있어서 그 중심은 이방인으로서의 슬픔이며 고독이고, 이것은 생래적인 데가 있다. 즉 고유명은 기억을 구조화하고 과거를 대상화하는 데 있어 키워드로 작용하며, 그것을 실질적으로 끌어올리는 힘은 방랑의 고독과 슬픔이라는 근원적 정서라고 할 수 있다"(이근화, 「백석 시의 고유명과 조선시의 현장」, 『어문논집』 57, 민족어문학회, 2008.4, 406쪽).

리"와 "굴껍지"의 생태와 닮아있다. 마을과 그곳에 사는 마을 사람들의 삶이 유기적으로 연결되어 있다는 친연성은 백석의 시에서 자주 확인할 수 있는 요소이다. 바다에서 건져 올려져 지상에서의 삶을 견뎌 내는 듯한 이 표현에서, 통영에 사는 '천희'들의 삶을 바라보는 화자의 시선에 담긴 연민과 사랑을 엿볼 수 있다. 화자는 이 "천희의 하나"를 만나러 통영까지 왔으며 "오랜객주집"의 마루방에서 조우한다. 방바닥의 생선가시와, 마당에 켜진 소라방등의 불그레한 불빛과 김냄새 나는 비가 내리는 저녁 풍경이 항구도시 통영을 압축적이면서도 낭만적으로 보여준다.

백석의 시에서 바다는 또한 낭만적인 사랑의 공간이기도 하다. 바다는 사랑의 대상인 여성에 대한 그리움을 토로하는 장소이다.

바다ㅅ가에 왔드니
바다와같이 당신이 생각만 나는구려
바다와같이 당신을 사랑하고만 싶구려

구붓하고 모래톱을 올으면
당신이 앞선것만 같구려
당신이 뒤선것만 같구려

그리고 지중지중 물가를 거닐면
당신이 이야기를 하는것만 같구려
당신이 이야기를 끊은것만 같구려

바다ㅅ가는

개지꽃에 개지 아니 나오고
고기비눌에 하이얀 해ㅅ볕만 쇠리쇠리하야
어쩐지 쓸쓸만 하구려 섧기만 하구려

―「바다」(『女性』2권 10호, 1937.10) 전문, 〔밑줄 인용자〕

1연에서 3연까지 화자의 행동은 모두 그리움의 대상인 '당신'을 떠올리게 한다. 화자는 바닷가를 산책할수록 당신의 부재를 강렬하게 인식한다. 화자의 동선 이동을 따라 '바다ㅅ가에 왔드니~', '모래톱을 올으면~', '물가를 거닐면~' 결국 확인하는 것은 온통 부재하는 당신을 향한 사랑과 그리움으로만 가득한 자신이다. 바다는 당신에 대한 그리움으로 화자를 하염없이 걷게 만든다. 바다는 사랑의 대상을 환기하는 동시에 사랑을 더욱 촉진하는 낭만적 공간이다. '모래톱'에서 '물가'로 장소를 이동하면 어김없이 당신은 화자의 곁에 함께 있으며 걷는 것 같고 이야기를 하는 것 같은 착각을 불러일으킬 정도로 당신에 대한 그리움이 간절하다.

1연에서 화자는 바닷가에 와서, '바다와 같이' 당신이 생각만 나고 '바다와 같이' 당신을 사랑하고만 싶다고 고백한다. 시야에 펼쳐진 '바다'의 풍경을 바라보며 화자는 '바다'처럼 자신을 가득 채우고 있는 당신의 존재를 자각한다. 바다를 옆에 두고 하염없이 걷듯이, 바다의 파도소리가 끊임없이 들려오듯이, '바다'가 환기하는 모든 감정은 당신을 향해 있다는 것을 '바다'에 와서 새삼 깨닫게 된다. '~하는 것만 같구려'의 반복은 다른 일은 생각할 수 없이 오직 당신에 대한 그리움과 사랑에만 집중되어 있는 화자의 고백이며 동시에 강조이다. 강조와 한정의 의미로서의 보조사 '만'은 다른 것은 모두 제한하고 어떤 특별한 의미를 부여할 때 사용된다.

바다는 당신에게 보내는 '사랑' 고백 장소이며, '바다와 같이' 당신을 생각하고 사랑하고 싶다는 마음을 발견하는 장소로 제시된다. 바다에 와서 당신과 함께 산책하며 대화하고 싶은 욕망은 좌절되고 4연에서 '쓸쓸만' 하고 '섧기만' 하다는 심정을 토로하는 곳도 바다다. 개지꽃에 개지가 나오지 않아 보지 못하는 것과는 상반되게 고기비늘에 하이얀 햇볕은 쇠리쇠리[93]하다.

결국 바다는 당신의 부재를 더욱 크게 느끼는 공간이며 그리움과 사랑을 재확인하는 낭만적인 공간이다. 백석은 해변을 걸으며 그리움의 대상을 생각하거나 주변의 풍경, 사물, 사람들에 관심을 둔다. 그는 항해를 하거나 바다 전체의 모습을 물질적으로 구성하기 위해 애쓰지 않는다. 마찬가지로 바닷속에 대한 궁금증도 백석의 시에서는 발견하기 어렵다.

> 문기슭에 바다해ㅅ자를 까꾸로 붙인집
> 산듯한 청삿자리 우에서 찌륵찌륵
> 우는 전북회를 먹어 한녀름을 보낸다
>
> 이렇게 한녀름을 보내면서 나는 하늑이는
> 물살에 나이금이 느는 꽃조개와함께
> 허리도리가 굵어가는 한사람을 연연해 한다
>
> ―「三湖-물닭의 소리」(『朝光』4권 10호, 1938.10) 전문

---

93 '쇠리쇠리'는 눈부시다는 뜻으로, 이 시 외에도 「夕陽」, 「歸農」에도 사용된 시어이다.

이 시 역시 지명이 시의 제목으로 사용되었다. 지명 등 고유명이 시의 제목으로 사용되는 경우가 백석의 시에는 다수 있다.[94] '삼호'는 함경남도 홍원군 남단에 있는 유명한 명태어장이 있던 곳이다. 첫 행의 '문기슭에 바다해ㅅ자를 까꾸로 붙인집'은 일종의 부적으로 화재 방지[95]의 의미가 있다. 대체로 물 수(水) 자를 거꾸로 붙이지만 많은 물을 의미하는 바다 해(海) 자도 많이 사용된다. 해변을 산책하거나

---

94 여행지의 지명들을 제목으로 삼는 일련의 기행시편들을 통해 백석의 표랑의식을 읽어내고 자족적인 방랑의 세계가 그려지고 있다(고형진, 「백석 시 연구」, 고형진 편, 『백석』, 문학시대사, 1996).

95 글자로 된 부적에는 일월(日月),천(天),광(光),왕(王), 금(金), 신(神), 화(火), 수(水), 용(龍) 등이 많이 있다. 순천 선암사의 승방의 칸막이에 수(水)자가 음각되어 있으며, 서울 진관사의 벽에는 수 자가 쓴 종이가 거꾸로 붙어 있다. 설악산의 신흥사나 계룡산의 동학사에서도 역시 수 자를 거꾸로 쓴 부적을 붙였다고 하는데 지금은 남아 있지 않다. 이들 사찰은 대부분 화재를 예방하기 위해 부적을 붙였다. 특히 선암사는 화재의 피해를 자주 입는 사찰이었다. 대웅전과 심검당, 창파당에 해(海)자와 수 자를 그리거나, 투각을 해 두었다. 대웅전에는 해 자가 서까래 사이사이의 창방에 씌어 있는데 단청이 없는 창방에는 흰 물감을 이용하여 둥근 원 안에 써 넣은 것이다. 서울 진관사의 스님들은 요사채의 방안 네 귀퉁이에 수 자를 거꾸로 붙여 두었다고 한다. 이는 물이 쏟아 내리라는 의미가 담긴 것으로 볼 수 있는데, 유사는 유사를 낳는다는 유사 주술적인 원리가 담겨 있는 듯하다. 이러한 것은 모두 오랜 경험에서 배태된 습속으로 화재를 예방하기 위한 노력이라 하겠다. 부적이 모두 문에 설치되어 있다는 것은 문의 중요성을 다시 한 번 확인하게 한다. 문은 인간이 드나드는 공간인 동시에 잡귀나 화마가 드나들 수 있는 곳이므로 이곳에 부적을 설치해 둠으로써 화마를 예방하고자 한 것이다(김영자, 『한국의 벽사부적』, 대원사, 2008, 70~75쪽). 박순원은 불을 다루는 부엌의 화재 발생을 막기 위해 바다 해 자나 물 수 자를 거꾸로 붙이는 풍습을 제시하며 "글자로 물이 쏟아지는 정황을 형상화한 것"이라고 지적한 바 있다(박순원, 「우리시 다시 읽기-백석의 「三湖」」, 『딩아돌하』, 2013.봄호, 8쪽).

바닷가 마을 풍경을 전면으로 내세우고 있지는 않지만, 1연에 화마가 들어오지 못하도록 '바다 해(海)'가 거꾸로 적힌 문기슭을 바라보며 '전북회'[96]를 먹는 것으로 화자는 바다를 충분히 느낄 수 있다. 글자가 호명하는 바다인 셈이다. 거꾸로 적힌 한자 '海'는 화마에게 바로 바다의 이미지를 환기시키는 강력한 주술적 힘을 지닌다. 문기슭을 통과하여 도달하는 장소, 즉 화자가 앉아 있는 방은 곧 바닷물로 가득 채운 공간이 되는 것이다. 2연을 보면, '하늑이는/물살에 나이금이 느는 꽃조개'를 세파에 나이 들며 '허리도리가 굵어가는 한사람'에 비유하여[97] 그리워하고 있음을 알 수 있다. 가볍고 부드럽게 흔들리는 '물살'의 잔잔함과 아련함은 그리워한다는 뜻의 동사 '연연(戀戀)하다'와 발음상 어울린다. 잔잔한 여름 바다의 풍경과 어울려서 화자가 한 여름을 보내기 위해 온 '삼호'의 어느 집에서 한사람을 생각나게 하는

---

96 '찌륵찌륵'은 찌르레기나 풀벌레 따위가 조금 빠르게 자꾸 우는 소리이다. 상 위에 놓인 '전북회'가 찌륵찌륵 운다는 것은 청량한 여름의 이미지를 전달하는 동시에 '낡은 나조반에 힌밥도 가재미도 나도나와앉어서' 서로 '그무슨이야기라도 다할것같다'(「膳友辭-咸州詩抄」, 『朝光』3권 10호, 1937)는 구절과 유사한 풍경을 보여준다. 또한 수필 「동해」에 나오는 "이것은 크게 할 말 아니지만 산뜻한 청삿자리 우에서 전북회를 노코 함소주 잔을 거듭하는 맛은 신선 아니면 모를 일이지."(「東海」, 『동아일보』, 1938.6.7)라는 매우 유사한 구절을 찾을 수 있다. 「동해」는 이 시와 같은 시기에 씌여진 산문이다.

97 산문 「동해」의 "조개껍질이 나이금을 먹는 물살에 낱낱이 키가 자라는 처녀 하나가 나를 무척 생각하는 일"이라는 구절에서 유사한 이미지를 발견할 수 있다. 이 산문은 시 「삼호」와 겹치는 구절이 2곳이나 있다. 삼호는 함경남도 홍원군 남단에 위치한 곳이다. 산문의 마지막에도 "홍원군 홍원면"이라고 지명이 언급되는 것을 고려했을 때, 시 「삼호」와 산문 「동해」의 연관성에 대한 추후 논의가 필요하다.

것은 한자 '海'로부터 환기되는 그리움이다. 그것은 '하늑이는 물살'과 같이 화자의 마음에 머무르는 바다이다.

정지용과 백석은 초기에 바다 시편을 상당수 남겼다. 정지용과 백석은 식민지 조선의 고향과 일본 유학지를 오가며 바다를 경험했다. 정지용의 바다 시편은 물질적인 바다에 대한 탐구와 감각적 묘사에 집중되어 있으며, 무엇보다도 해변이나 배 위에서 바라보는 바다에만 국한된 것이 아니라 심해 공간까지 체험하려는 지적 호기심을 갖고 있었다. 그런 그의 호기심과 탐구는 바다 투신 충동으로 시에 표현되기도 하였다. 이것은 이후 산 시편에서 한라산, 장수산 등의 실제 등산 경험과 일정 기간 산에 머무는 체험을 바탕으로, 바다 시편에서 보여줬던 미지의 공간에 대한 충동과 해학이 산이 가진 정신의 세계로 나아가는 방향으로 극복된다. 백석에게 바다는 그곳에 사는 사람이 중심이 된다. 바닷가 마을에 사는 사람들의 생활을 보여주거나, 항구 도시에 사는 여인을 만나러 가기도 하고, 해변을 걸으며 사랑하는 사람의 부재를 확인하고 자신 안에 있는 사랑의 크기를 재발견하거나 고백한다. 백석에게 바다는 그 지역 사람들의 생활의 터전이자 사랑, 그리움이 배여 있는 공간이다. 이후 백석의 시는 바다에서 사람들의 생활과 인정을 찾았던 것과 마찬가지로 함경도와 관서지방의 산골을 거쳐 북방의 광활하고 개방된 지형을 향해 가면서도 그곳에 살고있는 사람들은 물론 이전에 살았던 사람들과 과거의 역사까지 상상하고 호명한다. 정지용과 백석의 기행시편에서 바다는 첫 번째 여행 장소이며 출발선이다. 여기에서 보여준 시선과 시작 태도를 통해 이후의 시편들이 어떻게 서로 다른 지점을 향하여 변화되는지를 주목할 수 있다.

03 여정의 변화와 내적 자기 발견: 1930년대 중후반 시편

금강산, 묘향산, 한라산 등을 유람하는 것은 1930년대에도 여전히 국토기행으로서의 의미가 컸다. 백석의 여행에는 함흥 영생고보 학생들과의 수학여행도 포함된다. 1930년대에는 기차 노선이 이어진 지역 간의 장거리 이동은 편리해졌지만, 상대적으로 도로 정비[98]가 제대로 되어 있지 않아서 기차로 도착한 지역에서 도보로 이동해야 하는 경우도 흔했다. 정지용의 국토기행 중에서 등산은 '산길'을 걸어서 '골'과 '골'을 지나 정상에 오르기까지 직접 자신의 두 다리로 험한 길을 걸어 올라갈 수밖에 없었고 '산길' 위에서 밤을 보내는 날도 있었다.

---

98 도로의 건설은 일제가 역대 총독의 3대 정책의 하나라고 할 정도로 철도의 건설과 함께 매우 중요하게 추진된 사업이었다. 광산도로의 건설 등 도로 건설과 관리가 침략 전쟁의 수행과 직간접적으로 매우 중요해졌다. 1920년대부터 지방행정기관의 계획에 따라 관광도로가 건설되는 등 도로가 지방 개발에 하나의 계기가 되었다(조병로, 「일제 식민지시기의 도로교통에 대한 연구」, 『한국민족운동사연구』, 한국민족운동사학회, 2009).

등산은 근대적인 여가 활동이다.[99] "등산화를 끄내어 기름으로 손질을 하는둥 속 샤쓰를 몇벌 새로 재봉침에 둘러내는둥 손수건감을 두루는둥 등산복일지라도 빳빳해야만 척척 감기지를 덜한다고 풀을 먹여 다리는둥"(「다도해기- 이가락」, 『문학독본』, 1948) 한라산 등반을 위한 준비를 하는 모습이 기행 산문 「다도해기」에 소상하게 적혀 있다.

정지용의 등산이 중요한 이유는 '감각'에서 '정신'으로의 전이가 진행되는 과정을 유추할 수 있기 때문이다. 근대적 이동 수단인 기차와 기선을 이용한 여행과는 달리 자신의 육체를 움직여 힘들게 산길을 올라가며 피로에 지쳐가는 과정에서, 감각에 집중되었던 시가 산 속의 자연물과 교감하면서 자신을 천천히 지워가게 되고 산의 고요와 정신의 깊이에 도달하게 된다. 이것은 직접적인 등산 체험을 통해서 획득되는 신체 감각이며 좁고 험난한 산길과 깊은 골을 걸어가면서 공간을 느린 속도로 체험하는 과정의 산물이다.

백석의 기행시편에는 길을 걸어가면서 주변의 따뜻한 풍경을 묘사하는 시들이 많다. 특히 남쪽으로 향하는 '길' 위에서 보는 풍경은 평화롭고 정답다. 여행의 피로나 고달픔은 '길' 위에서 드러나지 않는다. 일본의 이즈반도나 만주의 안동 '거리'는 이국 취향에 대한 즐거움을 표현하고 있으며 서쪽으로 향하는 '길'은 장터로 이어져서 시골 장터를 구경하는 즐거움이, 북쪽의 '산골 거리'에서는 국수집도 겸하는 여인숙에 묵으며 이 깊은 산골까지 찾아온 사람들의 얼굴과 생업과 마음들을 생각해보는 상상력을 발휘한다. 특히 길 위에서 맛보는

99 이용대, 『등산, 도전의 역사』, 마운틴북스, 2017.

음식들은 우리 민족의 역사와 정체성을 상기시키는 매개체가 된다.

1. 도보 여행과 관찰의 시선

정지용에게 산은 어떤 의미가 있을까. 정지용은 대한해협을 건너 일본 유학에서 돌아온 이후 금강산을 찾았던 것으로 보인다. 휘문고보 교사로 재직 중일 때 수학여행으로 갔을 가능성도 있다. 1930년 10월에 발표한 시 「절정」(『학생』2권9호)과 1933년 6월에 『카톨릭 청년』에 실린 「비로봉」의 내용으로 미루어 보아 정지용의 금강산 등반이 매우 이른 시기에 이루어졌으며,[100] 정지용은 1930년대 전체에 걸쳐 산을 체험하고 탐구했고 이를 시쓰기의 소재와 주제로 심화시켰음을 짐작할 수 있다. 이 두 편의 시는 시집 『정지용시집』에 실려 있다. 그리고 1937년 6월 9일 『조선일보』에 실린 산문 「수수어2」를 보면, "한해ㅅ여름 八月下旬다어서 金剛山에 간 적이 잇섯드니 남은 高麗國에 태어나서 金剛山 한번 보고지고가 願이라고 일른 이도 잇섯거니와 나는 무슨 福으로 高麗에 나서 金剛을 두 차례나 보게 되었든가"라고 쓰고 있다. 첫 시집을 출간한 다음 해인 1936년 여름에 조선일보의 후원으로 금강산을 방문한 이후에, 산행 체험을 담은 시 「비로봉」, 「구성동」을 함께 실었다. "금강산도 식후경"이라는 속담이 생겨날 정도로, 이 당시에 금강산은 일생의 소원이라고 여길 만큼 꼭

100 최동호, 「정지용의 '금강산 시편'에 대하여」, 『정지용시와 비평의 고고학』, 서정시학, 2013, 256~258쪽.

가고 싶은 여행지였다. 정지용은 금강산을 2번 방문하게 된 것을 "복"으로 여길 만큼 금강산에 대해 동경을 하고 있다. 특히 "고려에 나서"라고 표현한 것은 금강산이 아름답고 웅장한 산인 동시에 우리 민족의 역사의식을 고취하는 산이기 때문이다. 식민지 현실을 살아가는 시인으로서 정지용에게 '바다'를 건너서 습득한 근대의 지식이 새롭지만, 어지럼증을 일으켰던 것과 달리 과거의 역사적 시간인 고려를 떠올리며 금강산을 등반하는 경험이 주는 정신적인 위로와 평온함이 컸을 것이다.

정지용은 1938년에 다도해와 제주도의 한라산을 다녀왔으며 1940년 1월부터 선천을 시작으로 의주, 평양, 오룡배 등으로 여행을 떠났다. 연작 기행 산문 「남유」, 「다도해기」, 「화문행각」이 순서대로 동아일보와 조선일보에 실렸다. 이후 1941년에 문장사에서 간행된 두 번째 시집 『백록담』에 그의 국토 기행[101]의 경험이 그대로 반영되어 있다. 25편의 시 중에서 '산'을 소재로 하거나 배경으로 한 시가 20편이다. 넓게 본다면 이 시집 전체가 산행 체험을 바탕으로 한 기행 시편이라고 볼 수 있다. 기행 시편에는 구체적 장소에 도착하기 위한 여정을 담은 내용도 빈번하게 등장한다.

일본 유학을 통해 근대의 신문물을 경험하고 영문학을 공부했던

---

101 당시 민족정신의 고취를 목적으로 특히 금강산이나 백두산, 묘향산 등의 산을 답사하거나 유람하는 여행을 국토 기행이라고 지칭하였다. 단체 여행이나 수학 여행으로 금강산을 가는 경우도 많았다.
김복희, 「국토의 알레고리, 한라산-정지용의 「백록담」에 대한 소고」, 『한국시학연구』 제43호, 한국시학회, 2015.8.
문혜윤, 「국토 여행과 '조선시'의 형식-정지용의 「장수산2」를 중심으로」, 『한국문학이론과비평』 37, 한국이론과비평학회, 2007.12.

정지용과 백석의 다음 여정이 '산'으로 향해 있는 산길을 도보로 걷거나 시골의 장터로 가면서 자신의 내면과 시 세계를 확장해 나가며 1930년대의 식민지 조선의 근대를 체험했던 과정을 살펴보도록 하겠다.

1) '산길', '골/골작'의 풍경과 주체의 소멸

정지용의 산행 체험 중에는 산길을 걸으며 산행의 과정을 시간적인 순서로 서술한 시가 있으며 산길 주변의 풍경을 묘사한 시들이 있다. 정상을 향해 올라가는 산길에서 보는 산맥길, 봉우리, 폭포, 다람쥐, 꽃, 구름 등에서 계절감에 대해 묘사한다. 산길, 산꽃, 산새, 산과일, 산그림자 등 접두사 '산'을 붙여서 시어로 사용하는 경우도 있고 시 「백록담」에서는 백화나무를 비롯하여 고산식물의 이름을 구체적으로 나열하기도 하였다. 산의 해발 고도가 높아짐에 따라 식생분포가 달라진다. 화자의 시선에 포착되는 식물과 풍경이 달라지는 것을 통해서 산행 과정의 진행을 짐작할 수 있다. 산길을 걷는 구체적인 행위에 이어서 '거름'이라는 시어가 자주 등장한다. "일곱 거름 안에 벗은 호흡이 모자라"(「꽃과 벗」)에서 '거름'은 거리를 측정하는 단위로 사용되었고 "달도 보름을 기달려 흰 뜻은 한밤 이골을 걸음이랸다?"(「장수산1」)에서는 자연친화적이면서도 환상적이고 낭만적인 느낌을 준다. "꿩이 긔고 곰이 밝은 자옥에 나의 발도 노히노니"(「장수산2」)에서는 산짐승들이 다니는 길에 사람인 화자가 걷고 있는 자연친화적이며 동화적인 느낌마저 전달한다. 화자 역시 "긔고", "밝은" 힘겨운 산길에서 꿩이나 곰과 다를 바가 없다. 산길에서 발자국을 발견하고 그 위에 자신의 발을 옮겨 놓는 시선의 섬세함, 그리고 자연과 하나가 되어 "나의 발" 외에 다른 신체를 지워가는 모습도 산행 시편의 특징이다. 특히 산행 체험이 구체적으로 드러나는 시에서는 화자 '나'가 직접 시 속에 노출되어 산의 풍경과 하나가 되는 모습이 드러난다.

石壁 깍아지른
안돌이 지돌이,
한나잘 긔고 돌았기
이제 다시 아슬아슬 하고나.

일곱 거름 안에
벗은, 呼吸이 모자라
바위 잡고 쉬며 쉬며 오를제.
山꽃을 따,
나의 머리며 옷깃을 꾸미기에,
오히려 바뻤다.

나는 蕃人처럼 붉은 꽃을 쓰고,
弱하야 다시 威嚴스런 벗을
山길에 따르기 한결 즐거웠다.

…(중략)…

삽시 엄습해 오는
비ㅅ낯을 피하여,
짐승이 버리고 간 석굴을 찾어들어,

우리는 떨며 주림을 논하였다.

…(중략)…

이제 별과 꽃 사이
길이 끊어진 곳에
불을 피고 누었다.

낙타털 케트에
구기인 채
벗은 이내 나븨 같이 잠들고,

…(하략)…

—「꽃과 벗」 부분

화가 길진섭과 함께 간 가을 산행 경험을 사실적이고 구체적으로 쓴 정지용의 시이다. 화자인 “나”와 동행자인 “벗”이 험난한 산길을 오르고 쉬는 모습과 산에서 하룻밤을 보내는 과정으로 이루어져 있다. “석벽 깍아지른” 험난한 산길을 안쪽으로 돌고 바깥쪽으로 돌며 거의 한나절을 기다시피 하였지만 다시 아슬아슬한 길에 서 있는 화자의 독백으로부터 1연이 시작된다. “아슬아슬하고나”라는 감탄사는 지금 현재 위치한 산길 위의 상황이기도 하지만 동시에 “길”을 인생으로 보았을 때 중의적으로 해석할 여지도 있다. 정지용은 열흘 동안 산으로 골로 돌아다니며 얻은 것이 많았고 특히 “나는 나의 백골을 조찰히 골라 다시 진히게 되엇던 것”[102]이라고 산문에 토로한 바 있다.

백골이 의미하는 것은 육체의 감각과는 분리된 '정신'이다. 그에게 산길은 성찰의 과정이라고 볼 수 있다.

동행자인 "벗"의 존재는 소중하다. 가파르고 험난한 산길을 혼자 걷고 있는 것이 아니다. 화자는 주변의 풍경을 살피는 동시에 "일곱 거름 안"의 거리를 두고 "호흡이 모자라" 힘겹게 따라 오는 벗의 모습도 주시하고 있다. "약하야 위험스런" 벗이지만 그가 있어 "붉은 꽃"을 머리며 옷깃에 꽂고 한결 즐거운 "산길"이 되었다. 아슬아슬하다고 느낀 산길이 "벗"과 "꽃"에 의해 마치 산 속에 사는 "번인"이 된 것처럼 산행을 즐기게 된다. "나"와 "벗"의 거리는 "꽃"을 매개로 하여 가까워졌다. 6연에 이르면 산의 날씨가 변하여 갑자기 엄습해 오는 비를 피해 "짐승이 버리고 간 석굴"을 찾아가는 고난을 함께 겪으며 화자와 벗은 "우리"가 되어 추위에 떨며 배고픔을 논의하게 된다. 산행의 과정에서 겪게 되는 경험이 "나"와 "벗"의 심리적 거리를 좁힌다.

산속의 밤이 되어 걷기를 멈추고 길 위의 하룻밤을 보내게 된다. 이제 이들이 멈춘 길은 "별과 꽃 사이"에 있는 공간이며 "길이 끊어진 곳"이 하룻밤 쉬어갈 잠자리가 된다. 고단한 산행을 마치고 "낙타털

---

102 "旬日을 두고 山으로 골로 돌아다닐제 어든 것이 심히 만헛스니 나는 나의 骸骨을 조찰히 골라 다시 진히게 되엇던 것이다. 서령 흰돌우 흐르는 물기ㅅ에서 꽃가티 스러진다 하기로소니 슬프기는 새레 자칫 아프지도 안흘만하게 나는 山과 化合하엿던 것이매 무슨 괴조조하게 詩니 時調니呻吟에 가까운 소리를 햇슬리 잇섯스랴. 급기야 다시 돌아와 이 塵埃투성이에서 겨우 개무덤따위 가튼 山들을 날마다 바로 보지 아ㄴ□ 못하게 되고 金剛은 마침내 병이냥하게 나의 骨髓에 비치여 살어질 수 업섯다. 金剛이 詩가 되엇다면 이라하여 된 것이었다."(「내금강소묘(2)」, 『문학독본』)

케트에 구기인 채" 잠이 든 "벗"이 "나븨"에 비유되어 있다. "나븨"는 가벼운 잠의 이미지를 잘 드러내는 비유이면서 낮의 산행에서 꺾은 꽃과 자연스럽게 연결된다. 험난하고 고단한 산행이 동행자에 의해 한결 충만하고 즐거운 길이 되었다.

담장이
물 들고,

다람쥐 꼬리
숱이 짙다.

山脈우의
가을ㅅ길—

이마바르히
해도 향그롭어

지팡이
자진 마짐

흰들이 우놋다.

白樺 홀홀
허울 벗고,

꽃 옆에 자고

이는 구름,

바람에
아시우다.

—「비로봉」 전문

앞의 시와는 달리 이 시에서는 화자의 존재가 전면에 드러나 있지는 않다. 그러나 화자가 산길을 걷고 있다는 사실은 제시된다. 비로봉을 올라가는 산길에서 보게 되는 자연물이 나열되어 있다. 담장이, 다람쥐, 산길, 해, 지팡이, 흰돌, 백화, 꽃, 구름을 따라 화자의 시선이 머물다가 이동한다. 산길 위에서 화자의 존재를 느낄 수 있는 부분은 5연의 "지팽이 자진 마짐"[103]이다. 화자의 시선은 자신의 발 아래로 향하고 있다. 산길을 걸어오며 자신의 뒤에 남긴 흔적을 보여준다. 시 전체의 분위기에서 "자즌"은 도드라진 느낌을 준다. 산길 위에서 바라보는 자연의 풍경은 여유롭고 계절의 시간에 순응하는 모습을 보여주는 데 반해, 등산객인 화자의 걸음은 순간순간 힘겨워서 지팡이를 자주 짚으며 걷고 있기 때문이다. 정지용의 시에서 산길을 걷는 존재는 걷고 있는 화자의 존재를 길 위에 남겨진 지팡이 자국으로 표현함으로써 힘겹게 비로봉을 오르는 화자의 모습을 정면으로 드러

---

103 멀리 동쪽으로 비로상봉에는 감은 구름이 갈가마귀떼같이 쏘알거리고 있다. 쾌히 개인날도 저 봉우에는 하로 세차례식 검은구름이 음습한다고한다. 내일 낮쯤에는 우리다리가 간조롱히 하늘끝 납별 가장자리를 밟겠고나. …(중략)… 나려올때는 좀 무서운생각이 일도록 산이 검어지므로 지팽이가 아니었더라면 고꾸라질뻔 질뻔하게 단숨에 나려왔다(「내금강소묘(2)」, 『문학독본』).

내지 않고 시 속에서 지워버렸다. 화자는 산길을 걸어서 일회적으로 지나가는 존재이기 때문이다. 담장이나 흰들, 백화와는 달리 화자는 그 자리에 계속 머물러 있지 않다. 이 길 위를 힘겹게 지나갔다는 흔적이 지팡이 자국으로 남아 있을 뿐이다.

"산맥우의 가을ㅅ길"에서 계절이 깊어지면서 가장 눈에 띄는 것은 단풍이다. 1연의 담장이는 물들고, 겨울을 준비하며 분주하게 나무와 산길 사이를 움직이고 다닌 다람쥐는 2연에서 꼬리의 숯이 짙은 것으로 외양을 묘사하였다. 7연의 백화나무도 허울을 벗고 있다. 시의 전반적인 분위기는 매우 고요하고 느긋하고 평화스러운 모습이지만, '걸음'이나 '발자국'이 아니라 "지팽이 자진 마짐"이라고 표현한 부분에서 지팡이에 의지해 오르는 산길이 매우 험난하고 어려웠음을 짐작할 수 있다. 화자의 존재를 지운 자리가 가장 분주한 자리임이 역설적으로 표현되었다.

1

絶頂에 가까울수록 뻑국채 꽃키가 점점 消耗된다. 한마루 오르면 허리가 슬어지고 다시 한마루 우에서 목아지가 없고 나종에는 얼골만 갸옷 내다본다. 花紋처럼 版박힌다. 바람이 차기가 咸鏡道 끝과 맞서는 데서 뻑국채 키는 아조 없어지고도 八月한철엔 흩어진 星辰처럼 爛漫하다. 山그림자 어둑어둑하면 그러지 않어도 뻐국채 꽃밭에서 별들이 켜든다. 제자리에서 별이 옮긴다. 나는 여긔서 기진했다.

2

巖古蘭, 丸藥 같이 어여쁜 열매로 목을 축이고 살어 일어섰다.

—「백록담」 부분

제주도 한라산 등반에는 시인 김영랑과 시인 김현구가 동행했다. 정상을 향한 산행에서 화자는 산길을 얼마만큼 걸어 올라왔는지 야생화 "뻑국채"의 "꽃키"로 가늠하고 있다. 뻐꾹채는 줄기의 높이가 30~70센티미터 정도이고 홍자색 꽃송이가 커서 멀리서도 금방 알아볼 수 있다. "한마루 오르면" 다시 지나온 길을 내려다 보는 과정의 연속이 한라산 산길에서 화자가 한 일이다. 의인화된 "뻑국채"의 허리까지 보이다가 모가지까지 보이고 나중에는 "화문처럼" 얼굴만 보이다가 결국 아주 없어져 버릴 때가 되어서 화자는 정상에 가까이 올라선다. 뻑국채는 건조하고 비옥하지 않은 땅에서도 적응력이 뛰어나서 산지의 능선부에서 무리를 지어 자란다. 이동하고 있는 화자의 위치가 수직적으로 높아질수록 제자리를 지키고 있는 뻑국채와는 거리가 점점 멀어진다. 고도가 높아지는 산행의 과정이 야생화와의 점차적인 거리감 발생, 그리고 이별로 표현한 것은 인상적인데 정상의 '백록담'을 향해 가는 산길은 지상의 세속적이고 현실적인 세계로부터 점차 멀어지는 과정이며 자연과 서서히 합일해 가는 과정이다. 그러므로 뻐국채가 소멸한 지점에서 별을 발견하는 것은 단순히 시간의 경과만을 의미하지는 않는다. 등반의 고도가 높아질수록 찬 기운이 "함경도 끝"에 와 있는 것처럼 피부에 느껴지고 꽃밭은 별밭으로 바뀔 정도로 하늘과 가까운 곳까지 올라왔다.

화자가 힘든 산행으로 피로에 지쳐 기진했다는 "여긔서"가 세속과 산수의 경계를 넘어서는 지점이며, 육체적으로 지친 화자가 주변에서 "엄고란, 환약 같이 어여쁜 열매"로 기력을 회복하게[104] 되는 것은 새로운 세계로의 진입과 회복으로 해석해야 할 것이다.

골작에는 흔히
流星이 묻힌다.

黃昏에
누뤼가 소란히 싸히기도 하고,

꽃도
귀향 사는곳,

절터ㅅ드랬는데
바람도 모히지 않고

山그림자 설핏하면
사슴이 일어나 등을 넘어간다.

—「九城洞」 전문

산길과 함께 빈번하게 등장하는 장소는 "골/골작"이다. 산길은 골로 이어지고 산이 높으면 골도 깊다. "골작"은 지형상 봉우리와 봉우

104 사나다 히로코는 시 「백록담」을 기독교적인 이미지와 상징으로 분석하면서 등산을 통해 이승의 육체는 죽고 천상의 영혼으로 부활하는 과정에서 엄고란(시로미)의 열매가 화자를 소생시키는 천상의 알약이라고 보았다(사나다 히로코, 「정지용 후기 산문시의 상징성과 사회성에 대한 고찰」, 『어문연구』 제110권, 한국어문교육연구회, 2001.6).

리 사이에서 무언가 은폐하기 좋은 장소, 즉 외부에 잘 드러나지 않는 숨겨져 있는 장소이며 세상으로부터 멀리 떨어진 공간이다. "골"에서는 화자가 시에 드러나지 않는다.

구성동의 인적 없는 골작의 아름다움은 1연과 2연에서 잘 드러난다. 밤하늘로부터 아름다운 곡선을 그리며 떨어지는 "유성"이 금강산의 깊은 골에 묻힌다는 것은 어떤 비밀스러움을 간직하고 있는 장소라는 의미를 지닌다. 밤에는 유성이 묻히고 황혼에는 누뤼가 쌓인다. 그러나 3연과 4연에서는 비밀스러움을 넘어 쓸쓸하고 외로운 장소로서의 골작이 표현된다. 하물며 아름다운 "꽃도/귀향 사는곳"이라는 구절에서 세상과 동떨어져 외롭게 피어서 아무도 봐주는 이 없는 꽃에 대한 쓸쓸함이, 과거에는 절터여서 사람의 왕래가 있었지만 지금은 바람조차 모이거나 흩어지지 않는 적막과 고요가 전부인 골작이다. 그러나 5연에 이르면 "사슴"이 일어나 등을 넘어가는 단순하고 아름다운 동작이 다시 이 시에 신비롭고 동양적인 산수의 세계를 구현하게 해 준다.

골에 하늘이
따로 트이고,

瀑布 소리 하잔히
봄우뢰를 울다.

날가지 겹겹히
모란꽃닢 포기이는듯.

자위 돌아 사폿 질ㅅ듯
위태로히 솟은 봉오리들.

골이 속 속 접히어 들어
이내가 새포롬 서그러거리는 숫도림.

꽃가루 묻힌양 날러올라
나래 떠는 해.

보라빛 해ㅅ살이
幅지어 빗겨 걸치이매,

기슭에 藥草들의
소란한 呼吸!

들새도 날러들지 않고
神秘가 한끗 저자 선 한낮.

물도 젖여지지 않어
흰돌 우에 따로 구르고,

닥어 스미는 향기에
길초마다 옷깃이 매워라.

귀또리도
홈식 한양

옴짓
아니 귄다.

—「玉流洞」 전문

화자가 옥류동의 "골"에서 본 고요한 풍경 속에는 매우 미세하게 떨리고 소근거리는 자연물에 대한 발견과 그에 대한 섬세한 관심이 있었다. "길초마다 옷깃이 매워라"라고 한 구절에서 화자가 '골'에 존재하고 있다는 것을 인지할 수 있지만, 그 안에서 "옷깃" 한 자락에 자신의 존재를 감추고 있다. 마치 조선시대 산수화에서 산수만을 그리지 않고 산의 풍경과 정취를 감상하고 있는 도포자락의 선비를 작게 그려 넣는 것과 비슷하다. 화자가 정면에 드러나지 않는 이유는 "폭포소리", "이내", "해", "해ㅅ살", "약초", "흰돌", "귀또리"로 나열되는 자연 그 자체에 집중하기 위해서다. 골에 따로 트인 하늘과 해로부터 안개와 햇살과 폭포소리를 지나 지상의 약초와 흰돌, 그리고 귀또리가 동작을 멈춘 상태까지 수직 하강하는 시선의 움직임에는 금강산의 위태로운 봉우리 사이에 감추어진 신비를 포착해내는 화자의 존재가 의도적으로 지워져 있다.

이 시를 감싸고 있는 분위기는 "위태로히 솟은 봉오리들" 사이에서 "골이 속 속 접히어 들어" 있는 옥류동의 신비로움이다. "하늘이/따로 트이고", 폭포소리가 들리고 "이내가 새포롬 서그러거리는 숫도림"을 하며 새벽이 밝아오는 시간이며 "꽃가루 묻힌양 날러올라 나래 떠는 해"와 "보라빛 햇살이 폭 지어 빗겨" 걸쳐 있다는 서술에서 아침이 오고 있음을 짐작할 수 있다. 화자는 골에서 하룻밤을 보내고 아침을 맞이하는 중인 것이다. 해가 뜨고 햇살이 밝아오니 "가슴에 약초들의 소란한 호흡"으로 골은 고요 속에서 생명력이 가득한 공간이 되었다. 위태로운 봉우리와 험난한 산길 아래에서 맞이한 고요하고 밝고 평화로운 아침은, 9연에서 한낮으로 시간의 경과가 이루어진다. 산행 시편에서는 시간이 무화된 산수화 같은 산의 정경도 있지만 한 편의 시에 하루 혹은 한 계절 단위의 시간이 경과하는 경우도 있다.

약초[105]는 골을 세속의 공간이 아니라 치유의 기능을 가진 신비한 공간으로 인식하게 한다. "약초들의/소란한 호흡!"과 흰돌 위에 따로 구르는 물방울은, 13연과 14연에서 "귀또리"의 정지한 상태와 어울려 정중동의 긴장감을 유발시킨다. 식물에 동적인 것을 부여하고 동물에서 정적인 것을 발견하고 있다. 이런 긴장감은 바다 시편에서 보여주던 것과는 다르다. 귀또리의 울음이나 동작을 멈춘 찰나의 순간이 옥류동 골 전체를 떠받들고 있다. 약초들의 소선한 호흡 뒤에 발견한 귀또리는, 자연이 살아 숨쉬는 산길을 등반하는 과정에서 감지한 생명의 신비이며 생명의 긴장이 흐르는 미적 세계이다. 지적인 포착과 발견의 자리가 아니다.

2) '길/거리', '장터', '산골'의 생업과 대상의 연민

백석의 시에서도 '산골'은 세속적인 세상과는 거리를 둔 평온한 장소로 비슷하게 인식되지만, 화자를 지우고 풍경에 몰입하기보다는 산골의 삶에 더 집중하는 차이점이 있다. 여행은 길을 떠나면서 시작되

105 약초는 병을 낫게 하는 풀이다. 시 「백록담」에서 산행에 지친 화자의 기운을 북돋아주는 "엄고란, 구환 같이 어여쁜 열매"가 등장하며 시 「인등차」의 "忍冬 삼긴 물"도 유사한 역할을 한다.

고 길 위에서 만남과 이별이 반복된다. '길/거리'에는 '어디로'라는 행선지를 향한 방향성과 함께 '간다'는 서술어가 이미 내포되어 있다고 할 수 있다. 길은 감각을 향해 열려 있는 공간이다. 길 위에서 화자의 감각은 시각을 비롯하여 후각, 청각, 촉각에 의해 고스란히 노출된다. 백석의 시에서 여행의 이동 경로에 따라 길에서 보는 풍경과 만나는 사람들에 대한 기행시편들을 이 장에서 다루고자 한다. '길/거리'를 구체적으로 시로 형상화한 작품들은 제목이나 시어에 '도(道)', '街道(가도)', '路(로)', 또는 구체적인 지명이 사용되는 경우가 있으며 주로 여행길의 즐거움을 표현한 시가 주를 이룬다. 백석의 시에서 '산길'을 포함해서 사람이나 짐승이 다닐 수 있는 일정 너비의 공간이 '길'이다. 이에 반해 '거리'는 장터를 의미하는 '장거리'와 산골마을의 '산골거리'처럼 마을을 형성하여 사람들의 생활과 교류가 이루어지는 장소이다. '길/거리'는 장이 서는 날에 장터가 되기도 하고, 산으로 이어져 산골에 이르게 한다. 길 위의 여정은 낭만적 방랑과 자유[106]를 즐기는 듯하지만 산골로 가면서 산골 사람들의 생활과 메밀국수 같은

106 낭만적 방랑과 자유는 백석이 기행 시편을 창작하게 하는 원동력이자 근원이다. 함경남도 홍원군을 배경으로 한 연작 기행시편 「물닭의 소리」와 비슷한 시기에 쓴 산문 「동해」(『동아일보』, 1938.6.7)를 보면 더운 여름밤에 맥고모자를 쓰고 삐루를 마시고 거리와 해변을 산책하면서 "어려서는 꽃조개가, 자라서는 명주조개가, 늙어서는 강에지조개가. 기운이 나면 헤를 빼어물고 물속 십 리를 단숨에 날고 싶읍네, 달이 밝은 밤엔 해정한 모래장변에서 달바래기를 하고 싶읍네"라고 고백한다. 조개가 되는 상상력도 신선하지만 물 속 십리를 달리고 싶은 방랑벽과 밤의 해변에서 자유롭고 한가롭게 달바래기를 하고 싶다는 바람은 백석이 정주의 삶보다는 방랑의 삶에서 자유를 느끼고 있기 때문이다.

음식을 맛보는 과정에서, 길 위의 낭만성[107]은 공동체의 삶에 대한 자각으로 바뀌며 극복된다. 「남행시초」는 길 위에서 만나는 사람들과 가축, 동물, 풍경에서 따뜻한 온정을 느끼는 시가 대부분을 차지한다. 특히 길 위에서 사람과 동물과 자연은 분리되어 있지 않으며, 걷고 있는 화자는 "승냥이"를 호명하여 "줄레줄레 달고가며/덕신덕신 이야기하고"(「창원도-남행시초」)싶다는 소망을 드러내기도 한다. 길은 인간과 동물의 경계가 없는 이상적인 세계이며 유년 화자가 아닌 성인 화자가 등장하여 동심의 세계를 보여주고 있다. 그러나 북방으로 가는 여행길에서 우연히 만나거나 목격한 여인(「여승」)[108]의 기구한 삶의 내력을 듣게 된 것도, 내지인 주재소장 집에서 식모살이를 하던 계집아이(「팔원-서행시초」)가 추운 겨울 아침에 집을 떠나는 장면을 보는 것도 역시 길 위에서이다.

우선 일본의 이즈반도와 만주의 안동에서 쓴 기행시편을 살펴보도록 하겠다. 이 두 편의 시는 유사한 구조를 가졌다.

> 녯적본의 휘장마차에
> 어느메 촌중의 새새악시와도 함께타고
> 머ㄴ바다가의 거리로 간다는데

---

107 시 「나와 나타샤와 힌당나귀」에서 화자는 사랑하는 연인 나타샤에게 눈 내리는 밤에 흰 당나귀 타고 "산골로 가 마가리에 살자"고 속삭인다. 이때 산골은 세속으로부터 벗어나 순수하고 아름답고 고결한 사랑을 지켜나갈 수 있는 공간으로 설정되어 있다. 이것은 낭만적 사랑을 위한 공간일 뿐 결코 현실의 삶이 있는 공간이 아니다.

108 시 「여승」은 기행시편으로 분류하기에는 무리가 있는 것으로 보여 이 장에서는 분석하지 않았다.

금귤이 눌 한 마을마을을 지나가며
싱싱한 금귤을 먹는것은 얼마나 즐거운일인가.

—「伊豆國湊街道」(『사슴』, 선광인쇄주식회사, 1936) 전문

화자의 여행지가 한자로 표기되어 있는 이 시의 제목은 한시의 제목 같은 느낌도 들게 한다.[109] 기행시의 기본 구조 중에서 이동수단을 타고 낯선 여행객과 동승하여 목적지로 가는 형식을 취하고 있다. '~에 ~와도 함께 타고 ~을 지나가며'가 주된 서술어이다. 마지막 행에는 여행의 즐거움에 대한 감상이 적혀 있다. 화자가 타고 있는 것은 "녯적본의 휘장마차"이다. 고풍스러운 휘장의 이미지를 전달하는 동시에 여행길의 낭만적인 분위기에도 일조하고 있는 것은 이 휘장마차가 예스럽다는 것이다. "녯적본" 혹은 "옛것"에 대한 백석의 기호와 지향은 백석의 이후 시에서도 빈번하게 나타나는 시어이며 사소하고 낡은 사물을 발견하고 이것을 공동체의 근원으로 확장하게 하는 시선을 제공한다.

화자의 여정은 시간을 거슬러 과거의 한 시절을 향수하게 한다. "녯적본의 휘장마차"에서 오는 친근함과 반가움 때문이다. "옛것은 그 자체로 친근하고 다정한 사물의 선택 기준이 되며, 고향을 떠나 다른

109 백석 시에서 한자를 제목으로 한 시 외에도 한시풍의 「추일산조」, 「추야일경」, 「야우일경」 등 네 글자로 구성된 고풍스러운 느낌의 제목을 짓는 경우가 있다. 또 「남행시초」 「서행시초」 「함주시초」 라는 큰 제목 아래 연작시를 묶었는데 '시초(詩抄)'는 많은 시 가운데 어떤 목적하에 시를 발췌하고 묶을 때 붙이는 제목이다. 조선 시대의 문집을 떠올리게 하는 제목을 쓴 이유는 '옛것'을 구현하려는 목적일 수도 있고 여행 중에 쓴 시 가운데 몇 편을 가려 뽑아서 연작시로 묶었다는 의미일 수도 있다.

고장의 풍광을 묘사한다고 하더라도 하나의 공통된 삶의 구조 속에서 그 풍광들을 보고 있다는 것을 나타낸다. '옛것'이라는 형식은 일상적이고 범상한 소재를 전혀 다른 차원의 그 무엇으로 변모케 하는 정신이 내재된 언어기호이다."[110] 시에서 "휘장마차"는 낯선 여헝지를 거부감 없이 편안하고 친근하게 받아들이는 이동 수단으로 기능한다. 주목할 점은, "휘장마차"라는 어휘가 1930년대에 일본에서도 식민지 조선에서도 사용된 적이 없다는 것이다. 당시에 흔히 쓰던 '황마차'와 유사한 이동 수단이거나 평안도 지역 또는 북방에서 "휘장마차"라는 어휘가 사용되었는지는 모르지만, 백석이 일본어를 배제하고 시의 분위기를 위해 만들어낸 단어로 볼 수도 있다.

"휘장마차"의 안과 밖을 살펴보자. 화자는 휘장마차 안에서 "싱싱한 금귤"을 먹으며 여행의 즐거운 기분을 만끽하고 있다. 그런데 화자와 "새새악시"가 타고 있는 휘장마차 밖의 풍경이 바로 "금귤이 눌한 마을"이며 화자는 휘장마차를 타고 이런 "마을마을"을 연속적으로 바라보며 지나가고 있다. 누런 금귤나무가 있는 마을은 눈앞에 펼쳐지지만 화자는 그 풍경 안에 포함되어 있지 않고 단지 스쳐 지나갈 뿐이다. 여행길에서 바라보는 풍경에서 화자는 소외되어 있다. "휘장"으로 차단된 공간과 휘장마차의 속도 때문이다. 그러나 휘장마차 안에서 화자의 시선이 머무르는 두 지점, 휘장마차 밖에 존재하는 금귤과 자신의 손 안에서 실제로 만져지고 맛볼 수 있는 금귤을 동시에 소유하면서 이 상황은 극복된다. 바깥 풍경의 하나를 휘장마차 안으

110 손진은, 「백석 시의 '옛것' 모티프와 상상력」, 『한국문학이론과 비평』 24, 한국문학이론과 비평학회, 2004.9.

로 끌어들인 것이다. 그러므로 손 안의 금귤은 싱싱하고 금귤을 먹는 행위는 "즐거운 일"이 된다. 휘장마차가 운행하는 방향으로 여행자의 시선은 일정한 속도와 함께 움직일 수밖에 없고 화자가 풍경을 향유하는 감각은 금귤의 촉각과 미각을 통해 동시적으로 충족된다. 백석의 시에서 금귤이 등장하는 것은 이 시 한 편뿐이지만, 금귤이 이즈반도의 특산물이라는 점에서도 지역색을 드러내기에 충분한 소재이다.

"금귤이 눌 한 마을마을"은 그 자체로 이국적인 풍경이다. "금귤"은 식민지 조선에서 쉽게 볼 수도 없을 뿐더러 값이 비싸 맛보기도 어려운 귀한 과일이다. 여행의 즐거움 중에는 여행지에서의 음식을 맛보는 즐거움을 빼놓을 수 없다. 특히 백석은 음식에 대해 남다른 감각을 지닌 시인이다. 백석의 기행시편의 특징 중 하나가 음식의 이름과 맛에 대한 묘사와 즐거움의 표현이며 이것은 이즈반도 여행에서도 동일하게 나타난다.

> 異邦거리는
> 비오듯 안개가 나리는속에
> 안개가튼 비가 나리는속에
>
> 異邦거리는
> 콩기름 쪼리는 내음새속에
> 섶누에번디 삶는 내음새속에
>
> 異邦거리는
> 독기날 별으는 돌물네소리속에
> 되광대 켜는 되양금소리속에

손톱을 시펄하니 길우고 기나긴 창꽈쯔를 즐즐 끌고시펏다
饅頭꼭깔을 눌러쓰고 곰방대를 물고가고시펏다
이왕이면 香내노픈 취향梨돌배 움퍽움퍽 씹으며 머리채 츠렁츠렁 발
굽을차는 꾸냥과 가즈런히 雙馬車 몰아가고시펏다

—「安東」(『조선일보』, 1939.9.13) 전문

이 시는 제목에서 알 수 있듯이 중국의 안동 지역의 거리 풍경을 서술하고 있다. "안동"에 대한 서술은 모두 "이방거리"에 초점을 맞추고 있다. 이방은 한자로 표기하여, 인정과 풍속이 전혀 다른 타국이라는 것을 강조하였다. 1연에서 이방거리의 날씨를 통해, 2연은 이방거리의 낯선 음식 냄새[111]를, 3연은 이방거리에서 들리는 소리를 통해 이 곳이 낯선 지역임을 제시한다. 번잡하고 시끄럽고 음식 냄새 가득하고 사람들과 마차로 정신이 없는 이 거리는 마치 장터인 것처럼 활기가 넘치고 온갖 감각들[112]을 총동원하여 모사되고 있다. 화자는 "~고 시펏다"는 서술어를 반복적으로 사용하면서 3연에서는 이 거리에서 경험하고 싶은 것들을 나열하는데 특히 마지막 행은 일본 이즈

111 시「안동」 외에도 거리에서 음식 냄새를 맡게 되는 시「북신-서행시초」의 첫 연은 "거리에서는 모밀내가 낫다"로 시작한다.

112 한수영은 1,2,3연에 나열된 이방거리의 낯선 감촉, 소리, 냄새, 맛 등의 감각적 자극들이 불러낸 복합적 충동이 마지막 연에서 화자가 이방거리에서 느끼는 설렘을 과장되게 나열하도록 하였다고 지적하였다. 오감이 총체적으로 나타나는 이방의 시공간은 감각과 감각이 마주치는 파장 안에서 포착되고 구체화되고 있음을 언급하였다(한수영, 「감각과 풍경—백석 시에 나타난 감각의 특징」, 『현대문학이론연구』 제47집, 현대문학이론학회, 2011.12, 375쪽).

반도 기행시편인 「伊豆國湊街道」와 유사하다. 누런 금귤이 향내 높은 취향리 "돌배"로, "새 새악시"는 "꾸냥"으로, 휘장마차는 "쌍마차"[113]로 바뀌어 있을 뿐이다. 그러나 시 「伊豆國湊街道」와 다른 점은 이국적인 정서와 호기심을 이 시에서는 적극적으로 드러내고 있다는 것이다. 특히 시에 표현된 만주식 복장에 대한 관심이 그러하다. 이방인인 화자의 시선에 포착된 것은 남자도 손톱이 길고 전통 의상인 "창꽈쯔"도 길어서 바닥에 질질 끌리며, 이방의 여인들은 머리채가 발굽에 닿을 정도로 길다는 것이다. 화자는 이방의 복장과 풍습을 따라하고 싶을 정도로 이 거리를 구경하는 데 흠뻑 빠져 있다. 이방거리에서 화자는 고독하거나 소외되어 있지 않다.

시 「伊豆國湊街道」는 일본의 풍경과 사물을 나열하면서도 일본어를 시어로 사용하지 않았지만 시 「안동」에서는 새악시라는 말 대신에 이방거리의 발음 그대로 "꾸냥"을, 의상도 "창꽈쯔"를 시어로 사용하고 있다. 이방거리의 외국어가 시 속으로 들어오게 됨으로써 "이방거리"의 분위기에 일조하게 되었다. 안동은 1911년 11월 신의주와 압록강철교로 연결된 이후로 만주로 가는 관문 역할을 하는 지역이었다. 백석이 만주에 대한 기대감과 호기심을 갖고 안동을 바라본 것은 당연한 일이다.

---

113 박경수는 화자가 이방의 배타적인 문화로 인해 이질감을 느끼고 있지 않다는 점에 주목할 필요가 있다고 밝히며, 꾸냥과 함께 몰아가고 싶은 "쌍마차"에서 화자가 단순한 관찰자나 문화 선망자가 아니라 문화 참여자로서의 인식을 보여준다고 하였다(박경수, 「'인력거'와 '마차'의 시적 수용과 문화심상의 의미」, 『한국문학논총』 제73집, 한국문학회, 2016.8).

솔포기 숨엇다
토끼나 꿩을 놀래주고십흔 山허리의길은

업데서 따스하니 손녹히고십흔 길이다

개덜이고 호이호이 회파람불며
시름노코 가고십흔 길이다

궤나리봇짐벗고 따ㅅ불노코안저
담배한대 피우고십흔길이다

승냥이 줄레줄레 달고가며
덕신덕신 이야기하고십흔 길이다

덕거머리총각은 정든님업고오고십흔길이다

—「昌原道-南行詩抄」(『朝鮮日報』,1936.3.5.) 전문

이 시에서도 "山허리의길" 위에서 길을 서술하는 방식은 '길은 ~고 싶은 길이다'가 반복되는 구조를 취하고 있다.[114] 1연이 주어에 해당하는 "길은"이 제시되고, 이어지는 2연, 3연, 4연, 5연, 6연은 서술어 "~고십흔 길이다"를 통해 반복적으로 이 길에서 화자가 희망하는 것이 무엇인지를 다양하게 변주하며 제시한다. 여행은 길 위에 있는 것이며 길의 연속이다. 전래동화 속에서 "궤나리봇짐" 진 나그네가 산

114 이경수, 「한국 현대시의 반복 기법과 언술 구조」, 고려대학교 박사학위논문, 2002.

길에서 만나는 짐승들의 도움을 받게 되는 장면 속의 길도 마치 이런 한적한 산길일 것 같은 느낌을 주듯이, 이 시에는 '토끼', '꿩', '개', '승냥이'가 시어로 등장해 동화적이면서 자연친화적인 분위기를 준다.[115] 화자는 이들을 길에서 만나 장난을 치거나 놀래켜 주거나 함께 걷고 싶어 한다. "호이호이", "줄레줄레", "덕신덕신"과 같은 의성어·의태어의 사용이 이 시의 분위기를 밝고 즐겁게 만들어 준다. 제목에서도 알 수 있는 것처럼, 「남행시초」 연작의 한 편으로 창원으로 이어지는 길이 배경이지만 시의 내용은 '길' 자체의 따뜻하고 평화로운 분위기를 표현하는 데에 집중하고 있다. 마지막 연의 "덕거머리총각은 정든님업고오고십을길"에서는 전래동화 속의 행복한 결말을 암시하는 것처럼 끝맺고 있다.

---

115 백석 시에 등장하는 동물의 이미지는 자연과 인간의 유대감 및 친화의 세계를 잘 보여준다. 그의 첫 시집 『사슴』에서 유년 화자를 등장시켜 동심의 세계를 지향하는 데 동물의 이미지는 효과적이었으며 시집 출간 직후에 발표한 「남행시초」에서도 그러한 분위기는 지속된다. 그러나 백석이 구현해낸 향토적이고 토속적인 세계는 한편으로는 극복해야 할 부분이기도 했다. 김기림과 박용철은 그의 첫 시집을 고평하며 "모더니티"를 중요시하였다고 긍정적인 평가를 내렸지만 임화는 부정적이었다. 백석이 「남행시초」를 끝으로 시를 발표하지 ㅇㅏ□자, 박용철은 "白石氏 '사슴' 以後의 氏의鄕土的인 情猪는아직 길을고치지안헛다."(박용철, 「정축년회고-출판물을 통해본 시인들의 업적(下)」, 『동아일보』 1937.12.23)고 언급하며 "향토적 정서"에만 머물러서는 안 된다는 것을 지적하고 있다. 백석은 시쓰기의 새로운 방향을 모색해야만 했고 1년 8개월의 공백기 이후에 그가 발표한 시는 「함주시초」(『조광』, 1938.10)였다. 함주는 고려 시대 함흥의 옛 이름이다. 경성을 떠나 함흥의 영생고보에서 영어교사로 근무하던 시기에 쓴 시가 기행시편이며 옛것을 찾는 향토적인 정서는 식민지 조선의 "함흥"이 아닌 고려시대의 지명인 "함주"를 호명하고 있다는 사실은 주목해야 할 변화이다.

백석의 기행시편 중에는 '길'을 소재로 한 시가 여러 편 있다. 이런 시들의 공통점은 길을 가는 즐거움의 표현이 주된 목적이며 그 길의 풍경이 매우 따뜻하고 평화롭고 정답다는 것이다. 나그네의 객수나 여행길의 피로는 '길'을 소재로 한 시에는 나타나지 않는다. 백석의 기행시편에는 대체로 아이와 같이 밝고 순수한 마음으로 길을 걷고 있는 화자가 더 자주 등장한다. 백석의 기행시편을 통해 백석이 삶의 터전을 잃고 '유랑'했다고 읽어내는 것은 다소 지나친 해석이다. 여행의 즐거움과 기대를 드러낸 시가 상대적으로 많기 때문이다.

졸레졸레 도야지새끼들이간다
귀밋이 재릿재릿하니 볏이 담복 따사로운거리다

재ㅅ덤이에 까치올으고 아이올으고 아지랑이올으고

해바라기 하기조흘 벼ㅅ곡간마당에
벼ㅅ집가티 누우란 사람들이 둘러서서
어늬눈오신날 눈을츠고 생긴듯한 말다툼소리도 누우라니

소는 기르매지고 조은다

아 모도들 따사로히 가난하니

—「三千浦-南行詩抄」(『朝鮮日報』, 1936.3.8) 전문

이 시에 표현된 길도 앞의 시 「창원도」처럼 평화롭고 따뜻한 분위기이다. 삼천포의 작은 마을을 지나가는 길을 화자도 걷고 있고 "도야

지새끼들"도 걷고 있다. 서두를 일 없는 한가로운 길인 동시에 초봄의 햇살에 "귀밋이 재릿재릿하니" 따뜻하다. 길옆으로 '까치', '아이', '아지랑이'가 재ㅅ덤이에 올라가고 "해바라기 하기조을" 마당에는 "벼ㅅ집가티 누우란 사람들"이 둘러서서 이야기한다. 그리고 마을의 '소'도 졸고 있다. 이 시를 관통해서 분위기를 형성하고 있는 것은 햇살을 받아 노란 색을 띠는 따뜻함이다. 이 나른한 풍경 속에서 가난한 마을 사람들과 가축들, 그리고 화자를 포함해서 내리쬐는 햇볕을 모두 공평하게 받으며 공평하게 따뜻하다는 발견을 길 위를 걷는 행위 속에서 깨닫게 된다. 다음 시에서는 흰 색을 띠는 길이 등장한다.

푸른 바다가의 하이얀 하이얀 길이다

아이들은 늘늘히 청대나무말을 몰고
대모잠풍한 늙은이 또요 한마리 드리우고 갔다.

이길이다
얼마가서 甘露같은 물이 솟는마을 하이얀 회담벽에 옛적본의 장반시게를 걸어놓은집 홀어미와 사는 물새같은 외딸의 혼사말이 아즈랑이 같이 낀곳은

—「南鄕-물닭의소리」(『朝光』4권 10호, 1938.10) 전문

바닷가 마을을 지나가는 이 길에서 아이들은 '청대나무말'을 몰며 자기들끼리 놀이를 하고 있고 늙은이는 도요새를 한 마리 늘어뜨리고 간다.[116] 백석의 기행시편에서 자주 묘사되는 '길'이 외롭거나 쓸쓸하

지 않은 것은 길 위에서 만나는 산짐승들, 또는 마을 주변의 사람들과 가축들이 언제나 함께 하고 있기 때문이다. 백석의 시에서는 풍경만 그리지 않고 그곳 사람들의 인정과 삶의 이야기에 대한 언급이 항상 있었다.

이 시에서는 바다의 푸른색과 대비가 되는 흰색을 마을의 길과 집에서 볼 수 있다. "하이얀 하이얀 길"에서 화자가 걷고 있는 길이 흰색이라는 것은 두 번 반복 강조된다. 마을의 집에는 "하이얀 회담벽"에 "옛적본의 장반시계"가 걸려 있다. 흰색은 깨끗하고 순결한 이미지를 내포한다. "물새같은 외딸의 혼사말"이 오가는 것을 듣게 되는 것이 "하이얀 하이얀 길" 위에서이기 때문에 흰색은 행복한 신부의 이미지도 연상시킨다. 혼사말은 홀어머니와 외딸이 살고 있는 이 집의 가장 기쁜 소식이 아닐 수 없다.

이 시의 길이 행복하고 반가운 소식이 들려오는 길이라면, 「여승」과 「팔원」은 백석이 여행길에서 목격하게 되는 쓸쓸하고 신산한 삶의 이야기를 들려준다. 백석의 기행시편이 뿌리 뽑힌 민중들의 유랑하는 삶을 보여준다면 대표적인 작품이 이 두 편에 해당한다. 남편은 돈 벌러 타지로 나가고 딸 하나를 데리고 어렵게 옥수수 장사를 하며 생계를 꾸려 나가는 여인을 만난 것은 "평안도의 어늬 산 깊은 금덤판"(「여승」)이었다. 여인은 딸이 죽은 뒤에 여승이 되었다. 「팔원」의 계집아이는 내지인 주재소집에 식모로 일하다가 어느 차디찬 겨울 아침에 울면서 묘향산행 차에 오른다. 부모가 없는 고아인지 삼촌에게 맡겨지는 계집아이의 삶은 지금보다 나아질 것처럼 보이지 않는

116 고형진, 『백석 시의 물명고』, 고려대학교출판부, 2007.

다. 「남행시초」와 비교했을 때 평안도 지역의 길에서 목격한 삶은 슬프고 안쓰럽다.

三里박 江쟁변엔 자갯돌에서
비멀이한 옷을 부숭부숭 말려입고 오는 길인데
山모롱고지 하나 도는 동안에 옷은 함북저젓다

한二十里 가면 거리라든데
한겻 남아 걸어도 거리는 뵈이지 안는다
나는 어니 외진 山길에서 맛난 새악시가 곱기도 하든것과
어니메江물속에 들여다 뵈이든 쏘가리가 한자나 되게 크든것을 생각하며
山비에 저젓다가 말럿다 하며 오는길이다

—「球場路-서행시초」(『조선일보』, 1939.11.8) 부분

평북 영변군 구장을 지나가는 화자는 길 위에서 비에 젖은 옷을 말려 입었다가 다시 산비를 맞고 옷이 젖었다. 길 위에서는 날씨도 예측할 수 없고 누구를 만날지 어떤 사건이 발생할지 미리 알 수 없다. "산비에 젖었다가 말렀다 하며 오는 길"에서 화자는 예전에 외진 산길에서 만났던 고운 새악시나 강물 속에서 한 자나 큰 쏘가리를 본 것을 생각하면서 걷는다. 길에서는 누구를 만나서 어떤 일이 있을지 예상할 수 없기 때문에 설레고 즐거울 수 있다.

『自是東北八〇粁熙川』의 標말이 선곳
돌능와집에 소달구지에 싸리신에 옛날이 사는 장거리에

어니 근방山川에서 덜걱이 껙껙 검방지게 운다

초아흐레 장판에
산 멧도야지 너구리가죽 튀튀새 났다
또 가얌에 귀이리에 도토리묵 도토리범벅도낫다

나는 주먹다시 같은 띨당이에 꿀보다도 달다는 강낭엿을 산다
그리고 물이라도 들듯이 샛노라티 샛노란 山골 마가을 벼테 눈이 시울
도록 샛노라티 샛노란 햇기장 쌀을 주물으며

기장쌀은 기장찻떡이 조코 기장차랍이 조코 기장감주가 조코 그리고 기장쌀로 쑨 호박죽은 맛도 잇는것을 생각하며 나는 기뿌다

—「月林장-서행시초」(『조선일보』, 1939.11.11) 전문

거리는 "초아흐레"가 되면 물건과 사람들이 모여들어 장터가 된다. "초아흐레 장판"에는 인근에서 재배하거나 생산 가공한 물건들이 팔리기 위해 진열된다. "산 멧도야지"나 "너구리가죽", "튀튀새"는 평북 지방이기 때문에 볼 수 있는 것이다. 화자는 "돌기와집", "소달구지", "싸리신" 등의 물건이 장날에 나온 것을 보고 "월림장"의 거리를 "옛날이 사는 거리"라고 서술한다. 그러나 무엇보다도 장터에는 곡식이며 과일, 음식을 빼놓을 수 없다. "가얌", "귀이리", "도토리묵", "도토리범벅"이 나왔으며 그 중에서 화자는 "띨당이"와 "강낭엿"을 산다. 여행 중에 만난 장터에서 맛있는 간식을 사는 즐거움이 나타난다. 그리고 이어지는 부분에서 "샛노랗디 샛노란" 별에 그와 색깔이 유사한

"샛노랗디 샛노란" 햇기장 쌀을 주무르며 기장쌀로 만드는 노란 빛깔의 음식들의 이름을 나열한다. 노란 색깔은 따뜻한 햇볕과 그 햇볕을 쬐고 있는 사람들, 또는 사물들을 서술할 때 따뜻하고 평온한 이미지를 주기 위해 자주 사용된다.

1) 旅人宿이라도 국수집이다
모밀가루포대가 그득하니 쌓인 웃간은 들믄들믄 더웁기도하다.
나는 낡은 국수분틀과 그즈런히 나가누어서
구석에 데굴데굴하는 木枕들을 베여보며
이山골에 들어와서 이 木枕들에 새깜아니때를 올리고간 사람들을 생각한다
그사람들의 얼골과 生業과 마음들을 생각해본다
—「山宿-산중음」(『조광』4권3호, 1938.3.) 전문

2) 초생달이 귀신불같이 무서운 山골거리에선
첨아끝에 종이등의 불을밝히고
쩌락쩌락 떡을친다
감자떡이다
이젠 캄캄한 밤과 개울물 소리만이다
—「饗樂-산중음」(『조광』4권3호, 1938.3.) 전문

3) 산골집은 대들보도 기둥도 문살도 자작나무다
밤이면 캥캥 여우가 우는山도 자작나무다
그맛있는 모밀국수를 삶는 장작도 자작나무다
그리고 甘露같이 단샘이 솟는 박우물도 자작나무다

山넘어는 平安道땅도 뵈인다는 이山골은 온통 자작나무다

—「白樺-산중음(『조광』4권3호, 1938.3.)」 전문

앞의 인용시 1), 2), 3) 외에 시 「야반」까지 총 4편의 시를 엮은 연작 기행시편 「산중음」이 1938년 3월 『조광』에 발표되었다. 여행객이 찾아와서 볼 만한 관광지도 없고 숙박시설도 제대로 없는 산골에 낮에는 국수집을 하고 밤에는 여인숙이 되어 손님을 묵게 하는 데에서 화자는 하룻밤을 보낸다. 궁벽한 산골에 와서 새까맣게 때가 오른 목침을 보며 여기에 온 사람이 비단 화자 자신만이 아니며 오랜 시간에 걸쳐 여러 사람들이 생업 때문에 이곳까지 와서 잠을 청하고 다시 떠나갔던 것을 생각한다. 얼굴도 모르는 사람들이지만 같은 방에서 같은 목침을 베고 누웠을 그들에게 연민과 공동체 의식을 동시에 갖게 된다.

"마음"이라는 시어와 "생각한다"는 서술어는 북방시편에서 자주 등장하면서 이전의 낭만적인 시선이 가진 한계를 극복하고 당대의 현실과 운명 공동체를 인식하게 한다.

2)의 산골거리는 밤이면 대체로 무서울 정도로 캄캄한 어둠뿐이다. 골이 깊은 곳일수록 낮보다는 밤이 길 것이다. 산골사람이 아닌 여행객에게는 낮의 길이가 짧아지고 밤이 예상보다 빨리 찾아온 것에 대해 낯설다고 느낄 것이다. 처마끝 종이등에 불을 켜고 감자떡을 치는 소리가 산골의 밤에 울려 퍼져 고요를 잠시 깰 뿐이다. "쩌락쩌락"하며 떡치는 소리는 사람이 사는 거리 혹은 마을이 있기에 들을 수 있는 소리이다. 캄캄한 어둠 속에서 울리는 소리, 즉 잔치음악 같은 떡 치는 소리가 산골의 무서운 밤을 무섭지 않게 한다. 밤이 깊어 모두가

잠들고 이 소리마저 그치면, 사람이 만들어내는 소리가 아닌 자연의 "개울물 소리"가 온전히 들려온다.

3)은 산골의 주변을 둘러싼 자작나무가 산골집과 얼마나 친연성이 높은가를 보여준다. "~은 자작나무다"의 구조가 5행 연속 반복되면서 단순히 산골집의 목재로 사용되는 것뿐만 아니라 산골에서의 삶 자체가 온통 자작나무로 구성되어 있다고 해도 과언이 아닐 정도로 자작나무가 깊이 관여되어 있음을 보여 준다. 산골의 자작나무가 산골 사람들의 삶을 지탱하고 있다. 특히 산골의 "음식"에 관한 부분으로, "모밀국수를 삶는 장작"과 "단샘이 솟는 박우물"에 자작나무가 사용된다. 이 시에서도 밤은 "캥캥 여우가 우는" 무섭고 불길한 시간이다. 백석은 '길/거리'를 자유롭게 방랑하면서 길 위에서 보는 풍경과 장거리의 흥겨움 외에도 점차 북방으로 여정을 옮기면서 사람들의 삶과 공동체에 관심을 기울이게 된다.

앞에서 살펴본 연작 기행시 「산중음」에서 공통적으로 공간적 배경은 산골이며 시간적 배경은 밤이었고 "국수집", "감자떡", "모밀국수"가 차례로 등장하여 산골 마을의 사람들과 그들이 먹는 음식이 자연스럽게 연결되어 있다. "음식"은 백석의 시를 이해하는 데 중요한 소재이다. 기행시편에서도 음식은 그 지역에 따라 다르게 제시된다. 백석의 음식에 관한 관심은 유년 시절의 명절 풍경을 보여주는 시 「여우난곬족」 이후로, 시집 『사슴』의 세계에서 두드러지게 강조되는 부분이기도 하다. 이런 성향은 북방을 향해 가는 여정에서 가족과 친족 중심이었던 고향의 공동체에서 민족 공동체로 확대 재발견된다.

2. 신체 활동과 주체성의 획득

여행은 일상에서 벗어나 낯설고 새로운 경험을 제공한다는 점에서 의의가 크다. Ⅱ장에서는 근대의 이동 수단인 기차와 기선을 중심으로 여행자가 대상에 대해 인지하게 되는 감각과 감정에 대해서 살펴보았다면, 이 장에서는 여행자의 육체적 감각 중에서도 시각, 청각, 미각 등이 여행 경험을 통해 수용되고 인식의 영역으로 확장되는 과정에 대해 논의해 보겠다.

1) 등산 체험과 신체 감각의 획득

정지용의 시에서 '산' 시편의 특징은 실제로 등반한 산과 봉우리의 이름을 제목으로 정했다는 점이다. 비로봉, 옥류동, 구성동, 만물상, 장수산, 백록담 등이 시의 제목으로 등장한다. 이것은 백석의 기행 시편에서 여행지의 지명을 제목으로 정한 것과 흡사하다. 산행 체험은 열흘 정도의 일정으로 험한 산길을 오르는 육체적 피로와 산 속에서 잠자리를 마련해야 하는 불편함을 감수해야 하는 일이다. 『정지용 시집』(1935)에서 시적 대상을 포착하는 재기발랄하고 예민한 감각은 산행 체험을 통해 구체적인 신체의 피로와 회복 과정을 거치면서, 이전의 시들에서 보여주었던 정신적인 피로감에서 벗어나 정신의 세계를 추구하는 것으로 보인다.

1

絶頂에 가까울수록 뻑국채 꽃키가 점점 消耗된다. 한마루 오르면 허리가 슬어지고 다시 한마루 우에서 목아지가 없고 나종에는 얼골만 갸웃 내다본다. 花紋처럼 版박힌다. 바람이 차기가 咸鏡道 끝과 맞서는 데서 뻑국채 키는 아조 없어지고도 八月한철엔 흩어진 星辰처럼 爛漫하다. 山그림자 어둑어둑하면 그러지 않어도 뻐국채 꽃밭에서 별들이 켜든다. 제자리에서 별이 옮긴다. 나는 여긔서 기진했다.

2
巖古蘭, 丸藥 같이 어여쁜 열매로 목을 축이고 살어 일어섰다.

3
白樺 옆에서 白樺가 髑髏가 되기까지 산다. 내가 죽어 白樺처럼 흴것이 숭없지 않다.

4
鬼神도 쓸쓸하여 살지 않는 한모롱이, 도체비꽃이 낮에도 혼자 무서워 파랗게 질린다.

5
바야흐로 海拔六千呎우에서 마소가 사람을 대수롭게 아니녀기고 산다. 말이 말끼리 소가 소끼리, 망아지가 어미소를 송아지가 어미말을 따르다가 이내 헤여진다.

6
첫새끼를 낳노라고 암소가 몹시 혼이 났다. 얼결에 山길 百里를 돌아 西歸浦로 달어났다. 물도 마르기 전에 어미를 여힌 송아지는 움매-움매-울었다. 말을 보고도 登山客을 보고도 마고 매여달렸다. 우리 새끼들도 毛色이 다른 어미한틔 맡길것을 나는 울었다.

7
風蘭이 풍기는 香氣, 꾀꼬리 서로 부르는 소리, 濟州회파람새 회파람 부는 소리, 돌에 물이 다로 굴으는 소리, 먼 데서 바다가 구길때 쏴-쏴-솔소리, 물푸레 동백 떡갈나무속에서 나는 길을 잘못 들었다가 다시 측넌출 긔여간 흰돌바기 고부랑길로 나섰다. 문득 마조친 아롱점말이 避하지 않는다.

8
고비 고사리 더덕순 도라지꽃 취 삭갓나물 대풀 石耳 별과 같은 방울을 달은 高山植物을 색이며 醉하며 자며 한다. 白鹿潭 조찰한 물을 그리여 山脈우에서 짓는 行列이 구름보다 壯嚴하다. 소나기 놋낫 맞으며 무지개에 말리우며 궁둥이에 꽃물 익여 붙인채로 살이 붓는다.

9
가재도 긔지 않는 白鹿潭 푸른 물에 하늘이 돈다. 不具에 가깝도록 고단한 나의 다리를 돌아 소가 갔다. 쫓겨온 실구름 一抹에도 白鹿潭은 흐리운다. 나의 얼골에 한나잘 포긴 白鹿潭은 쓸쓸하다. 나는 깨다 졸다 祈禱조차 잊었더니라.

—「白鹿潭」 전문

백록담은 한라산의 정상에 있는 화산 분화구에서 생긴 호수이다. 김우창은 이 시에 대해서 “한라산 등반 기록이면서 동시에 정신적인 상승에 대한 상징을 내포하고 있다"[117]고 했다. 시는 첫 행부터 "절정"에 가까이 다가가는 화자의 산행 체험으로 시작하고 있으며 "절정"에는 백록담이 존재한다. 시의 구성을 살펴보면, 숫자 1에서부터 8까지는 백록담을 향한 고단한 산행의 과정을 보여주며 9에서 한라산 정상의 백록담에 도달하게 된다. "백록담"을 비롯해 "제주"와 "서귀포"가 지명으로 시에 등장하고 지리적으로 먼 "함경도"도 호명되는 데 반해 '한라산'은 한 번도 등장하지 않는다. 화자가 한라산 속에 있기 때문에 오히려 한라산은 시어로 불필요해 보일 수도 있겠지만 제목에서 알 수 있듯이 이 시에서 중요한 것은 절정의 장소에 존재하는 높고 쓸쓸하고 맑고 푸른 호수를 찾아가는 긴 여정을 보여주는 것이다.

1에서 화자는 뻐꾹채가 보이지 않게 될 만큼의 고도를 올라온 후 "나는 여긔서 기진했다"고 토로한다. "여긔"는 식물분포의 한계선으로서는 뻐꾹채가 사라진 장소이며, 계절상으로는 8월 여름이고 위도상으로 남쪽 지방임에도 불구하고 고도가 높아지면서 상대적으로 기온이 떨어져 마치 함경도에서 부는 바람처럼 차가운 바람이 부는 곳이다. 화자가 느끼는 바람의 차가운 감각이 제주도와 함경도 사이의 수평적인 거리를 단숨에 뛰어넘게 하며 한라산이 가진 수직적인 높이가 한반도의 기온 분포도에 따라 함경도와 맞닿은 공통 지점이 있다는 발견에서 한라산이 매우 입체적인 공간으로 다가오게 한다. 비록 한라산이 한반도와 떨어진 바다 위의 섬에 존재하지만 수직적인 높이를 통해 한반도의 지형과 수평적 거리를 자연스레 연상시킨다. 차가움을 느끼는 촉각은 산행 시편에서 빈번하게 발견되는 감각이다. 차

117 김우창, 「한국시와 형이상」, 『궁핍한 시대의 시인』, 민음사, 2007.

가움은 화자의 정신과 심성에 신선하고 선명한 충격을 주거나 주위를 환기시키는 작용을 담당하는 감각 기능이다. 추위도 한몫을 담당했겠지만 한라산 등반 시작 지점으로부터 밤이 될 때가지 두 발로 걸어서 그 경계선에 진입하는 순간 화자는 육체적인 기력을 소진하게 된다. 그리고 장면이 전환되는 2에서 한라산 자생식물인 "엄고란과 환약" 같은 열매를 먹고 "살어" 일어서게 된다.[118] 그런데 3에서 "산다"와 "내가 죽어", 4에서 "살지 않는", 5에서 "산다" 등 주어가 화자가 아니어도 살고 죽는 생존에 대한 언급이 연이어 계속된다. 화자가 산행을 하는 동안 육체적인 피로감으로 인해 죽을 것 같고 살 것 같은 순간순간을 넘기고 있기 때문이다. 한편으로는 한라산 등반 과정에서 식물인 "백화"와 "도체비꽃"이 피어 있는 고요하고 쓸쓸하여 귀신도 없을 것 같은 산길의 풍경을 지나고 나면, 동물인 "마소"가 새끼를 낳고 서로 어울려 지내는 풍경도 나타난다.

한라산 등반이 정신적인 상승도 내포한다는 것은 단지 고결한 정신만을 추구하고 있기 때문은 아닐 것이다. 육체적 피로를 느끼는 과정에서 살아있음의 감각이 선명해지고, 높이에 따라 달라지는 식생의 분포에서 식물과 동물의 생태를 관찰하고 그 속에서 삶과 죽음에 대한 사색이나, 자연과 어울리며 인간과 식물과 동물의 경계가 구분되

118 백석의 시 「절간의소이야기」에서 "병이들면 풀밭으로가서 풀을뜯는소는 人間보다靈아해서 열거름안에 제병을 낳게 할 藥이있는줄을안다고"에서처럼, 정지용의 시 「백록담」에서도 기진한 육체를 보살피기 위해 화자는 주변의 나무 열매를 따 먹고 기운을 차린다. 자연친화적이면서도 한라산의 공간이 일상적이고 현실적인 생활공간이 아니라 인간도 영적인 느낌을 갖게 되는 공간으로 볼 수도 있겠다.

지 않는 순수하고 평화로운 공간을 순차적으로 발견하는 과정이 산행 체험에 포함되어 있다. 한라산의 "海拔六天呎우"가 또다른 경계선으로 제시된다. "마소가 사람을 대수롭게 아니녀기고 산다"에서는 동물과 사람의 관계가 역전된 것 같지만 사실 평화로운 공존의 공감임을 제시하는 표현이다. 동물 사이에서도 "망아지가 어미소를 송아지가 어미말을 따르"는 것이 이상할 것이 없는 장소이다. "고비 고사리 더덕순 도라지꽃 취 삭갓나물 대풀 석이" 등의 고산식물이 산길에 가득하고 화자가 이것들을 자세히 들여다보다가 잠이 들고 깨고 "궁둥이에 꽃물 익여 붙인채로" 있는 공간인 것이다. 여기까지 다다르기 위해서는 등반에 따르는 육체적인 고통이 수반된다. 살이 붓고 다리는 "불구에 가깝도록" 고단하다. 이 시에는 유독 화자 "나"의 노출이 빈번하다. 화자가 등반의 전과정에 걸쳐 느낀 육체의 고통이나 심정적 고백을 "나"를 통해 직접 토로한다. 시에서 인용해 보면, "나는 여긔서 기진했다", "내가 죽어 백화처럼 흴것이 숭없지 않다", "우리 새끼들도 毛色이 다른 어미한틔 맡길것을 나는 울었다", "나는 길을 잘못 들었다가 다시 측넌출 긔여간 흰돌바기 고부랑길로 나섰다", "불구에 가깝도록 고단한 나의 다리를 돌아 소가 갔다", "나의 얼골에 한나잘 포긴 백록담은 쓸쓸하다", "나는 깨다 졸다 기도초자 잊어더니라"에서 "나"는 7번 등장한다. 특히 마지막 연에서 많이 등장하는데 이때에는 "나의 다리", "나의 얼골"이라고 소유격을 사용하여 자신의 신체 부분을 강조하고 있다.

한라산 정상에서 화자는 오로지 자기 자신과 대면한다. "백록담 푸른 물"을 들여다보는 행동은 수행과 고행 끝에 올리는 기도와도 같은 것이다. 지상의 현실 세계에서 살아온 나의 얼굴이 한라산 정상의 백록담에 "포긴" 순간, 현실과 이상 사이의 거리가 좁혀지고 서로 조우하게 된다. 그러나 "쫓겨온 구름 일말"에 백록담이 흐려진다는 표현과 "나의 얼굴"에 한나절 포긴 백록담이 쓸쓸하다는 것은 화자의 내면 고백으로 보아야 할 것이다. "쫓겨온 구름 일말"에는 식민지 현실의 시인으로서 친일도 배일도 하지 못 하고 괴로워하는 자신의 모습이 투영되어 있다. "쓸쓸하다"는 것은 화자의 정서인데 주어를 "나"로 하지 않고 백록담을 주어로 대체시켜 자신의 감정을 투영시키고 있다.

모두 9연으로 구성된 산문시에서 연 앞에 번호를 붙이는 것은 새로운 형식이다. 한 장의 사진처럼 한라산의 풍경을 하나씩 개별적인 장면으로 처리하기 위해서가 아닌가 판단된다. 각 연들은 하나의 독립된 장면을 효과적으로 제시한다. 그렇다면 각각의 연들은 산행의 순서에 따라 순차적으로 구성되어 있는가. 반드시 산행의 순서대로 배열되었다고는 할 수 없다. 예를 들어 6, 7, 8은 서로 순서가 다소 바뀌더라도 시를 이해하는 데에는 무리가 없다. 오히려 각각의 연은 산행의 과정에서 시선이 닿는 고산식물과 동물의 모습에 집중하여 한라산의 풍경을 장면화하는 데 주력하고 있다. 그러므로 1~9까지의 연을 연결하면 수직적인 높이만이 아니라 입체적인 형태의 한라산을 볼 수 있다. "먼 데서 바다가 구길때 솨-솨-솔소리"라는 구절에서 한라산이 바다로 둘러싸여 있어서 정상을 향해 올라갈수록 바다가 한눈에 더 잘 보이게 되는 산이라는 점을 드러낸다. 가까운 거리의 "풍란" 향기로부터 "꾀꼬리" 소리에 이어 먼 바다의 소리까지 듣고 있는 화자에게서 한라산의 입체성은 더욱 두드러진다.

엇깨가 둥글고
머리ㅅ단이 칠칠히,
山에서 자라거니
이마가 알빛 같이 희다.

검은 버선에 흰 볼을 받아 신고
山과일 처럼 얼어 붉은 손,
길 눈을 헤쳐
돌 틈에 트인 물을 따내다.

한줄기 푸른 연긔 올라
집웅도 해ㅅ살에 붉어 다사롭고,
처녀는 눈 속에서 다시
碧梧桐 중허리 파릇한 냄새가 난다.

수집어 돌아 앉고, 철아닌 나그내 되어,
서려오르는 김에 낯을 비추우며
돌 틈에 이상하기 하늘 같은 샘물을 기웃거리다.

—「붉은 손」 전문

여행을 떠난다는 것은 나그네가 되는 것이다. 낯선 길 위에서 아침을 맞고 낯선 사람을 우연히 만나게 된다. 이른 아침이 되어 겨울 산길에서 만난 처녀는 눈을 헤치고 돌 틈의 차가운 물을 떠간다. 아침밥 준비를 위해 물을 길러 왔는지도 모른다. 산에서 만난 처녀의 모습을 묘사하는 부분에서 "산과일 처럼 얼어 붉은 손"의 차가운 촉각이 '붉다'는 색채어의 수식을 받아 시각적으로도 선명하게 다가온다. 산행에서 본 "산과일"은 산골 처녀의 차갑고 붉은 손을 비유하기에 어울리는 소재이다. 산에서 아침을 맞은 화자의 모든 감각이 "산과일 처럼" 차갑고 선명하게 열려 있다. 4연의 "이상하기 하늘 같은 샘물을 기웃거리"며 얼굴을 비춰보는 행위는 앞의 시 「백록담」의 마지막 부분과 유사한 이미지의 전개를 보여준다. 시 「백록담」에서 "백록담 푸른 물에 하늘이 돈다"는 구절은 이 시의 "하늘 같은 샘물"과 비슷하다. 거울이나 샘물에 얼굴을 비춰 보는 행위는 자기반성과 성찰의 의미가 있다. 여기서는 정지용 특유의 선명한 감각과 정신의 추구가 한 편의 시 안에 다 들어 있다.

화자는 자신을 "철아닌 나그내"라고 하며 부끄러운 듯 돌아앉아서 샘물에 얼굴을 비추고 있는데, "철아닌"은 정지용이 시에서 자주 사용하는 표현이다. 이어지는 시에서도 곬에서 "철아닌 진달레"를 만나 부끄러워하는 부분이 나온다. "부끄러움"의 감정은 낯선 상황에 처한 당황스러움의 다른 표현이다. "부끄러움"이 자신의 내면을 들여다보는 성찰로 이어지고 정신의 추구에 닿는다고 판단된다.

> 한골에서 비를 보고 한골에서 바람을 보다 한골에 그늘 딴골에 양지 따로 따로 갈어 밟다 무지개 해ㅅ살에 빗걸린 골 山벌떼 두름박 지어 위잉 위잉 두르는 골 雜木수풀 누릇 붉읏 어우러진 속에 감초혀 낮잠 듭신 칙범 냄새 가장자리를 돌아 어마 어마 긔여 살어나온 골 山峰에 올라 별보다 깨끗한 돌을 드니 白樺가지 우에 하도 푸른 하늘……포르르 풀매……온산중 紅葉이 수런 수런 거린다 아래ㅅ절 불켜지 않은 장방에 들어 목침을 달쿠어 발바닥 꼬아리를 슴슴 지지며 그제사 범의 욕을 그놈 저놈 하고 이내 누었다 바로 머리 맡에 물소리 흘리며 어늬 한곬으로 빠져 나가다가 난데없는

철아닌 진달레 꽃사태를 만나 나는 만신을 붉히고 서다.

—「진달레」 전문

이 시의 화자는 '산'의 온갖 풍경과 변화의 모습을 자신의 감각으로 체험하고자 한다. 비와 바람을 보고 그늘과 양지를 밟고 산벌떼의 소리를 듣고 칙범의 냄새를 맡으면서 자신의 육체로 산을 체험하고자 한다. 그가 '한골', '한골' 나누어 옮겨 다니는 것은 그것이 산이라는 공간, 자연을 육체적으로 경험하는 최대한의 방법이기 때문이다. 산은 한 번에 지각하기에는 너무도 높고 골은 깊기 때문에 그것을 분리해서 '따로 따로 갈어 밟'으며 경험한다. 화자는 감각의 주체인 자신의 보고 밟는 행위를 명확하게 제시함으로써 주체와 대상의 속성을 분명하게 구분 짓는다. 깊숙한 곳으로 들어설 때마다 다양하고 경이로운 산의 면면에 놀란다. 다채로운 기상 변화와 풍경을 제각각 지니고 있어 각 장소가 하나의 '고을 또는 마을'과도 같은 것이다.

'나'는 육체적인 피로와, 산을 체험하지 못하고 내려온 안타까움에서 비롯된 피로감으로 이내 누워 버린다. 그리고 만나게 되는 '한곬'에서 만신을 붉히게 하는 진달래 꽃사태를 만나게 된다.

2) 음식 향유와 역사 인식의 획득

백석의 시에서 음식은 중요한 소재로 등장한다. 시집 『사슴』에 수록된 시에서 유년 화자가 명절에 즐기는 다양한 고향의 음식과 화해로운 공동체 의식을 드러낸다면, 기행시편에서는 다른 지역의 음식과 그곳에 사는 사람들의 삶을 바라보고 그 안에 담긴 역사의 의미를 추구한다.

거리에서는 모밀내가 낫다
부처를 위하는 정갈한 노친네의 내음새가튼 모밀내가 낫다

어쩐지 香山부처님이 가까웁다는 거린데
국수집에서는 농짝가튼 도야지를 잡어걸고 국수에 치는 도야지고기는 돗바늘 가튼 털이 드문드문 백엿다
나는 이 털도 안뽑은 도야지 고기를 물구럼이 바라보며
또 털도 안뽑는 고기를 시껌언 맨모밀국수에 언저서 한입에 꿀꺽 삼키는 사람들을 바라보며
나는 문득 가슴에 뜨끈한것을 느끼며
小獸林王을 생각한다 廣開土大王을 생각한다

—「北新-西行詩抄(『朝鮮日報』, 1939.11) 전문

"모밀국수"는 백석의 시에 여러 차례 등장하면서 특유의 식욕을 형성하는 시적 소재이다. 소박하고 정갈함을 상징하는 메밀 냄새와는 충돌하는 "도야지고기"의 야성성과 힘이 메밀국수 한 그릇에 담겨 있다. 1연의 "부처를 위하는 정갈한 노친네의 내음새"와 2연의 "어쩐지 향산부처님이 가까웁다는 거리"에서 파는 음식이 국수인 것은 어색하지 않으나 화자에게 특별한 인상을 남기게 된 것은 고명으로 올려진 도야지고기 때문이다. 메밀가루를 반죽하여 국수분틀에 넣고 가늘게 뽑은 면을 삶아 만드는 국수는 크게 다르지 않지만, 육수와 고명에서 지역적인 차이가 드러난다. 시 「산숙」의 국수집에 있는 모밀가루 포대나 국수분틀이 아니라 이 시에서는 "농짝가튼 도야지"가 걸린 국수집이 등장한다. 게다가 "돗바늘 가튼 털이 드문드문" 박혀 있는 도야지고기이다. 1연에서 화자가 모밀내에서 느낀 정갈함은 "털도 안

뽑은 도야지 고기"를 보는 순간 잊혀져 버렸다. 그러나 분명한 것은 이것도 메밀국수이다. 북방의 메밀국수는 고명이 다를 뿐 모밀내가 사라지는 것도 아니고 메밀국수가 아닌 다른 음식이 되는 것도 아니다. 음식의 본질은 변하지 않았다.

"털도 안 뽑는 고기를 시꺼먼 맨모밀국수에 언저서 한 입에 꿀꺽 삼키는 사람들"이 북방에 사는 사람들이다. 평소에 먹던 음식에서 조금 낯선 음식과 그 음식을 아무렇지 않게 먹는 낯선 사람들을 보는 이방인의 입장에서 화자는 "뜨거운 것을 느끼며" 과거 우리 역사 속의 소수림왕과 광개토대왕을 떠올리며 시 속으로 그들을 호명한다. 현재 이 땅에 사는 사람들은 과거에 살던 그 사람들이 아니라고 말할 수 없다. 이 사람들은 "털도 안뽑은 도야지 고기"를 얹은 맨모밀국수를 맨 처음 먹었던 그 사람들이 아니지만 또한 그 사람들이기도 하다. 긴 역사의 시간 속에서 세대를 거듭하며 살아온 북방의 사람들에게는 그들만의 삶의 방식이 있듯이 그들만의 식성을 반영한 국수도 이어졌다.

북방을 호령했던 왕의 이름에 북방을 대표하는 강한 힘이 담겨 있다. 잘도 씹고 음미하는 맛이 아니라 꿀꺽거리며 삼키는 그 당당함을 보면서 시간과 공간을 뛰어넘어, 그들이 먹던 음식을 여전히 먹는 사람들의 연속성과 삶에 대해 경건한 마음을 갖게 되는 것이다. 이것은 여행을 통해 삶의 깊이와 넓이를 확장해 가는 일이며 시간과 공간을 벗어나서 이들을 연결시키는 상상력을 자유롭게 한다.

백석이 그리는 장소는 근대 도시의 세련된 생활에서는 찾아볼 수 없는 야성적 생명력의 공간이다. 그것은 도시의 시간 속에 얽매여 살아가는 지용 같은 시인에게서는 찾아볼 수 없는 요소이다. 그는 여행과 산행을 통해서도 야성적 세계와는 아주 다른 정갈한 사유의 극점을 찾아갈 뿐이었다. 그러나 백석은 근대 도시의 역방향에 놓여 있는 묘향산 산록의 국수집에서 투박하고 든든한 생활의 현장을, 후각과 시각과 미각에 부딪혀오는 실존의 현장을 물끄러미 바라보는 것이다. 그뿐 아니라 그 감각의 세계에서 고구려의 국기를 든든히 한 민족 정기의 표상을 발견해 낸다. 우리의 말과 역사와 성명이 폐기되어 가던 시점에서 그는 소수림왕과 광개토대왕이라는 민족사의 실존인물의 이름을 당당히 거명하여 감각의 세계와 연결 짓는다. 여기서 감각의 왕국은 정신의 왕국으로 변신하는 것이다.[119]

> 明太창난젓에 고추무거리에 막칼질한무이를 뷔벼익힌것을
> 이 투박한 北關을 한없이 끼밀고있노라면
> 쓸쓸하니 무릎은 꿇어진다
>
> 시큼한 배척한 퀴퀴한 이 내음새속에
> 나는 가스늑히 女眞의 살내음새를 맡는다
>
> 얼근한 비릿한 구릿한 이 맛속에선
> 깜아득히 新羅백성의 鄕愁도 맛본다.
>
> —「北關-咸州詩抄」(『朝光』3권10호, 1937.10) 전문

음식 이름이 전면에 드러나지 않고 재료와 요리법으로 그 음식을

---

119 이숭원, 「사유의 감각화와 감각의 정신화-지용과 백석」, 『서정시학』, 2002. 겨울호.

설명하고 있다. “명태창난젓과 고추무거리와 막칼질한 무이를 넣고 비벼서 익힌 것”이라 지칭된 이 음식의 이름이 따로 있을 것이지만 이것은 그 자체로 북관의 음식이며 ‘북관’ 그 자체이다. 그리고 2연에서 북관이라 명명한 이 음식의 냄새는 시큼하고 배척하며 퀴퀴하다. 그리고 3연에서 화자는 “북관”을 입에 넣고 맛본다. 화자에게 ‘얼근한 비릿한 구릿한’으로 감지되는 낯선 맛과 이상한 냄새, 여기에서 연상되는 사람들과 사람들의 역사이다. 그런데 여기는 ‘신라백성’이라는 백성들의 혀에서 느껴지는 맛, “까마득히” 그 발효의 맛 속에서 맛을 음미해서 꼼꼼히 녹여야 나는 맛의 감각이 역사의 깊이를 인식하게 한다.

이것은 아득한 녯날 한가하고 즐겁든 세월로 부터
실같은 봄비속을 타는듯한 녀름 볕속을 지나서 들쿠레한 구시월 갈바람속을 지나서
대대로 나며 죽으며 죽으며 나며 하는 이 마을 사람들의 으젓한 마음을 지나서 텁텁한 꿈을 지나서
집웅에 마당에 우물든덩에 함박눈이 푹푹 싸히는 여늬 하로밤
아배앞에 그어린 아들앞에 아배앞에는 왕사발에 아들앞에는 새끼사발에 그득히 살이워 오는것이다
이것은 그 곰의 잔등에 업혀서 길여났다는 먼 녯적 큰마니가
또 그 집등색이에 서서 자채기를 하면 산넘엣 마을까지 들렸다는
먼 녯적 큰 아바지가 오는것같이 오는것이다

아, 이 반가운것은 무엇인가
이 히수무레하고 부드럽고 수수하고 슴슴한것은 무엇인가

겨울밤 쩡 하니 닉은 동티미국을 좋아하고 얼얼한 댕추가루를 좋아하고 싱싱한 산꿩의 고기를 좋아하고

그리고 담배내음새 탄수내음새 또 수육을 삶는 육수국 내음새 자욱한 더북한 샅방 쩔쩔 끓는 아르궅을 좋아하는 이것은 무엇인가

이 조용한 마을과 이마을의 으젓한 사람들과 살틀하니 친하것은 무엇인가

이 그지없이 枯淡하고 素朴한것은 무엇인가

―「국수」(『文章』3권4호, 1941.4) 부분

이 시에서 국수는 의인화되어 시간과 공간을 아우르며 매우 시적인 여정을 따라 이 마을까지 오게 되며 이 시는 그 오랜 역사의 반복 과정을 서술하고 있다. '국수'를 소재로 하고 있는 것도 매우 특이할 뿐더러 마치 수수께끼를 내고 풀어 나가는 형식[120]을 갖고 있는 이 시는 "반가운 것"의 존재를 끝까지 알 듯 모를 듯 숨기며 서서히 마을을 향해 다가오는 존재로 묘사된다. 그러나 이 시는 국수를 의인화하여 표현했을 뿐, 기행 시편은 아니다. 그럼에도 불구하고 이 장에서 논의하는 것은 음식과 공동체 의식에서 반드시 논의가 되어야 하는 시이기 때문이다. "~은 오는가보다"라는 서술어를 시작으로 "~은 오는 것이다"가 4번 반복 기술되는 부분은 마을에 찾아오는 반가운 손님에 대한 기대감을 증폭시킨다. 그러나 단순히 기대감과 호기심 유발을 위해 수수께끼 형식이 차용된 것은 아니다. 자꾸 똑같은 형식으

120 정수연, 「수수께끼와 백석의 시-「자류」, 「목구」, 「국수」를 중심으로」, 『어문논집53, 민족어문학회, 2006.4.

로 "~은 오는것이다"를 반복적으로 말하는 당위에 이유가 있다. 이것은 반드시 오는 것이며 와야 하는 것이며 기다려야 하는 것이다. 우리가 살아가면서 잊지 말아야 할 우리의 품성에 대한 자각이자 지켜내야 할 우리 자신인 것이다. 따라서 "이것은 무엇인가"라는 연속된 의문형 질문에는 이미 물어보는 것 자체에 의미가 있다. 우리 민족의 삶과 전통에서 잊지 말아야 할 것은 무엇인지를 "국수"인 것처럼 자꾸 물어보는 행위의 귀중함이 있다.

그 모든 길을 거쳐서 도착한 여기 이 '조용한 마을'에는 '으젓한 사람들과 살뜰하니 친한' 국수가, '그지없이 고담하고 소박한' 마을 사람들과 닮은 국수가 놓여 있다. 백석의 시에서 국수는 여러 번 등장하는 음식이다. 그러나 이 시에 등장하는 국수는 단순히 오래 먹어온 음식이라는 의미를 넘어서서 "고담하고 소박한" 사람들의 품성과 생활을 담고 있다. 국수를 향유해 온 이름 없는 사람들의 역사는 소중하며 앞으로도 계속되어야 할 것이다.

04 여행 체험과 시적 개성의 확립: 1940년 전후 시편

정지용과 백석에게 여행 체험은 그들의 시 쓰기에 영향을 주었을 뿐만 아니라 시세계를 확장하고 시인으로서의 정체성을 확립해 나가는 데에 결정적인 영향을 주었다. 1930년대는 기차를 타고 금강산을 비롯한 국내여행은 물론이고 일본과 만주까지 다녀오는 해외여행이 대중적으로 크게 인기를 끌고 있었다. 유학이나 여행의 경험을 쓴 기행산문이 신문이나 잡지에 실리고, 신문기자나 문인이 여행지를 다녀온 감상을 쓴 기행산문은 신문에 연재되어 일반 대중들의 깊은 관심과 호응을 받았다. 이것은 여행에 대한 정보를 제공하는 것에 그치지 않고 여행에 대한 동경과 기대를 충족시키며 실제적으로 여행을 가게 만드는 계기가 되었다. 기행산문은 교양 있는 읽을거리였을 뿐만 아니라 기행산문의 독자가 다시 기행산문의 창작자가 되는 순환 구조에 의해 활성화되었고 그 기저에는 기차와 신문사의 기획이 있었다. 여행이 교양 있는 문화 향유의 하나로 식민지 조선의 일반 대중들에게 받아들여지고 있던 시기였다. 정지용은 금강산, 장수산, 한라산을 다녀온 경험을 근간으로 한 시집 『백록담』을 1941년 문장사에서 출간하였고 백석은 1936년 첫 시집 『사슴』을 출간한 이후, 연작 기행시편 「남행시초」를 『조선일보』에 발표하였으나 함흥으로 이주한 이후 1년 8개월 동안 지면에 시를 발표하지 않았다.

첫 시집을 출간한 이후에 어떤 시를 쓸 것이며 어떤 시집을 낼 것인가에 대한 고민이 정지용과 백석에게도 있었다. 1935년에 출간된 정지용의 『정지용시집』과 연이어 1936년에 출간된 백석의 『사슴』은 우리 현대시사에서 보았을 때 매우 중요한 시집인 동시에 당시 조선 문단에서 크게 주목을 받았다. 일본 유학파 시인들이 모더니즘을 어떻게 수용하여 우리의 정서와 언어에 맞는 현대시로 승화시켰는지를 보여주었으며 현대시의 방향과 표본을 제시하였다. 따라서 두 번째 시집은 이전의 시집과는 달라야 한다는 생각이 정지용과 백석에게 분명 있었다. 식민지 조선의 시인으로서 새로운 시를 써서 현대시의 방향을 제시해야 한다는 사명감도 지니고 있었겠지만 무엇보다도 좋은 시를 쓰고 싶다는 시인으로서의 열망과 고뇌가 있었을 것이다. 정지용의 두 번째 시집 『백록담』에 수록된 시들과 백석이 첫 시집 『사슴』 이후에 발표한 시들은 1930년대 후반에 집중되어 있고 여행 체험을 근간으로 한 시들이 대부분을 차지한다. 백석은 함흥의 영생고보에서 영어 교사로 근무하던 시기에 함흥을 비롯한 북방 지역과 만주를 여행하기 시작하였고 연작 기행시편을 남겼다. 정지용과 백석은 근대적 의미의 여행이 가능해지고 권장되던 시기에 이를 적극적으로 수용하여 자신의 시 쓰기의 근간으로 삼았다.

1. 기행 시편의 복합적 감정의 공존

정지용이 여행의 공간으로 찾은 곳은 국토의 산이었다. 시집 『백록담』에 실린 시를 읽어보면 산행의 즐거움이 드러난 시도 있지만, '산' 시편에는 화자의 존재가 지워지고 산수화의 풍경처럼 세밀한 묘사만으로 시상이 전개되며 시어를 절제하고 고결한 정신의 측면을 추구하는 시편이 있다. 반면에 여백을 찾아볼 수 없는 산문시형의 시에서는 산 속의 고독과 고립을 드러낸 시가 있다. 백석도 국토의 북방을 여행하다가 만주로 이주를 한 이후에 쓴 시에서, "어진 사람이 많은 나라에 와서"(「수박씨, 호박씨」) 그 마음을 배운다는 기쁨과 희망을 품은 시들이 있는 반면에 시간이 흐를수록 만주 대륙의 방랑자를 자처하며 고독과 고립을 나타내는 시를 썼다. 이와 같이 같은 장소에 있으면서도 상반되는 감정과 표현이 기행 시편에 나타나는 이유에 대해 살펴보도록 하겠다.

1) '산' 시편의 은폐와 은둔

정지용의 『백록담』을 살펴보면, 실제 정지용의 산행 체험을 기반으로 하여, 등반의 과정에 따른 육체적 피로와 정신의 명징함, 그리고 등반 과정에서 달라지는 풍경 등을 생생하고 세밀하게 묘사하고 있다. 남기혁은 정지용의 기행시와 기행 산문시가 '산'의 풍경을 이루는 자연물들을 주체의 시선에서 조합하여 전체의 풍경을 재현한다고 보았다.[121] 시 형식에 있어서 『백록담』은 산수화를 보는 듯 여백이 많고[122] 시형이 짧은 시들이 있는 반면, 죽음의식이 드리워진 산문시형의 작품들이 있어 매우 현실적인 공간인 것 같은 '산'을 비현실적인 장소, 환상적이고 무시간적인 공간으로 설정하기도 한다.

김문주는 정지용의 산수시 중 운문시는 자연의 삶에 대한 동경을, 산문시는 자신 존재를 은폐하려는 욕망을 나타낸다고 분석하였다.[123] 정지용의 후기시가 시 형식의 측면에서 운문시와 산문시로 나뉘어져 대립하고 있다는 점, 그리고 이 형식적 차이가 '산'의 풍경 속에서 내면 갈등을 어떻게 다루어내느냐의 차이에 발생한다고 하였다.[124] 특히 정지용의 산문시의 작품들에 대한 분석을 통해 내면의 갈등이 더욱 심화되어 나타나는데 산문시 형식 속에 노출되어 있다는 점이 주목해야 할 부분이다. 산수시의 경우 산수화와의 비교를 통해 고결한 정신의 측면이 시화되었다면, 산문시의 경우에는 마음 속의 시름이나 죽음에 대한 의식 등이 여백에 의해 소거되거나 무화되지 않고 인간적인 고뇌와 꿈, 사랑에 대한 갈망 등이 드러나 있다. 그것은 정지용이 여행을 다니면서 기행산문을 쓰는 과정과 시를 쓰는 과정이 소재와 체험에서 일정 부분 겹쳐진다는 점에서도, 기행산문의 형식이 정지용의 산문시에 끼친 영향에 대해서도 연구해 보아야 할 부분이다.

---

121 남기혁, 「정지용 중후기 시에 나타난 풍경과 시선, 재현의 문제」, 『국어문학』 제47집, 국어국문학회, 2009.8.

122 박정선, 「동양적 풍경의 시와 산수화적 기법」, 『다시 읽는 정지용 시』, 2003.

123 김문주, 「욕망의 미학적 형식과 풍경의 내면」, 『한국현대문학회 춘계학술대회자료집』, 2011.
______, 「해방 전후 정지용의 글쓰기와 내면 풍경」, 『어문논집』68, 민족어문학회, 2013.8.

124 배호남, 「『백록담』의 시형식 연구」, 『한국시학연구』 제35호, 한국시학회, 2012.12.

기행산문으로는 「수수어」, 「다도해기」, 「화문행각」, 「내금강소묘」, 「남유」 등이 있다. 대표적인 시 작품으로는 「예장」, 「호랑나븨」, 「인동차」 등이 있다. 이 작품들을 분석해야 정지용의 『백록담』이 가진 이중적인 의미와 함께, 등산 체험과 산에서의 체류 등 정지용의 '산' 시편에 대한 전반적인 이해가 가능할 것이다.

> 모오닝코오트에 禮裝을 가추고 大萬物相에 들어간 한 壯年紳士가 있었다 舊萬物 우에서 알로 나려뛰었다 웃저고리는 나려 가다가 중간 솔가지에 걸리여 벗겨진 채 와이샤쓰 바람에 넥타이가 다칠세라 납족이 업드렸다 한겨울 내—흰손바닥 같은 눈이 나려와 덮어 주곤 주곤 하였다 長年이 생각하기를 「숨도아이에 쉬지 않어야 춥지 않으리라」고 주검다운 禮式을 가추어 三冬내—俯伏하였다 눈도 희기가 겹겹히 禮裝 같이 봄이 짙어서 사라지다.
>
> —「禮裝」(『백록담』, 문장사, 1941) 전문

"모오닝코오트" 안에 "와이샤쓰"를 입고 "넥타이"를 맨 예장 차림은 산과 어울리는 복장이 아니다. 장년신사는 산을 오르기 위해서가 아니라 산에서 뛰어 내리기 위해 차려입은 것이다. 따라서 이 시의 내용은 의식적인 죽음을 상상한 것이라고 보아야 한다. "대만물상"은 속세와는 떨어진 죽음의 세계이며 비현실적인 공간이다. 비현실적인 장면은 "모오닝코오트"를 입은 장년신사의 투신 과정을 서술하는 태도에서도 드러난다. 투신의 과정은 물리적인 법칙에서 벗어나 다소 느린 속도로 진행되며 "웃저고리"가 솔가지에 걸려 벗겨지는 장면을 상세하게 보여준다. 결국 "모오닝코오트"는 예장을 위해서 갖추어 입은 것이었으나 중간에 그 기능을 제대로 수행하지 못하게 되었다. 모오닝코오트는 세속의 의례를 위한 복장이자 사회적 규율과 구속을 상징한다. 모닝코오트에 방점을 찍어 강조한 이유이기도 하다. 따라서 모오닝코오트를 벗기는 "솔가지"와 흰손바닥 같은 "눈"은 현실 세계에서 지켜야 할 사회적인 예식, 장년신사를 구만물 위에서 아래로 투신하도록 만든 형식적이고 사회적인 의무나 책임으로부터 자유롭게 해주고 위로해 주는 존재들이다. 또한 투신과 죽음의 예식을 "대만물상"이라는 공간에 맞게 완성시키는 자연물이기도 하다. 장년신사의 주검을 은폐하는 역할을 담당하고 있는 "눈"은 주검을 "덮어 주곤 주곤 하였다"에서, "주곤"이 2번 사용되어 대만물상에 눈이 내리고 그 위에 다시 눈이 내려 쌓이는 과정이 삼동 동안 반복되면서 속세에서 상처받은 장년신사의 삶이 위로받고 다독여지는 것처럼 보인다. "눈"은 장년신사의 납족이 엎드린 주검을 은폐시켰다가 녹아서 사라진다. "희기가 겹겹히 예장 같이"라는 구절을 보면 겨울의 눈이 모오닝코오트를 대신하는 흰색 예장이었음이 밝혀진다. 정지용의 시에서 "눈"은 혹독한 계절의 상징으로 사용되지 않는다.

등산은 정상을 향해 올라가는 과정과 내려오는 과정, 그리고 산장이나 숙소에서 일정 기간의 체류까지 포함한다. 그러나 정지용의 시에서 하산의 과정을 보여주는 시는 없다. 등산하는 과정에서 육체적 피로를 호소하거나 고산식물이나 동물을 관찰하며 생명의 소중함을 느끼는 내용이 있지만 하산의 과정은 없기 때문에 시 「예장」은 등산 체험을 바탕으로 하되 실제로는 은폐되어 있었던 충동이나 고통스런 감정을 드러낸 시이다. 정지용이 금강산에 갔던 시기에 자신의 심경을 솔직하게 쓴 산문을 보면, 이 당시에 시인 정지용을 느꼈을 고뇌와 책임감의 무게를 짐작케 한다. "모오닝코오트"로 상징되는 책임과 의 무에서 벗어나는 상징적인 죽음은 산의 정상에서 아래로 뛰어내리는 투신의 형태로 표현되었다.

투신의 이미지는 정지용의 바다 시편인 「갑판우」에서 찾아볼 수 있다. 이 때도 역시 투신에 대해 "설마 죽을라구요"(「갑판우」)라며 가벼운 농담을 던지듯이 장난스럽게 표현하고 있다. 시 「예장」에서 투신 후 신체가 바닥에 닿는 순간에 대한 서술도 비현실적인 측면에서 서술되었다. 웃저고리 없이 와이샤쓰 바람에 넥타이가 다칠세라 납족이 엎드린 상태의 죽음은 눈이 겹겹이 쌓여 봄이 올 때까지 주검을 은폐시키며 동시에 부패를 방지한다. 숨을 쉬지 않아야 춥지 않겠다는 주검의 생각이 그대로 시의 문면에 노출되는 것도 죽음에 대해 무겁게 다루지 않고 있다는 점을 알 수 있게 한다. 주로 정지용의 시에서 산은 가을과 겨울을 계절적 배경으로 하고 있다. 고요와 정적, 또는 죽음과도 같은 인고의 시간을 의미한다. 이 시에 "삼동"을 지낸 주검은 봄이 찾아와 은폐의 "눈"이 녹으며 드러나게 된다. 은폐는 죽음을 일정 기간 알려지지 않게 하기 위함이고 은둔은 죽음의 상태와 유사한 상태로 볼 수 있다. 아예 숨을 쉬지 않는 상태는 곧 죽음이지만 이것도 죽음과 은둔 사이의 상태에 대한 상상이라고 볼 수 있겠다.

老主人의 障壁에
無時로 忍冬 삼긴물이 나린다.

자작나무 덩그럭 불이
도로 피여 붉고,

구석에 그늘 지여

무가 순돋아 파릇 하고,

흙냄새 훈훈히 김도 사리다가
바깥 風雪소리에 잠착 하다.

山中에 冊曆도 없이
三冬이 하이얗다.

—「忍冬茶」(『백록담』, 문장사, 1941)

산중에는 눈이 하얗게 쌓이고 바깥에는 겨울바람에 눈 날리는 소리가 들리는 "삼동"은 고립과 은둔의 시간을 의미한다. '산중'이라는 공간도 세속으로부터 멀리 떨어진 곳이고 겨울에 내리는 "눈"은 외부와의 교류를 차단시키는 역할을 한다. 이런 외부 상황에서 노주인은 무시로 인동차를 마시며 "책력"도 없는 시간을 견디고 있다. 계절적인 배경은 존재하지만 구체적인 시간이 무화된 것 같은 공간이다. 그런데 무엇을 위한 은둔의 시간인가. 이 시에서 중요한 것은 겨울을 견딘다는 의미의 "인동"이라는 어휘와, 실제로 겨울의 추위를 이겨낸 강한 생명력을 지닌 인동의 꽃으로 만든 "인동차"를 마시는 행위에 있다. 인동이라는 이름이 주는 희망과 힘이 느껴진다. 이 시에서 바깥은 겨울 눈바람이 불고 추운 삼동 한겨울이지만, 노주인이 인동차를 무시로 마시고 있는 내부의 공간은 "자작나무 덩그럭 불이/도로 피여 붉고", "무가 순돋아 파릇 하고" "흙냄새 훈훈히 김도 서리다가" 하는 따뜻하고 안온하게 봄을 기다릴 수 있는 곳이다.

정지용의 시에서 산에 있는 절이나 산장에서 일정 기간 체류하면서 쓴 것으로 짐작되는 시가 몇 편 있다. 산행의 체험이 담긴 시에서는 산길에서 관찰하게 되는 동식물의 모습과 움직임에 주목하거나 하늘과 햇빛과 바위, 물 등의 자연물에 시선을 두었다면, 산에서 체류하면서 쓴 시는 움직임이 지극히 적고 겨울이라는 외부 상황 또는 하루 중 밤 시간을 견디는 내용이 주를 이룬다. "오오 견디란다 차고 올연히 슬픔도 꿈도 없이 장수산 속 겨울 한밤내—"(「장수산1」)에는 인고의 자세에 대해 잘 표현하고 있다. 정지용에게 등산 체험은 무엇을 남겼을까. 정지용은 산의 풍경을 시로 형상화하면서 마치 산수화를 보고 있는 것 같은 느낌을 표현했다. 정지용이 바다 시편에서 보여주었던 섬세한 감각은 산 시편에서 동양적 정신의 세계와 여백의 미가 느껴지는 '산수시'의 창작을 가능하게 하였다. 시 「비로봉」이나 「옥류동」과 같은 시는 산의 풀과 꽃과 바람과 같은 자연물이 햇빛을 받고 있는 낮의 풍경을 잘 보여준다. 그러나 산 시편에서 자연과 동화되어 주체를 점차 지워 나가거나 여백으로 처리하지 못 하고 현실적인 고뇌를 드러내는 시들은 '밤'의 시간, '겨울'의 추위, '산장' 안의 고립과 같은 시적 배경 속에서 전개되며 산문시의 형태로 씌어졌다.

> 畵具를 메고 山을 疊疊 들어간 후 이내 蹤跡이 杳然하다. 丹楓이 이울고 峯마다 찡그리고 눈이 날고 峯우에 賣店은 덧문 속문이 닫히고 三冬내—열리지 않었다 해를 넘어 봄이 짙도록 눈이 처마와 키가 같었다 大幅 캔바스 우에는 木花송이 같은 한떨기 지난해 흰 구름이 새로 미끄러지고 瀑布소리 차츰 불고 푸른 하늘 되돌아서 오건만 구두와 안ㅅ신이 나란히 노힌채 戀愛가 비린내를 풍기기 시작했다 그날밤 집집 들창마다 夕刊에 비린대가 끼치였다 博多 胎生 수수한 寡婦 흰얼골 이사 淮陽 高城사람들 끼리에도 익었건만 賣店 바깥 主人 된 畵家는 이름조차 없고 松花가루 노랗고 뻑 뻑국 고비 고사

리 고부라지고 호랑나븨 쌍을 지여 훨 훨 靑山을 넘고.

—「호랑나븨」(『백록담』, 문장사, 1941) 전문

겨울 삼동내 첩첩산중의 매점이라는 공간이 설정되어 있고 그동안 행방이 묘연해지는 사람들이 등장한다. 산으로 들어가서 행방을 알 수 없는 사람에 관한 시는 앞에서 살펴본 시 「예장」이 있다. 시의 문면에 직접적으로 표현하지는 않지만 화구를 메고 깊은 산으로 들어간 화가도 장년신사처럼 자살했을 가능성도 있다. 장년신사와 화가는 왜 산으로 들어가서 나오지 않는 것인가. 혹은 죽음을 선택하게 되는 것인가. 그것은 식민지 시대의 지식인이자 시인으로서의 사명과 책임을 충실히 시행하기에는 어려운 시대적 상황에 따른 정지용의 고뇌와 피로가 투영되어 있는 것처럼 보인다.

정지용이 산에서 들은 이야기를 바탕으로 쓴 시일 수도 있고[125] 덧

125 여행지를 배경으로 하여 그곳에 사는 사람들의 이야기나 전해 듣게 된 사연을 쓴 것도 기행시편이라고 할 수 있을 것이다. 백석은 함경도 지방을 여행하면서 시 「팔원」에서 식민지 조선에서 가난하고 고단한 삶을 사는 소녀의 슬픈 이야기를 시로 옮긴 바 있다. 시 「노랑나븨」의 "하카다 태생의 과부"라는 설정에서, 정지용이 하카다 출신으로 짐작되는 여종업원을 만나 외양묘사를 한 산문이 있으나 직접적인 관련성은 없을 것이다. "사투리가 후쿠오카나 하카다 근처에서 온 모양인데 몸이 가늘고 얼굴이 파리하여 심성이 꼬장꼬장한 편이겠으나 호감을 주는 것이 아니요 옷도 만주 추위에 빛갈이 맞지 않는 봄옷이나 가을옷 깉고 듬식 듬식 놓인 불그죽죽한 동백꽃 문의가 훨석 쓸쓸하여 보인다. 어찌 보면 순직하여 보이는 점도 없지않다. 이런데 있는 여자가 손님이 거는 농담이라거나 희학에 함부로 몸짓을 흩으린다든가 생긋 생긋 웃는다든가 하여서는 자기의 체신을 보호라기 어려울것이라고 동정하는 해석을 갖기도 한다"(「화문행각(13) 오룡배 3」, 『문학독본』, 박문출판사, 1948).

문 속문이 닫힌 채 삼동을 나는 매점 공간의 은폐성에 관심을 갖고 죽음과 치정의 이야기를 상상해서 썼을 수도 있다. 다만 정지용의 시에서 인물과 사건이 등장하는 시가 별로 없다는 점이다. "해를 넘어 봄이 짙도록 눈이 처마와 키가 같었다"는 구절에서, 이 시에서도 "눈"은 "연애의 비린내"를 겨울 삼동내 은폐시켜 주는 기능을 담당한다. 아마도 치정살인의 현장이었을 것이다. 신문을 통해 보도가 되고 용의자로 의심 받는 바깥 주인은 이름도 모르고 행방도 알 수 없다. 이 시에서 확실하게 죽은 사람은 "하카타 태생 수수한 과부"이다. 주변의 이웃들도 그녀의 흰얼굴은 잘 알고 있기 때문이다. 그리고 살해자는 화가일 것으로 추정된다. 그러나 혼자서 죽임을 당했는지 아니면 내연의 남자와 같이 발견되었는지는 알 수 없다. "구두와 안ㅅ신이 나란히 놓인채"라는 대목에서는 남녀가 같이 발견되었다고 볼 수도 있다. 그러나 다르게 해석하면 "구두와 안ㅅ신"은 남녀가 한 집에서 살았음을 의미할 수 있고 이때의 남녀는 화가인 바깥 주인과 과부로 둘 사이의 연애가 치정살인으로 끝나고 남자가 매점을 떠나 산 속으로 잠적해 버린 것일 수도 있다. 연애와 살인이라는 사건의 전말에 대해서는 해석이 모호한 부분도 없지 않지만, 삼동내 덧문과 속문이 걸리고 눈이 쌓여 은폐되어 있던 매점 안의 죽음이 이 시에서 가장 중요한 부분이다. 산 속의 겨울이라는 계절적 배경 속에서 삼동내 내리는 "눈"이 죽음을 은폐하고 비린내조차 감추었다.

2) '북방' 시편의 희망과 절망

백석의 시집 『사슴』이 민족 공동체의 회복을 희망하는 시편들로 채워져 있으며 함경도 일대 및 만주 이주 이후의 북방시편들은 뿌리 뽑힌 민중들의 유랑의식을 보여준다는 민족주의적인 입장의 논의가 지배적이었다. 그러나 북방시편을 자세히 읽어보면 북방 시편에서 발견되는 큰 특징은 백석이 스스로 장소를 옮겨 새로운 체험과 감각으로 시 쓰기에 몰두하기 위해 자발적인 여행이고 이주였다는 점이다. 그래서 북방 시편은 낯선 이국 땅에서 느끼는 즐거움과 희망을 엿볼 수 있는 시편들이 다수 있다. 대표적인 시가 「안동」을 비롯한 「수박씨, 호박씨」, 「조당에서」와 같은, 만주에서의 중국인들의 풍물과 음식, 습속에 대한 호기심과 관찰을 보여준 시이다. 그러나 그 이면을 살펴보면, 1940년의 만주에 살고 있는 중국인들을 보면서 과거의 중국인들의 모습을 떠올리고 호명하고 있다는 점을 알 수 있다. 특히 「수박씨, 호박씨」를 보면

어진 사람이 많은 나라에 　와서
어진 사람의 즛을 어진 사람의 마음을 배워서
수박씨 닦은것을 호박씨 닦은것을 입으로 앞니빨로 밝는다

수박씨 호박씨를 입에 넣는 마음은
참으로 철없고 어리석고 게으른 마음이나
이것은 또 참으로 밝고 그윽하고 깊고 무거운 마음이라
이마음안에 아득하니 오랜 세월이 아득하니 오랜 지혜가 또 아득하니 오랜 人情이 깃들인것이다.

—「수박씨, 호박씨」(『인문평론』9호, 1940.6) 부분

마치 이 나라 사람들의 품성이 어질기 때문에 이곳에 와서 '어진

사람'의 뜻과 마음을 배우고 있다는 점을 강조하고 있다. 이 반복 이면에는 이곳에 와서 그렇게 살지 못하는 사람들을 더 많이 보았기 때문이다.[126] 신문과 잡지의 홍보성 기사와 소문을 통해서 알게 된 만주와 실제로 와서 생활해 본 만주는 괴리감이 있을 수밖에 없었다. 따라서 백석의 북방 시편들은 이중성을 띨 수밖에 없는데, 「허준」이나 「촌에서 온 아이」와 같은 비교적 따뜻하고 평화로워 보이는 시에서도 백석은 '시인'의 이름을 나열하며[127] 자신이 여기에 온 이유, 진정한 시인이 되어 위대한 작품을 써 보이겠다는 다짐과, 실제의 현실이 그렇지 못 하다는 데에 심적 갈등을 느끼게 된다.

그동안 북방 시편의 대표작으로 알려지고 많은 연구자들에 의해 분석의 대상이 되어 온 작품은 「북방에서」, 「남신의주유동박시봉방」, 「힌바람벽이있어」의 3편이다. 이 세 편이 북방 시편의 전부가 아닌데에도 작품성이 뛰어나기 때문에 주요 비평의 대상이 되어 왔다. 그래서 백석의 북방 시편을 '유랑'으로 보고 뿌리 뽑힌 민족의 삶을 보여준다고 하였는데 그것은 실제와는 다르다. 백석은 생활의 터전을 잃고 여기저기 흩어져서 사는 삶이 아니라 자신의 운명에 의한 '방랑'[128]으로 보아야 할 것이다. 백석은 초기 시에서부터 '지금 여기'가 아닌 '저 너머를' 상상하고 그런 낭만적 방랑에 기꺼이 따르는 삶을 살았다. 물론 그것은 그가 시를 쓰는 원동력이 되었다. 그리고 이것은

126 백석, 「조선인과 요설」, 『백석 문학전집2·산문』, 서정시학, 2012.

127 김진희, 「시인 존재론의 탐구에서 동화시에 이르는 길-백석의 후기시를 중심으로」, 『한국시학연구』제34호, 한국시학회, 2012.8.

128 이숭원, 「백석의 시와 거주 공간의 관련 양상」, 『한국시학연구』제9호, 한국시학회, 2003.11.

그가 토마스 하디의 『테스』의 번역을 마칠 무렵 만주로 가게 된 것과 무관하지 않다. 『테스』는 순결한 여인이 운명에 의해 자신의 고향을 떠나 방랑하게 되는 이야기를 담고 있다. 백석은 만주로 이주한 이후 1941년부터 본격적으로 러시아 소설을 비롯하여 소설 번역에 매진하게 된다.

나는 支那 사람들과 가치 목욕을 한다
무슨 殷이며 商이며 越이며 하는 나라사람들의 후손들과 가치
한물통안에 들어 목욕을 한다
서로 나라가 달은 사람인데
다들 쪽발가벗고 가치 물에 몸을 녹히고 있는것은
대대로 조상도 서로 모르고 말도 제각금 틀리고 먹고입는것도 모도 달
은데
이렇게 발가들벗고 한물에 몸을 씿는것은
생각하면 쓸쓸한 일이다
이 딴나라사람들이 모두 니마들이 번번하니 넓고 눈은 컴컴하니 흐리고
그리고 길즛한 다리에 모두 민숭민숭 하니 다리털이 없는것이
이것이 나는 웨 작고 슬퍼지는 것일까
그런데 저기 나무판장에 반쯤 나가누어서
나주볕을 한없이 바라보며 혼자 무엇을 즐기는듯한 목이긴 사람은
陶淵明 같은 저러한 사람이였을것이고
또 여기 더운 물에 뛰어들며
무슨 물새처럼 악악 소리를 질으는 삐삐 파리한 사람은

楊子라는 사람은 아모래도 이와같었을것만 같다
나는 시방 녯날 晋이라는 나라나 衛라는 나라에 와서
내가 좋아하는 사람들을 맞나는것만 같다
이리하야 어쩐지 내마음은 갑자기 반가워지나
그러나 나는 조금 무서웁고 외로워진다
그런데 참으로 그 殷이며 商이며 越이며 衛며 晋이며하는나라 사람들
의 이 후손들은
얼마나 마음이 한가하고 게으른가
더운물에 몸을 불키거나 때를 밀거나 하는것도 잊어벌이고
제 배꼽을 들여다 보거나 남의 낯을 처다 보거나 하는것인데
이러면서 그 무슨 제비의 춤이라는 燕巢湯이 맛도있는것과
또 어늬바루 새악씨가 곱기도한것 같은것을 생각하는것일것인데
나는 이렇게 한가하고 게으르고 그러면서 목숨이라든가 人生이라든
가 하는것을 정말 사랑할줄아는
그 오래고 깊은 마음들이 참으로 좋고 우럴어진다
그러나 나라가 서로 달은 사람들이
글세 어린 아이들도 아닌데 쪽발가벗고 있는것은
어쩐지 조금 우스웁기도하다

—「澧塘에서」(『인문평론』16호, 1941.4) 전문

백석이 북방에 와서 발견하고자 한 것은 "이렇게 한가하고 게으르고 그러면서도 목숨이라든가 인생이라든가 하는 것을 정말 사랑할 줄 아는" 사람들이 사는 곳에 와서 그들과 함께 어울려서 공동체를

형성하고 즐겁게 사는 것이었다. 이 시에서는 목욕탕에서 서로 나라가 다른 사람들이 말도 통하지도 않고 서로 먹고 입는 것도 다르지만 더운 물 안에 몸을 담그고 목욕을 한다. 옷을 다 벗고 목욕을 하는 순간만큼은 서로 다를 것도 없는 평범한 사람들일 뿐이다. 지금 여기에 있는 이 사람들은 모두 "지나 사람들"이지만 과거에는 이들도 서로 "은", "상", "월"로 국경이 나뉘어져서 서로 다른 나라 사람들이었다. 지금 식민지 조선인으로 백석이 여기 만주에 와 있지만 국경은 권력자들에 의해 분리된 것이지 사람들이 어울려 살아가는 데에 중요한 가치는 국적이 아니다. 백석이 바라는 공동체는 이런 화해롭고 평등한 세상이었다. 국적이나 인종, 문화가 다른 것은 함께 살아가는 데 있어서 문제가 되지 않는다고 생각했다. 중요한 것은 인생에서 중요한 가치를 공유할 수 있는가가 백석에게는 중요한 기준이었다.

그러나 발가벗고 한물에 몸을 씻는 것은 어쩐지 "생각하면 쓸쓸한 일"이라고 토로한다. "생각"은 북방 시편에서 사용되기 시작한 어휘로서 백석의 시에서 매우 중요한 지점에 놓여 있는 시어이다. 백석의 이전 시에서는 누군가를 떠올리거나 생각하거나 그리워하더라도 서술어 "생각한다"를 직접적으로 쓰지는 않았다. 생각과 더불어 "마음" 역시 북방 시편에서 빈번하게 사용되는 시어이다. "생각"과 "마음"은 유사하면서도 다르다. 예를 들어, "나는 문득 가슴에 뜨거운 것을 느끼며/소수림왕을 생각한다 광개토대왕을 생각한다"(「북신」)에서, 생각하기 전에 "가슴에 뜨거운 것"을 느끼는 것이 선행되고 있다. 북방은 백석으로 하여금 즐겁고 행복한 기억보다는 "뜨거운 것"을 느끼게 하는 경험으로 더 강렬하게 다가왔고, 떠오르는 생각들을 혼잣말하듯이 고백하듯이 유장하게 서술하고 있는 장문의 시들을 북방에서 쓰게 된다.

이 시에서도 백석은 목욕탕에서 "지나 사람들"과 목욕을 같이 하며 생각한다. 생각을 하게 되면 이어서 드는 감정이 쓸쓸함이다. 이것은 백석의 다른 시에서도 비슷하게 전개된다. 목욕탕에 모여 벌거벗고 목욕을 하는 일은 특별할 것 없는 일상이다. 목욕탕이라는 공간은 감출 것 없이 자신을 전부 노출할 수밖에 없는 장소이고 그것은 타인의 경우도 마찬가지이다. 목욕탕에서의 만남은 서로 간에 옷을 다 벗고 꾸밈없이 만나고 있지만 그것은 외양의 걸치레를 벗은 것뿐이고 몸을 씻기 위해서 벌거벗은 것이다. 식민지 조선을 떠나 만주로 이주했던 백석에게 이상과 현실의 괴리는 좀처럼 좁혀지지 않았고 이런 상황에서 백석은 생각에 생각을 거듭하는 시를 남겼다. 이 시에서도 "쓸쓸한 일"이라고 생각한 것을 전환시키기 위해 목욕탕 안의 사람들의 외양이나 행동을 유심히 관찰한다. 그리고 그 사람들을 자신이 좋아했던 당나라 시인 "도연명"이나 "양자"로 대체시키며 잠시 즐거워한다. 그러나 곧 "조금 무섭고" 외로워지는 감정을 느낀다. 이상과 현실의 괴리 때문이다. 지금 목욕탕에 있는 "지나 사람들"을 보면서 "한가하고 게으르고 그러면서도 목숨이라든가 인생이라든가 하는것을 정말 사랑할줄아는/그 오래고 깊은 마음들"이 좋다고 마음을 바꾸며 목욕탕에서 벌거벗고 있는 것은 "어쩐지 우스웁기도" 하다고 시를 끝맺는다.

이 시에서는 '목욕하는 사람들'이라는 소재가 새롭고 흥미를 유발하지만 그 내용을 살펴보면 쓸쓸하고 무섭고 외롭고 좋고 우스운 감정들이 복합적으로 섞여 있다. 백석이 북방에 와서 생활하면서 경험하게 되는 것은 실제와는 달랐다. 그러나 북방의 땅에서 살았던 사람들의 역사와 삶을 생각하면서 이곳에서 그는 새로운 이상향을 찾고자 노력하였다.

오늘은 正月보름이다
대보름 명절인데
나는 멀리 고향을 나서 남의나라 쓸쓸한 객고에 있는 신세로다
녯날 杜甫나 李白같은 이나라의 詩人도
먼 타관에 나서 이날을 맞은일이 있었을것이다
오늘 고향의 내집에 있는다면
새옷을입고 새신도 신고 떡과 고기도 억병 먹고
일가친척들과 서로 몿여 즐거이 웃음으로 지날것이였만
나는 오늘 때묻은 입듯옷에 마른물고기 한토막으로
혼자 외로히 앉어 이것저것 쓸쓸한 생각을하는것이다

… (중략) …

그들이 아득하니 슬펐듯이
나도 떡국을 노코 아득하니 슬플것이로다
아, 이 正月대보름 명절인데
거리에는 오독독이 탕탕 터지고 胡弓소리 뺄뺄높아서
내쓸쓸한 마음엔 작고 이 나라의 녯詩人들이 그들의 쓸쓸한 마음들이 생각난다
내 쓸쓸한 마음은 아마 杜甫나 李白같은 사람들의 마음인지도 모를것이다
아모려나 이것은 녯투의 쓸쓸한 마음이다

—「杜甫나李白같이」(『인문평론』16호, 1941.4) 부분

이 시에서도 화자는 "쓸쓸한 마음"을 토로하고 있다. 시 전문에서는 형용사 "쓸쓸한"이 7번 사용되었고 "쓸쓸한"의 수식을 받는 명사는 "생각"과 "마음", 그리고 "객고"이다. '쓸쓸하다'는 형용사의 사용 빈도수만 보더라도 이 시 전체를 관통하는 화자의 감정이 쓸쓸함이고 이것을 어떻게 표현하고 마음의 위안을 얻게 되는지에 대해 시상이 전개되고 있다. 그리고 "나는 떡국을 노코 아득하니 슬플것이로다"로 이어지는 부분에서, 현재의 쓸쓸한 마음이 더해서 미래의 시간에도 "아득한 슬픔" 속에 지내게 될 것이다. 따라서 북방 시편은 외롭고 쓸쓸하고 슬픈 감정의 표현이 더욱 심화되는 방향으로 전개된다. 화자는 명절날 타지에 머물며 명절 음식을 맛보지 못 하고 친척들과 즐거운 시간을 보내지 못 하고 "혼자 외로이 앉어 이것저것 쓸쓸한 생각"을 하면서 보내고 있다. "때묻은 옷과 마른물고기 한토막"으로 정월대보름 명절을 맞고 있는 자신의 쓸쓸함을 위로하기 위한 방법으로 당나라 시인 "두보"와 "이백"을 떠올린다. 그들이 과거 고향을 떠나 객지를 떠돌던 시절에 맞았을 명절을 상상해 보며 그들의 처지와 자신의 처지가 크게 다르지 않다고 생각하며 스스로를 위로한다.

앞의 시에서 "도연명"과 "양자"를, 그리고 이 시에서는 "두보"와 "이백"을 호명하며 자신이 현재 머물고 있는 지역이 과거에 그들이 살았던 땅이고, 지금 살고 있는 사람들은 그들의 후손들임을 스스로에게 각인시키려 하지만 현실과 이상의 괴리는 여전히 좁혀지지 않는다. "생각"으로 현실의 문제를 타개하거나 타협할 수는 없었을 것이다. 북방에 와서 하는 생각의 끝에는 해결책이 제시되는 것이 아니라 자신의 쓸쓸하거나 슬픈 마음이 더 강해지고 거기에 더 깊숙하게 빠져들 뿐이었다. 과거의 위대했던 시인은 현재의 삶을 살고 있는 화자의 복잡한 심경에 도움을 줄 수 없다. 물론 화자 자신도 "아모려나 이것은 넷투의 쓸쓸한 마음"이라고 토로하고 있지만 화자가 이상적인 존재로 우러르고 있는 과거의 시인들은 현재 여기에 없다. 시 「북방에서」의 마지막 부분에서, "그리운것은 사랑하는것은 우럴으는것은 나의 자랑은 나의 힘은 없다 바람과 물과 세월과 같이 지나가고 없다"는 자기 고백에 다다르게 된다.

2. 기행 시편과 시인의 정체성 확립

정지용과 백석이 1940년 전후에 쓴 기행시편은 이전의 시들과는 다르다. 여행 체험을 바탕으로 하더라도 정지용은 대상을 바라보는 감각의 세계에 몰두해 있었다. 기차나 기선을 타고 가는 여행에서도 대상의 본질을 파악하기 위해 감각적인 언어 구사에 집중하고 있었다. 그러나 산행 체험을 기점으로 대상 자체를 장악하기 위한 기교보다는 대상에 다가가는 방법을 다르게 구사하기 시작했다. 감각에서 정신으로 옮겨간 것이다. 백석은 초기 시에서 보여주던 낭만적 방랑의 세계에 머물지 않고 현재가 아니라 저 너머에 존재하는 것에 시선을 두고 다가가려고 노력했다. 그 과정에서 가족과 친척 단위의 공동체 의식에서 확대되어 낯선 지녁에 사는 사람들의 생업과 마음에 관심을 갖게 된다. 북방 시편에는 방랑의 과정에서 자신이 누구인가를 찾고자 하는 물음을 향해 가는 백석의 고뇌와 쓸쓸한 마음을 읽어낼 수 있다.

1) '산수' 공간의 수직적 지향

정지용의 후기시는 '산'을 중심으로 전개된다. 이것은 실제의 등산 체험을 바탕으로 산의 정상까지 올라간 체험, 산골짜기를 옮겨 다닌 체험 등을 토대로 하여 쓰였다. 정지용은 산문에서 『백록담』을 쓰고 있을 당시의 상황을 회상하며 정신적으로 피로한 시기였다고 밝힌 바 있다.

정지용의 정신에는 수직성을 지향하는 면이 있다. 시 「백록담」에서도 공간적으로 본다면 수직적으로 꽃밭에서 별들이 있는 곳까지, 수평적으로는 함경도 끝에서 제주도까지의 평면적 영역을 차지하고 있다.[129] 산은 입체적인 공간이다. 해수면에서 해저를 향해 다이빙을 하는 수직성과 「예장」에서 구만물의 꼭대기에서 "모오닝코오트"의 예장을 갖추어 입고 떨어져 내리는 장년신사의 모습 등에서는 수직 하강의 모습을 찾아볼 수 있다. 그리고 한편으로는 온 몸의 신체감각을 일깨우며 등산을 하여 지평선으로부터 일정 고도로 꾸준히 올라가는 수직성을 들 수 있다. 정지용이 추구했던 정신을 단지 상승만을 의미하는 것으로만 보는 것은 한 면만을 보는 것이다. 수직과 하강, 그리고 정지하는 그 사이에서 정신의 측면을 살펴볼 수 있다. 정지용은 구체적인 조선의 산을 통해 자신이 극복해야 할 현실과 마주했다. 산의 위엄과 높이를 통해 극기와 인내 등 동양적 정신에 도달하고자 한 것이다.

---

129 최동호, 「정지용의 「장수산」과 「백록담」」, 『정지용시와 비평의 고고학』, 서정시학, 2013, 139쪽.

伐木丁丁 이랬거니 아람도리 큰솔이 베혀짐즉도 하이 골이 울어 멩아리 소리 쩌르렁 돌아옴즉도 하이 다람쥐도 좇지 않고 뫼ㅅ새도 울지 않어 깊은산 고요가 차라리 뼈를 저리우는데 눈과 밤이 조히보담 희고녀! 달도 보름을 기달려 흰 뜻은 한밤 이골을 걸음이란다? 웃절 중이 여섯 판에 여섯번 지고 웃고 올라 간뒤 조찰히 늙은 사나히의 남긴 내음새를 줏는다? 시름은 바람도 일지 않는 고요에 심히 흔들리우노니 오오 견듸랸다 차고 兀然히 슬픔도 꿈도 없이 長壽山 속 겨울 한밤내

—「長壽山1」(『백록담』, 문장사,1941) 전문

이 시는 화자가 장수산에서 겨울을 홀로 보내고 있는 시이다. 아름드리 큰 솔이 베어진다면 골이 울어 "멩아리 소리"가 쩌르렁하고 돌아올 것 같은 깊은 골에서 겨울을 나고 있는 화자를 찾아오는 것은, 한밤에는 달이고 낮에는 웃절 중뿐이다. 매우 조용하고 소박한 산 속의 일상이 이어진다. 이 시를 지배하는 정조는 뼈를 저리우는 "고요"이다. 눈이 내린 가지가 부러지는 소리가 들릴 법도 하지만 이 골에서 고요를 깨뜨리는 소리를 내는 것은 아무것도 없다. 보름의 흰 달빛이 비추어도 이 골을 걷는 발자국 소리는 어디에서도 들리지 않는다. 웃절 중은 시름이나 번뇌에서는 벗어난 존재로 제시된다. 화자와 여섯 번 둔 바둑에서 여섯 번을 모두 져주고 웃으며 절로 올라가 버리는 탈속의 존재이다. 화자는 "늙은 사나히"가 바둑을 두면서 잠시 머물렀던 흔적을 "내음새"에서 찾고 있다. 바람에 흩어지지 않고 남아 있는 "내음새"를 후각으로 쫓던 화자는 내음새가 흩어진 자리에서 "시름"은 자신 안에서 계속 흔들리고 있음을 감지한다. 화자에게 이 "골"은 잠들지 못하고 눈물 흘리는 것도 허용하지 않은 채 오로지 고요

속에서 자신의 "시름"이 정면으로 마주보고 견디어내는 공간이다.

…(상략)…

3

白樺 옆에서 白樺가 髑髏가 되기까지 산다. 내가 죽어 白樺처럼 흴것이 숭없지 않다.

4

鬼神도 쓸쓸하여 살지 않는 한모롱이, 도체비꽃이 낮에도 혼자 무서워 파랗게 질린다.

5

바야흐로 海拔六千呎우에서 마소가 사람을 대수롭게 아니녀기고 산다. 말이 말끼리 소가 소끼리, 망아지가 어미소를 송아지가 어미말을 따르다가 이내 헤여진다.

…(중략)…

9

가재도 긔지 않는 白鹿潭 푸른 물에 하늘이 돈다. 不具에 가깝도록 고단한 나의 다리를 돌아 소가 갔다. 쫓겨온 실구름 一抹에도 白鹿潭은 흐리운다. 나의 얼골에 한나잘 포긴 白鹿潭은 쓸쓸하다. 나는 깨다 졸다 祈禱조차 잊었더니라.

—「白鹿潭」(『백록담』, 문장사, 1941) 부분

한라산 등반이 정신적인 상승도 내포한다는 것은 단지 고결한 정신만을 추구하고 있기 때문은 아닐 것이다. 육체적 피로를 느끼는 과정에서 살아있음의 감각이 선명해지고, 높이에 따라 달라지는 식생의 분포에서 식물과 동물의 생태를 관찰하고 그 속에서 삶과 죽음에 대한 사색이나, 자연과 어울리며 인간과 식물과 동물의 경계가 구분되지 않는 순수하고 평화로운 공간을 순차적으로 발견하는 과정이 산행 체험에 포함되어 있다. 한라산의 "海拔六天呎우"가 또다른 경계선으로 제시된다. "마소가 사람을 대수롭게 아니녀기고 산다"에서는 동물과 사람의 관계가 역전된 것 같지만 사실 평화로운 공존의 공감임을 제시하는 표현이다. 동물 사이에서도 "망아지가 어미소를 송아지가 어미말을 따르"는 것이 이상할 것이 없는 장소이다. "고비 고사리 더덕순 도라지꽃 취 삭갓나물 대풀 석이" 등의 고산식물이 산길에 가득하고 화자가 이것들을 자세히 들여다보다가 잠이 들고 깨고 "궁둥이에 꽃물 익여 붙인채로" 있는 공간인 것이다. 여기까지 다다르기 위해서는 등반에 따르는 육체적인 고통이 수반된다. 살이 붓고 다리는 "불구에 가깝도록" 고단하다. 이 시에는 유독 화자 "나"의 노출이 빈번하다. 화자가 등반의 전과정에 걸쳐 느낀 육체의 고통이나 심정적 고백을 "나"를 통해 직접 토로한다. 시에서 인용해 보면, "나는 여긔서 기진했다", "내가 죽어 백화처럼 흴것이 숭없지 않다", "우리 새끼들도 毛色이 다른 어미한틔 맡길것을 나는 울었다", "나는 길을 잘못 들었다가 다시 측넌출 긔여간 흰돌바기 고부랑길로 나섰다", "불구에 가깝도록 고단한 나의 다리를 돌아 소가 갔다", "나의 얼골에 한나잘 포긴 백록담은 쓸쓸하다", "나는 깨다 졸다 기도초자 잊어더니라"에서 "나"는 7번 등장한다. 특히 마지막 연에서 많이 등장하는데 이때에는 "나의 다리", "나의 얼골"이라고 소유격을 사용하여 자신의 신체 부분을 강조하고 있다.

한라산 정상에서 화자는 오로지 자기 자신과 대면한다. "백록담 푸른 물"을 들여다보는 행동은 수행과 고행 끝에 올리는 기도와도 같은 것이다. 지상의 현실 세계에서 살아온 나의 얼굴이 한라산 정상의 백록담에 "포긴" 순간, 현실과 이상 사이의 거리가 좁혀지고 서로 조우하게 된다. 그러나 "쫓겨온 구름 일말"에 백록담이 흐려진다는 표현과 "나의 얼굴"에 한나절 포긴 백록담이 쓸쓸하다는 것은 화자의 내면 고백으로 보아야 할 것이다. "쫓겨온 구름 일말"에는 식민지 현실의 시인으로서 친일도 배일도 하지 못 하고 괴로워하는 자신의 모습이 투영되어 있다. "쓸쓸하다"는 것은 화자의 정서인데 주어를 "나"로 하지 않고 백록담을 주어로 대체시켜 자신의 감정을 투영시키고 있다.

이 시는 "한라산 등반 기록이면서 동시에 정신적인 상승에 대한 상징을 내포하고 있다"[130] 1에서붙터 "절정"에 가까이 다가가는 화자의 산행 체험으로 시작하고 있으며 "절정"에는 백록담이 존재한다. 시의 구성을 살펴보면, 숫자 1에서부터 8까지는 백록담을 향한 고단한 산행의 과정을 보여주며 9에서 한라산 정상의 백록담에 도달하게 된다. "백록담"을 비롯해 "제주"와 "서귀포"가 지명으로 시에 등장하고 지리적으로 먼 "함경도"도 호명되는 데 반해 '한라산'은 한 번도 등장하지 않는다. 화자가 한라산 속에 있기 때문에 오히려 한라산은 시어로 불필요해 보일 수도 있겠지만 제목에서 알 수 있듯이 이 시에서 중요한 것은 절정의 장소에 존재하는 높고 쓸쓸하고 맑고 푸른

---

130 김우창, 「한국시와 형이상」, 『궁핍한 시대의 시인』, 민음사, 2007.

호수를 찾아가는 긴 여정을 보여주는 것이다.

2) '북방' 공간의 수평적 지향

백석은 북방으로 이주한 이후 2년 동안 10여 편이 넘는 시를 국내 잡지에 발표하며 활발한 시작 활동을 해 나간다. 그러다가 백석은 시를 쓰지 못 하고 남한으로 내려오지도 않은 채 「남신의주 유동 박시봉방」을 마지막으로 남한에서의 문단 활동은 종지부를 찍게 된다. 백석을 평북 정주에서부터 일본의 도쿄와 이즈반도를 거쳐, 국내의 통영을 비롯한 남해안 일대와 함경도 및 북쪽 지방, 그리고 만주의 북방까지 가게 한 근원에는 태생적으로 내재되어 있는 방랑벽의 영향이 컸을 것이다. 그리고 그 근원에는 '시인'이 되고자 했던 열망이 자리 잡고 있었다. 통영에 갔을 때에는 사랑하는 여인을 만나러 가는 낭만적 여행길이 되기도 하였고 함경도와 평안도 일대는 함흥고보의 수학여행이 동기가 되었다. 그러나 일본 유학시절 이즈반도로의 여행이나 1940년 만주로의 이주는 문학적 공간을 상정해 놓고 문학적 환상을 실현하기 위해 과감하게 실행한 여행일 가능성이 매우 높다. 백석을 매료시켰던 많은 이유 중의 하나가 「북방에서」에 나와 있다.

> 이 때 나는 내 뜻이며 힘으로, 나를 이끌어 가는 것이 힘든 일인 것을
> 생각하고,
> 이것들보다 더 크고, 높은 것이 있어서, 나를 마음대로 굴려 가는 것을
> 생각하는 것인데,

내 어지러운 마음에는 슬픔이며, 한탄이며, 가라앉을 것은 차츰 앙금
이 되어 가라앉고,
외로운 생각만이 드는 때 쯤 해서는,
더러 나줏손에 쌀랑쌀랑 싸락눈이 와서 문창을 치기도 하는 때도 있는데,
나는 이런 저녁에는 화로를 더욱 다가 끼며, 무릎을 꿇어 보며,
어니 먼 산 뒷옆에 바우 섶에 따로 외로이 서서,
어두어 오는데 하이야니 눈을 맞을, 그 마른 잎새에는,
쌀랑쌀랑 소리도 나며 눈을 맞을,
그 드물다는 굳고 정갈한 갈매나무라는 나무를 생각하는 것이었다.

—「南新義州 柳洞 朴時逢方」(『학풍』 제1권1호, 1948.10) 부분

고형진은 이 시에 대해 "객지에서 자신의 지난 생애를 응시하며 삶의 운명과 자세에 대해 성찰"[131]하는 태도를 보인다고 지적한 것처럼, 이 시에서 중요한 부분은 자신의 운명을 받아들이는 자세이다. 백석은 북방 지역을 여행하고 만주로 이주해서도 여러 번 직업과 거주 지역을 옮겨 다녔다. 자신의 방랑벽이 자신의 뜻이나 자기 스스로의 힘이라고 생각하지 않게 되었다. 백석이 기차를 소재한 초기 시를 보면, 「한남도안」에서는 기차의 플랫폼 안에서 "들죽이 한 불 새까마니 익어가는 망연한 벌판"(「한남도안」)을 지나서 있는 호수를 생각한다. 또, 「광원」에서는 이제 막 부설되어 운행하고 있는 경편철도가

131 고형진, 『백석 시 바로 읽기』, 현대문학, 2006.

벌판을 지나가는 것을 바라보며 "멀리 바다가뵈이는/가정거장도없는 벌판"(「광원」)이라고 표현하면서, 멀리 바다가 보이는 곳에 시선을 두고 있다. Ⅱ-2)에서 밝힌 것처럼 백석은 여기가 아닌 더 먼 곳에 시선을 두고 더 크고 귀한 것을 찾고 거기에 도달하기를 희망했다. 이것은 백석의 기행시편 전체를 아우르는 방랑의 근원을 형성하기도 한다. 그리고 이 시 「남신의주 유동 박시봉방」에 이르러, 벌판을 가로지르며 수평적으로 이동하여 더 먼 곳으로 가는 기차에 시선을 두었던 자신의 운명에 대해 자각하게 된다. "더 크고 높은 것이 있어서, 나를 마음대로 굴려가는 것"이 바로 북방의 넓은 벌판을 향해 방랑하게 한 힘이었음을 깨닫게 된다. 백석이 자신의 운명, 자신의 "어지러운 마음에 슬픔이며 한탄이며 가라앉을 것"에 대해 겸허하게 받아들이게 된다. 마지막 부분에 "그 드물다는 굳고 정갈한 갈매나무"를 생각하는 것에 이르면, 이전의 시와는 다르게 자신의 처지를 두보나 이백에 빗대거나 의지하지 않고 스스로 극복하려는 의지가 드러난다. 백석이 북방에서 두보나 이백, 도연명의 이름을 부르며 객지에서 외롭고 쓸쓸한 자신의 마음을 위로하려 노력하지만 결국 복잡한 심경을 견디기 힘들어 하였다. 결국 현실과 이상의 괴리에서 시인으로서의 자기 정체성은 과거의 위대한 시인들을 쫓아가는 것이 아니라 자신의 운명을 깨닫고 받아들이는 것에서 찾아야 할 것이다.

> 아득한 녯날에 나는 떠났다
> 夫餘를 肅愼을 渤海를 女眞을 遼를 金을,
> 興安嶺을 陰山을 아무우르를 숭가리를,
> 범과 사슴과 너구리를 배반하고

송어와 메기와 개구리를 속이고 나는 떠났다.

…(중략)…

그동안 돌비는 깨어지고 많은 은금보화는 땅에 묻히고 가마귀도 긴 족보를 이루었는데
이리하야 또 아득한 새 녯날이 비롯하는 때
이제는 참으로 익이지못할 슬픔과 시름에 쫓겨
나는 나의 녯 한울로 땅으로—나의 胎盤으로 돌아왔으나

이미 해는 늙고 달은 파리하고 바람은 미치고 보래구름만 혼자 넋없이 떠도는데

아, 나의 조상은 형제는 일가친척은 정다운 이웃은 그리운것은 사랑하는것은 우럴으는것은 나의 자랑은 나의 힘은 없다 바람과 물과 세월과 같이 지나가고 없다.

—「北方에서」(『文章』2권6호, 1940.7) 부분

이 한 편의 시에는 백석이 어디에서 출발했든지 상관없이 '아득한 녯날에' 내가 떠났던 여행의 모든 출발의 서사가 다 담겨 있다. 이별의 장면에서 모두와 다정하게 때로는 섭섭하게 인사를 나누고 떠났지만 결국 무수한 길을 다 걷고 걸어서 도착한 곳은 "나의 태반으로 돌아"오는 것이다. 백석이 북한에 남은 것에 관하여 러시아 소설의 번역을 비롯하여 북방의 개방적이고 광활한 대륙에 대한 매혹이라고 보는 관점도 일견 타당한 부분이 있다.[132] 백석이 다녀왔던 일련의 여행과 그 연장선상에서의 만주 이주는 백석의 운명과 연관 짓는 방랑,

그리고 자신을 소진해 버려서 "그리운것은 사랑하는것은 우럴으는것은 나의 자랑은 없다 나의 힘은 없다 바람과 물과 세월과 같이 지나가고 없다"는 것을 두 눈과 두 다리로 보고 느끼는 것에서 백석 시의 출발과 끝이 있다. 그에게는 헤매고 방랑해야 할 수평의 공간이 필요했던 것이다.

132 방민호, 「숄로호프 번역 전후-장편소설 『고요한 돈강』1,2(1949, 1950)번역을 중심으로」, 『서정시학』, 2012.

05 여행을 통한 인식의 확장

이 논문은 여행의 시대가 본격적으로 개막한 1930년대의 대표적인 시인 정지용과 백석의 여행 방식과 여행 경로를 살펴보고 여행 체험과 감각이 그들의 기행시편과 기행산문에 부여한 시적 개성을 고찰하여 시인으로서의 정체성을 확립해 나가는 과정을 면밀하게 연구하였다.

20대 초반의 정지용과 백석에게 일본 유학은 근대적인 문물을 학습하고 다양하게 경험하는 일련의 과정이었으며 유학길에서 탑승한 기차와 기선은 근대적 여행을 인식하는 통로가 되었다. 근대적인 의미의 여행이 가능해진 것은 철도의 부설과 관련이 깊다. 기차에 대한 인식은 기차를 대상으로 외부에서 바라볼 때의 시선과 기차에 탑승했을 때 승객으로서 공간을 체험하는 감각으로 나뉜다. 정지용은 기차의 속도에서 슬픔이나 사랑 같은 감정을 투영하여 청춘의 우울과 불안을 토로하였다. 사랑, 또는 실연의 감정에서 유발된 슬픔이 기차를 움직이고 속도를 높이는 원동력이라고 보았다. 백석에게 기차의 이미지는 벌판과 결합되어 제시되는데 벌판을 직선으로 가로지르는 철도는 새로운 세상으로 가는 방향을 제시하는 화살표와 같은 것이었다. 지금 여기가 아니라 항상 그 너머에 도달하기를 희망하는 백석에게 기차는 이를 실현시키는 수단이었다. 이것은 백석의 기행시편 전체를 아우르는 방랑의 근원을 형성한다. 따라서 기차가 잠시 정차하는 순간의 정거장이 시의 배경으로 포착되었다.

정지용의 초기 시에서 바다 시편은 상당히 중요한 위치를 차지한다. 정지용은 일련의 바다 시편을 통해 바다 그 자체에 대해서 고민했으며 자신이 보고 느끼고 체험한 바다를 시화하는 데 노력했지만 그의 시선에 포착된 바다는 달아나기에 급급하고 수면 아래의 깊은 공간에 대한 탐색을 허락하지 않았다. 기선의 여행자인 화자는 바다를 내려다보며 투신 충동에 사로잡힌 듯한 행동을 시 속에서 취하기도 하는데 바다 전체를 조망하고자 하는 그의 탐구 욕망은 이후 등산 체험을 바탕으로 한 '산 시편'에서 대상과 주체의 거리가 좁혀지면서 극복된다. 백석의 바다는 항구 도시를 배경으로 그곳에 살고 있는 어촌 사람들의 삶과 그들에 대한 연민, 그리고 사랑하는 이를 떠올리는 공간이었다. 일본의 이즈반도에서는 가키사키를, 국내에서는 경상남도의 통영과 함경남도 홍원군 삼호가 구체적인 지명으로 제시되며, 특히 통영을 제목으로 한 시는 3편이 있다. 백석은 바다를 대상으로 인식하기보다는 바닷가에 살고 있는 사람들의 생활 터전으로 바라보았으며 이처럼 사람들의 생업과 마음에 관한 관심은 북방으로 방랑이 이어지면서 과거와 역사에 대한 인식으로 이어진다.

1930년대 중후반의 정지용은 금강산, 장수산, 한라산을 등반하며 감각에서 정신으로의 전이가 진행되는 과정을 유추할 수 있는 '산 시편'을 발표하였다. 기차와 기선에 탑승하여 이동하는 여행과는 달리,

험한 산길을 도보로 올라가며 느끼는 피로감은 감각에 집중되었던 시가 산 속의 자연물과 교감하면서 자신의 존재를 천천히 지워가게 되고 산의 고요와 정신의 깊이를 체득하게 된다. 좁고 험난한 산길과 싶은 골을 걸어가면서 공간을 느린 속도로 관찰하고 사색하는 과정에서 산출된 결과이다. 백석은 '길/거리/'를 소재로 쓴 시가 상당수 있으며 시각을 비롯하여 후각, 청각, 촉각의 감각이 길을 향해 열려 있다. '길/거리'는 사람과 동물의 경계가 사라지는 동심의 세계이다. 장이 서면 장거리가 되어 사람들과 물건을 구경하는 흥겨운 장터가 되고, 산으로 이어지는 산골거리에서는 산골 사람들의 생업과 마음을 보면서 길 위의 낭만적 방랑과 자유가 공동체의 삶에 대한 자각으로 바뀐다.

1940년 전후의 시편은 여행 체험을 통해 시적 개성을 확립하고 시인으로서의 정체성을 확립해 나가는 과정으로 볼 수 있다. 금강산에 갔던 시기에 정지용은 지식인 시인으로서 현실적 고뇌와 책임감의 무게에 힘겨워하고 있었다. 산 시편 중에는 눈 덮이고 고립된 산중에서 죽음이나 행방불명, 은둔과 같은 욕망이 은폐되었다가 봄이 되어 세상에 드러나는 「예장」, 「호랑나븨」, 「인동차」와 같은 시가 있는데 이것은 산수시에 담겨 있는 정신의 추구와는 달리, 복합적인 인간의 감정이 드러나 있다. 삼동 겨울 동안 하얗게 눈 덮인 깊은 산 속의 고립된 상황에서 촉발된 것이다. 백석은 지금 여기가 아닌 저 너머를 상상하는 낭만적 방랑에 기꺼이 따르는 삶에서 북방까지 왔으나 이곳 역시 자신이 생각했던 장소는 아니었다. 현실과 이상의 괴리 사이에서 백석은 두보, 이백, 도연명 등의 시인들과 자신의 처지를 빗대어 위로하려 하지만 쓸쓸하고 슬픈 감정은 더 깊어질 뿐 극복하기 어려웠다. 이러한 갈등 속에서, 정지용이 추구했던 정신을 단지 상승만을 의미하는 것으로만 보는 것은 한 면만을 보는 것이다. 수직과 하강, 그리고 정지하는 그 사이에서 정신의 측면을 살펴볼 수 있다. 근대의 길항과 전항 사이의 긴장 속에서 정지용은 구체적인 조선의 산을 통해 자신이 극복해야 할 현실과 마주했다. 산의 위엄과 높이를 통해 극기와 인내 등 동양적 정신에 도달하고자 한 것이다. 백석은 식민지 조선과 일본, 그리고 만주까지 수평적 이동을 계속해 오면서 북방의 광활한 대륙이 가진 개방성에 매료되었지만 자신을 여기까지 오게 한 것이 자신에게 내재된 낭만적 방랑과 자유가 아니라 '더 크고 높은 것'이 있다는 사명감과 운명을 깨닫게 된다.

정지용과 백석의 기행시편은 지금까지 확인한 것처럼 한국현대시사를 풍요롭게 만든 '산 시편'과 '북방 시편' 형성에 초석 역할을 하였다. 한국현대시사의 주축이 되는 두 시인이 근대 초기에 근대의 속성을 선명하게 부각시킨 여행 체험이 없었다면 불가능한 일이었을 것이다.

■ 참고문헌

〈기본 자료〉

백석. 『사슴』. 선광인쇄주식회사 , 1936.

정지용. 『鄭芝溶詩集』. 시문학사, 1935.

______. 『白鹿潭』. 문장사, 1941.

고형진 편. 『정본 백석 시집』. 문학동네, 2007.

고형진. 『백석 시의 물명고』. 고려대학교출판부, 2015.

이동순·김문주·최동호 엮음. 『백석 문학전집1 시』. 서정시학, 2012.

김문주·이상숙·최동호 엮음. 『백석 문학전집2 산문·기타』. 서정시학, 2012.

이숭원 주해. 『정본 정지용 시집』. 깊은샘, 2003.

최동호 엮음. 『정지용 전집』1(시)·2(산문). 서정시학, 2015.

최동호. 『정지용 사전』. 고려대학교출판부, 2003.

〈단행본〉

고형진 편. 『백석』. 문학시대사, 1996.

고형진. 『백석 시 바로 읽기』. 현대문학, 2006.

______. 『백석 시를 읽는다는 것』. 문학동네, 2013.

국사편찬위원회. 『여행과 관광으로 본 근대』. 두산동아, 2008.

권영민. 『정지용 시-126편 다시 읽기』. 민음사, 2004.

김수현·정창현. 『제국의 억압과 저항의 사회사:사진과 엽서로 본 근대 풍경』. 민속원, 2011.

김신정. 『정지용 문학의 현대성』. 소명, 2000.

김영자. 『한국의 벽사부적』. 대원사, 2008.

김우창. 『궁핍한 시대의 시인』. 민음사, 2007.

김유철 외. 『동아시아 역사 속의 여행』. 산처럼, 2008.

김종훈. 『정밀한 시 읽기』. 서정시학, 2016.

박찬승. 『여행의 발견 타자의 표상』. 민속원, 2010.

박천홍. 『매혹의 질주, 근대의 횡단』. 산처럼, 2003.

사나다 히로코. 『최초의 모더니스트 정지용』. 역락, 2002.

서기재. 『조선여행에 떠도는 제국』. 소명출판, 2011.

소래섭. 『백석의 맛』. 프로네시스, 2009.

송준. 『시인 백석 1・2・3』. 흰당나귀, 2012.
안도현. 『백석 평전』. 다산책방, 2014.
오산백년사편집위원회. 『오산백년사:1907-2007』. 오산학원, 2007.
오형엽. 『현대시의 지형과 맥락』. 작가, 2004.
유종호. 『다시 읽는 한국 시인』. 문학동네, 2002.
이경수. 『한국 현대시와 반복의 미학』. 월인, 2005.
이선민·최흡. 『서중회 이야기』. 기파랑, 2008.
이세기. 『백석, 자기 구원의 시혼』. 소명출판, 2016.
이승원. 『백석시의 심층적 탐구』. 태학사, 2006.
______. 『백석을 만나다』. 태학사, 2008.
이용대, 『등산, 도전의 역사』, 마운틴북스, 2017.
정재정. 『일제침략과 한국철도:1892~1945』. 서울대학교출판부, 1999.
조성운. 『식민지 근대관광과 일본시찰』, 경인문화사, 2011.
______ 외. 『시선의 탄생-식민지 조선의 근대 관광』. 선인, 2011.
최동호. 『하나의 도에 이르는 시학』. 고려대학교 출판부, 1997.
______. 『정지용』. 한길사, 2008.
______. 『정지용 시와 비평의 고고학』. 서정시학, 2013.
최동호・맹문재 외. 『다시 읽는 정지용 시』. 월인, 2003.
최동호·방민호·유성호 외. 『백석 시 읽기의 즐거움』. 서정시학, 2006.
최정례. 『백석 시어의 힘』. 서정시학, 2008.
현대시비평연구회 편저. 『다시 읽는 백석 시』. 소명출판, 2014.
홍순애. 『여행과 식민주의』. 서강대학교 출판부, 2014.
가라타니 고진. 『일본근대문학의 기원』. 민음사, 1997.
게오르그 짐멜. 『짐멜의 모더니티 읽기』. 김덕영・윤미애 옮김, 새물결, 2005.
닝 왕. 『관광과 근대성:사회학적 분석』. 이진형·최석호 역, 일신사, 2004.
볼프강 쉬벨부쉬. 『철도 여행의 역사-철도는 시간과 공간을 어떻게 변화시켰는가』. 박진희 역, 궁리, 1999.
빈프리트 뢰쉬부르크. 『여행의 역사』. 이민수 역, 효형출판, 2003.
아리야마 테루오. 『시선의 확장:일본 근대 해외관광여행의 탄생』. 조성운·강효숙·서태정·이승원·송미경 역, 선인, 2014.

와카바야시 미키오. 『지도의 상상력』. 정선태 역, 산처럼, 2006.
이 푸 투안. 『공간과 장소』. 구동회·심승희 역, 대윤, 2007.
조지 린치. 『제국의 통로-시베리아 횡단철도와 열강의 대각축』. 정진국 역. 글항아리, 2009.
클로드 레비 스트로스. 『슬픈 열대』. 박옥줄 역, 한길사, 1998.
勝呂伊 弘. 『伊豆の文學-その風土と作品』. 長倉書店、1988.

□ 논문

강민경. 「한국 인어 서사의 전승 양상과 그 의미 고찰」, 『도교문화연구』37, 한국도교문화학회, 2012.
강연호. 「유랑의 현실과 정착의 꿈:백석시의 정신사적 맥락」, 『열린정신 인문학연구』제3권, 원광대학교 인문학연구소, 2002.
______. 「백석 시에 나타난 음식과 사유의 관계 양상 연구」, 『현대문학이론연구』제35집, 현대문학이론학회, 2008.12.
______. 「백석의 북방시편 연구」, 『열린정신 인문학연구』제15권2호, 원광대학교 인문학연구소, 2014.
고형진. 「지용 시와 백석 시의 이미지 비교 연구」, 『현대문학이론연구』18권, 현대문학이론학회, 2002.12.
______. 「백석의 음식 기행, 우리 문화와 역사의 탐미」, 『서정시학』, 2012. 봄호.
______. 「백석 시의 언어와 미적 원리:백석 시의 박물학적 특성과 감각의 깊이」, 『한국문학이론과 비평』제55집, 한국문학이론과 비평학회, 2012.6.
______. 「'가난한 나'의 무섭고 쓸쓸하고 서러운, 그리고 좋은」, 『비평문학』제45호, 한국비평문학회, 2012.9.
곽명숙. 「정지용 시에 나타난 여행의 감각과 의미」, 『한국현대문학연구』제37집, 한국현대문학회, 2012.8.
곽효환. 「한국 근대시의 북방의식 연구」. 고려대학교 박사학위논문, 2007.
______. 「백석 기행시편 연구」, 『한국근대문학연구』제18호, 한국근대문학회, 2008.10.
______. 「백석 시의 북방의식 연구」, 『비평문학』제45호, 한국비평문학회, 2012.9.

권정우.「정지용 바다시편과 산시편의 연속성 연구」,『비교한국학』, 국제비교한국학회, 2004.12.
권희주.「제국 일본과 식민지 조선의 수학여행-그 혼종의 공간과 교차되는 식민지의 시선」,『한일군사문화연구』제15집, 한일군사문화학회, 2013.
김경남,「1920년대 전반기「동아일보」소재 기행 담론과 기행문 연구」,『한민족어문학』제63집, 한민족어문학회, 2013.4.
김명인.「백석 시에 나타난 기행」,『한국시학연구』제27호, 한국시학회, 2010.4.
김문주.「한국 현대시의 풍경과 전통」. 고려대학교 박사학위논문, 2005.
______.「해방 전후 정지용의 글쓰기와 내면 풍경」,『어문논집』68, 민족어문학회, 2013.8.
김민숙.「백석 시에 나타난 장소성 연구」,『비평문학』제46호, 한국비평문학회, 2012.12.
김복희.「국토의 알레고리, 한라산-정지용의「백록담」에 대한 소고」,『한국시학연구』제43호, 한국시학회, 2015.8.
김숙이.「새로 찾아 낸 백석 시인 연구 자료」,『서정시학』, 2010.봄호.
김신정.「'시어의 혁신'과 '현대시'의 의미-김영랑, 정지용, 백석을 중심으로」,『상허학보』제4집, 상허학회, 1998.11.
______.「정지용 산문 연구」,『상허학보』제5집, 상허학회, 1999.12.
______.「백석 시에 나타난 '차이'에 대하여」,『한국시학연구』제34호, 한국시학회, 2012.8.
김영주.「1920-1930년대 기행시 연구-식민지 풍경의 시적 현현」,『한국문학논총』제42집, 한국문학회, 2006.4.
김용희,「백석의 북방체험과 도가적 상상력:1930년대 말 동양주의의 한 방향에 대하여」,『한국문학이론과 비평』제33집, 한국문학이론과 비평학회, 2006.12.
김윤경.「1930년대 후반 정지용의 기행산문 연구」,『비평문학』제55호, 한국비평문학회, 2015.3.
김윤정.「정지용 시의 공간지향성 연구」,『한민족어문학』제47집, 한민족어문학회, 2005.12.

김응교.「백석·일본·아일랜드-백석 시 연구(3)」,『민족문학사연구』44권, 민족문학사학회·민족문학사연구소, 2010.12.

______.「백석의 일본기행시와 환상-백석 시 연구·5」,『한민족문화연구』44집, 한민족문화학회, 2013.10.

김재용.「만주 시절의 백석과 현대성 비판」,『만주연구』제14집, 만주학회, 2012.12.

김정은.「철도와 근대여행-식민지시기 조선과 일본의 통시적 고찰-」,『일본어연구』제63호, 한국외국어대학교 일본연구소, 2015.3.

김진량.「근대 일본 유학생의 공간 체험과 표상-유학생 기행문을 중심으로」,『우리말글』32호, 우리말글학회, 2004.12.

김진희.「한국 근대 기행시 연구」. 숙명여자대학교 박사학위논문, 2009.

______.「정지용 후기시와 『문장』:화단과 문단의 교류를 중심으로」,『비평문학』제33호, 한국비평문학회, 2009.9.

______.「백석 시에 나타난 음식과 타자의 윤리」,『우리어문연구』38집, 우리어문학회, 2010.9.

______.「시인 존재론의 탐구에서 동화시에 이르는 길-백석의 후기 시를 중심으로」,『한국시학연구』제34호, 한국시학회, 2012.8.

______.「나-조선의 발견과 시의 탄생-정지용과 백석의 기행산문과 시」,『서정시학』, 2012.가을호.

김춘식.「시적 표상 공간의 장소성:백석을 중심으로」,『한국문학연구』43, 동국대학교 한국문학연구소, 2012.12.

김현정·김문주.「일제강점기 만주행 작가들의 내면과 심상지리-백석과 이효석의 러시아에 대한 동경을 중심으로」,『한국학연구』58, 고려대학교 한국학연구소, 2016.9.

김혜원.「백석의『여승』에 대한 인지시학적 분석-<길 도식>을 중심으로」,『국어문학』제52집, 국어문학회, 2012.2.

남기혁.「정지용 중·후기 시에 나타난 풍경과 시선, 재현의 문제」,『국어문학』제47집, 국어문학회, 2009.8.

______.「백석 시에 나타난 풍경과 시선, 그리고 여행의 의미」,『우리말글』제52집, 우리말글학회, 2011.8.

______.「백석의 만주시편에 나타난 '시인'의 표상과 내면적 모럴의 진정성

」, 『한중인문학연구』제39집, 한중인문학회, 2013.4.
노용무. 「백석 시와 토포필리아」, 『국어문학』제56집, 국어문학회, 2014.2.
문혜윤. 「국토 여행과 '조선시'의 형식-정지용의 「장수산2」를 중심으로」, 『한국문학이론과 비평』제37집, 한국문학이론과 비평학회, 2007.12.
박경수. 「백석 시의 중국문화 수용과 문화의식의 특성」, 『어문논집』75, 민족어문학회, 2015.2.
______. 「'인력거'와 '마차'의 시적 수용과 문화심상의 의미」, 『한국문학논총』제73집, 한국문학회, 2016.8.
박옥실. 「백석 시에 나타난 공간의식의 변모양상」, 『한국시학연구』제19호, 한국시학회, 2007.8.
박진숙. 「기행문에 나타난 제도와 실감의 거리, 근대문학」, 『어문론총』54호, 한국문학언어학회, 2011.6.
방민호. 「백석의 솔로호프 번역 전후-장편소설 『고요한 돈강』1,2(1949, 1950) 번역을 중심으로」, 『서정시학』, 2012, 가을호.
______. 「백석의 『테스』 번역에 담긴 의미」, 『서정시학』, 2012.
배호남. 「『백록담』의 시형식 연구」, 『한국시학연구』제35호, 한국시학회, 2012.12.
백지혜. 「백석 시에 나타난 '마을' 형상화의 의미」, 2003.
사나다 히로코. 「정지용 후기 산문시의 상징성과 사회성에 대한 고찰」, 『어문연구』제110권, 한국어문교육연구회, 2001.6.
서영채. 「최남선과 이광수의 금강산 기행문에 대하여」, 『민족문학사연구』24권, 민족문학사연구소, 2004.3.
서준섭. 「백석과 만주:1940년대 백석 시 재론」, 『한중인문학연구』19, 한중인문학회, 2006.12.
소래섭. 「1930년대 문학에 나타난 "나라"의 의미-백석의 경우」, 『현대문학의 연구』49, 한국문학연구학회, 2013.2.
손미영. 「한민족의 유랑의식 고찰-식민지 시대 시문학을 중심으로」, 『한민족문화연구』제22집, 2007.8.
______. 「백석시의 유토피아 의식 연구」, 『한민족문화연구』제40집, 2012.6.
손진은. 「백석 시의 형성과 프랑시스 잠 시」, 『어문학』80, 한국어문학회, 2003.6.

______.「백석 시의 '옛것'모티프와 상상력」,『한국문학이론과 비평』제24집, 한국문학이론과 비평학회, 2004.9.

송기한.「백석 시의 고향 공간화 양식 연구」,『한국문학이론과 비평』제21집, 한국문학이론과 비평학회, 2003.12.

______.「산행체험과 시집 『백록담』의 의미」,『한국문학이론과 비평』제19집, 한국문학이론과 비평학회, 2003.6.

______.「정지용 시에서의 바다의 의미」,『한중인문학연구』42, 한중인문학회, 2014.3.

신범순.「백석의 공동체적 신화와 유랑의 의미」,『한국 현대 리얼리즘 시인론』, 1990.

______.「정지용 시에서 병적인 헤매임과 그 극복의 문제」,『한국 현대시의 퇴폐와 작은 주체』, 1998.

______.「정지용 시와 기행산문에 대한 연구:혈통의 나무와 덕 혹은 존재의 평정을 향한 여행」,『한국현대문학연구』?, 2001.

신윤주.「나쓰메 소세키가 체험한 온천을 통해 본 중국특유의 정취 고찰」,『일어일문학』제52집, 대한일어일문학회, 2011.11.

신주철.「백석의 만주생활과「흰 바람벽이 있어」의 의미」,『우리문학연구』25, 우리문학회, 2008.10.

______.「백석의 만주 체류기 작품에 드러난 가치 지향」,『국제어문』45, 국제어문학회, 2009.4.

신철규.「백석의 기행 시편 구조 연구」,『민족문화론총』48, 2011.

심원섭.「자기 인식 과정으로서의 만주 여정-백석의 만주 체험」,『세계한국어문학』6집, 세계한국어문학회, 2011.10.

양연자.「가와바타 야스나리의 만주 인식」,『한일군사문화연구』제14집, 한일군사문화학회, 2012.

오양호.「일제 강점기 북방파 이민문학에 나타나는 작가의식 연구:백석의 후기시를 중심으로」,『한민족어문학』45, 한민족어문학회, 2004.12.

왕염려.「백석의 '만주' 체험 고찰」,『민족문학사연구』43, 민족문학사학회, 2010.8.

유수정.「기타무라 겐지로의 전후 '만주'」,『만주연구』제19집, 만주학회, 2015.6.

유종호. 「상호텍스트성의 현장」, 『문학수첩』, 2011.여름호.
유지선. 「백석의 기행과 유랑시의 성격 연구」, 『한국문화기술』8권, 단국대학교 한국문화기술연구소, 2009.12.
윤의섭. 「정지용 후기시의 장소성」, 『현대문학이론연구』46, 현대문학이론학회, 2011.9.
이경수. 「한국 현대시의 반복 기법과 언술 구조」. 고려대학교 박사학위논문, 2002.
______. 「백석 시의 낭만성과 동양적 상상력:유토피아 의식을 중심으로」, 『한국학연구』21, 고려대학교 한국학연구소, 2004.11.
______. 「백석 시에 나타난 문화의 충돌과 습합:여행·음식·종교를 중심으로」, 『한국시학연구』제23호, 한국시학회, 2008.12.
______. 「백석의 기행시편에 나타난 장소의 심상지리」, 『민족문화연구』53, 고려대학교 민족문화연구원, 2010.12.
______. 「백석 시에 나타난 '마음'의 형상화 방식과 의미」, 『한국시학연구』제38호, 한국시학회, 2013.12.
이경아. 「백석 시 연구:"기행"체험의 시적 전개양상을 중심으로」, 인하대학교 석사학위논문, 2007.
이광호. 「정지용 시에 나타난 시선 주체의 형성과 변이」, 『어문논집』64, 민족어문학회, 2011.10.
______. 「백석 시의 서술 주체와 시선 주체」, 『어문론총』58, 한국문학언어학회, 2013.6.
이근화. 「1930년대 시에 나타난 식민지 조선어의 위상」. 고려대학교 박사학위논문, 2008.
______. 「백석 시의 고유명과 조선시의 현장」, 『어문논집』57, 민족어문학회, 2008.4.
______. 「정지용 시의 2인칭과 감정의 형식화」, 『국어국문학』제148호, 국어국문학회, 2008.5.
이금재. 「나쓰메 소세키가 본 한국-「만주와 한국 기행일기」를 중심으로」, 『일어일문학연구』77권 2호, 한국일어일문학회, 2011.5.
이기성. 「'고독'이라는 병과 근대의 노스탤지어:백석론」, 『민족문학사연구』22권, 민족문학사학회, 2003.6.

______.「초연한 수동성과 '운명'의 시쓰기-1930년대 후반 백석 시의 자화상」,『한국근대문학연구』제17호, 한국근대문학회, 2008.4.
이동원.「기행문학연구-1910~1920년대를 중심으로」. 연세대학교 석사학위논문, 2003.
이상오.「정지용의 산수시 고찰:「구성동」·「비」의 해석」-'은일'의 의미를 중심으로」,『한국시학연구』제6호, 2002.5.
______.「정지용 시의 풍경과 감각」,『정신문화연구』28, 한국학중앙연구원, 2005.3.
이선이.「정지용 후기시에 있어서 전통과 근대」,『우리문학연구』21, 우리문학회, 2007.2.
이숭원.「사유의 감각화와 감각의 정신화-지용과 백석」,『서정시학』, 2002. 겨울호.
______.「백석의 시와 거주 공간의 관련 양상」,『한국시학연구』제9호, 한국시학회, 2003.11.
.「백석 시 연구의 현황과 전망」,『한국시학연구』제34호, 한국시학회, 2012.8.
______.「백석의 시적 지향과 표현방법」,『비평문학』제45호, 한국비평문학회, 2012.9.
이승이.「희망의 한 풍경으로서 백석의 만주 시편」,『어문연구』제65집, 어문연구학회, 2010.9.
______.「만주 체류 시기 백석의 '조선적인 것'에 나타난 시대정신」,『어문연구』69, 어문연구학회, 2011.9.
이시즈카 레이코.「'旅行'의 語誌」. 고려대학교 석사학위논문, 2006.
이현승.「백석 시의 로컬리티」,『한국근대문학연구』제25호, 한국근대문학회, 2012.4.
이희중.「백석의 북방 시편 연구」,『우리말글』32, 우리말글학회, 2004.12.
장석원.「백석 시의 시선과 역동성」,『한국시학연구』제26호, 한국시학회, 2009.12.
장정수.「20세기 기행가사의 창작 배경과 작품 세계-1945년 이전 작품을 중심으로」,『어문논집』47, 민족어문학회, 2003.4.
정수연.「수수께끼와 백석의 시-「자류」,「목구」,「국수」를 중심으로」,『어문논집』53, 민족어문학회, 2006.4.
______.「‘이즈’라는 문학적 공간」,『한국근대문학연구』제34호, 한국근대문학회, 2016.10.
정은혜.「백석의 연작 기행시 연구」. 목표대학교 석사학위논문. 2005.
정정순.「백석 기행시에 대한 창작교육적 접근-여행 체험의 형상화 방식을 중심으로」,『우리말글』제58집, 우리말글학회, 2013.8.
조강석.「정지용 초기시에 나타난 근대의 ‘감성적’ 전유 양상 고찰」,『상허학보』제29집, 상허학회, 2010.6.
조명숙.「‘장소’와 ‘감각’의 상관성 연구-정지용의 초기시를 중심으로」,『한중인문학연구』제42집, 한중인문학회, 2014.3.
조병로.「일제 식민지시기의 도로교통에 대한 연구」,『한국민족운동사연구』, 한국민족운동사학회, 2009.
조완호.「정지용 시의 내적 향수를 위한 모색과정 연구-산을 통한 ‘허정무위’의 세계로의 연착륙을 중심으로」,『우리문학연구』제18집, 우리문학회, 2005.8.
조영복.「1930년대 신문 학예면과 문인기자 집단」,『한국현대문학연구』12, 한국현대문학회, 2002.12.
차혜영.「1920년대 해외 기행문을 통해 본 식민지 근대인의 내면형성 경로」,『국어국문학』제137권, 국어국문학회, 2004.9.
최동호.「백석 문학의 전체성에 대하여」,『비평문학』제46호, 한국비평문학회, 2012.12.
______.「백석의 1940년「테스」번역본에 대한 비교 검토」,『한국학연구』47, 2013.12.
최승호.「백석 시의 나그네 의식」,『한국언어문학』제62집, 한국언어문학회, 2007.9.
______.「백석 시의 풍경 연구」,『우리말글』제46집, 우리말글학회, 2009.8.
최정례.「백석 시의 근대성 연구」. 고려대학교 박사학위논문, 2005.
하재연.「일본 유학 시기 정지용 시의 특성과 창작의 방향」,『비교한국학』15, 국제비교한국학회, 2007.6.
한경수.「고서화에 나타난 조선시대 전통관광의 유형 및 형태」,『관광경영연구』제17권4호, 관광경영학회, 2013.12.

한경희.「유랑의 여정을 통해 드러나는 거주의 방식-백석의 기행시를 중심으로」,『안동어문학』제6집, 안동어문학회, 2001.11.

______.「백석 기행시 연구-유랑의 여정과 장소 배회」,『한국시학연구』제7호, 한국시학회, 2002.11.

한수영.「감각과 풍경—백석 시에 나타난 감각의 특징」,『현대문학이론연구』제47집, 현대문학이론학회, 2011.12.

황민호.「개항 이후 근대 여행의 시작과 여행자」,『숭실사학』제22집, 숭실대학교사학회, 2009.6.

제2부
백석 시에 관한 소고

‘이즈’라는 문학적 공간

- 백석의 일본 유학 시기를 중심으로 -

1. 서론

1930년은 백석(1912-1996)의 인생에 전환점이 되는 해이다. 백석은 1930년 1월 『조선일보』 신년현상문예에 소설 「그 모(母)와 아들」이 당선되면서 등단하였고 이것을 계기로 동향인 평북 정주 출신의 부호 방응모의 장학금[1]을 받아 그 해 4월 도쿄의 아오야마 학원(青山學院) 영어사범과에 입학하게 된다. 그리고 4년 후인 1934년 3월 아오야마 학원을 졸업하고 귀국하였다. 신인 소설가이자 유학생의 신분으로 도쿄에서 보낸 그의 아오야마 학원 시절에 대해서는 알려진 바가 거의 없다. 4년이라는 기간은 짧지 않다. 등단 직후의 유학이었기

1 장학생으로 선발되면 한 사람이 수업료 120원 이내, 월례금 600원 이내 등 1년에 720원 이내의 장학금을 받게 된다. 1930년경의 3원은 요즘 돈으로 10만원에 해당된다. 1년에 720원이면 지금의 약 2400만원이다. 장학생은 매학년 말에는 성적증명서와 재정보고서를 내야 했다(이선민·최흡, 『서중회 이야기』, 기파랑, 2008).

때문에 창작에 대한 의욕이 충만했을 것이라고 짐작해 볼 수 있는데, 이 시기에 백석의 문단 활동 흔적을 찾아볼 수 없다는 것은 다소 의아한 부분이다[2]. 교토의 도시샤 대학에 유학했던 정지용이 일본 잡지『근대풍경』에 일본어 시를 싣거나[3], 윤동주가 고향에 보내는 편지에 원고를 동봉하거나, 유학생들이 동인지를 만들어 작품을 발표했던 것을 생각해 보면 백석의 경우 이 기간에 이렇다 할 창작 활동을 했다는 실증적인 자료는 남아 있지 않다. 다만 일본의 '이즈'를 배경으로 한 2편의 시와 1편의 산문이 있을 뿐이다.

발표 연도상으로 보았을 때, 1934년 3월 22일에 창간된『이심회 회보(以心會 會報)』[4]에 실린 산문「해빈수첩(海濱手帖)」이 시기상

---

2 백석은 방응모의 장학금을 받고 유학생활을 했기 때문에 경제적으로 큰 어려움은 없었지만 일정한 성적을 유지하기 위해서 창작보다는 학업에 열중해야 했다. 게다가 당시 아오야마 학원에는 조선인 유학생이 많지 않았다. 1934년 영어사범과 졸업예정자 명단을 살펴보면 조선인은 백석 한 명 뿐이다. 귀국 후 백석이 시인으로 문단에 등장했던 것을 보면, 백석의 일본 유학 시절은 소설에서 시로 창작 활동을 전환하고 시집을 묶을 만큼의 시를 창작하며 시인 등단의 준비 기간으로 보인다. 영어사범과의 정규 수업, 다양한 분야의 독서, 그리고 시 창작이 유학 생활의 대부분을 차지했다.

3 정지용은 1926년 12월부터 1928년 2월 동안 기타하라 하쿠슈가 주재한 잡지『근대풍경』에 23편의 일본어 시를 발표했다.

4 백석의 일본 유학과 그 이후의 행적에 많은 영향을 끼친 것은 방응모였다. 금광 사업으로 부를 축적한 그는 1928년 평북 정주에서 "춘해장학부"를 설립하고 집안 사정이 어렵지만 포부가 있는 학생들을 후원하는 장학사업을 펼친다. 1933년『조선일보』를 인수하여 경성으로 이사한 후 그 해 12월 방응모의 장학생 중 경성에 있는 사람들을 중심으로 "이심회(以心會)"가 결성되었고 1934년 3월 22일『이심회 회보』(창간호)를 간행하였다. 회보에는 방응모의 표제와 축필을 서두로 하여 이심회 회원의 사진과 명단, 그리고 그들

으로 가장 앞선다. 「해빈수첩」이라는 표제 아래 "개", "가마구", "어린아이들"이라는 소제목이 붙은 시적인 산문 3편이 백석의 이름으로 실려 있고, 글의 말미에 "미나미이즈 가키사키카이빈(南伊豆柿崎海濱)"이라고 적혀 있다. '남이즈'와 '가키사키'라는 지명을 통해 이 산문이 씌여진 장소를 밝히고 있다. 이즈를 배경으로 한 2편의 시는 다음과 같다. 1936년 1월에 간행된 첫 시집 『사슴』에 시 「가키사키(柿崎)의 바다」와 1936년 3월 『시와 소설』 창간호에 시 「이즈노쿠니노미나토카이도(伊豆國湊街道)」가 실린 것을 확인할 수 있다. '가키사키(柿崎')와 '이즈노쿠니(伊豆國)'라는 일본의 지명을 한자로 표기하고 시의 제목으로 사용함으로써 이국적이고 낯선 어감이 여행지에 대한 호기심을 배가시킨다. 동시에 백석이 이 지역을 여행한 경험을 바탕으로 창작하였음을 드러낸다.

그러나 백석이 일본에서의 일상이나 작품 창작 배경에 대한 내용이

의 글이 실려 있는데 회원 14명 중에 백석이 있다. 백석이 1930년 1월 등단 이후 처음 글을 실은 지면이 장학생들의 회보이고 이후에 발표하는 글들도 『조선일보』, 그리고 조선일보사에서 발행하는 잡지 『조광』이었다. 작가에게 발표지면을 얻는 것은 매우 중요한 일이다. 나중에 "서중회"로 이름이 바뀌는 이심회 회원의 상당수는 학업을 마친 후 『조선일보』에 입사하여 방응모와 함께 일했다. 1930년대에 장학생이 된 사람들은 대부분 길든 짧든 한 번씩은 『조선일보』를 거쳐 갔다. 당시 고등교육을 받은 사람이 일할 직장이 많지 않았기 때문이기도 하지만 방응모는 당시 최고 인재를 자신의 곁에 두고 싶어 했다. 또한 백석이 『조선일보』에서 근무하며 만난 동료 신현준과 허준은 백석의 인생과 시에 영향을 끼친 인물이다. 유학 시절의 교우 관계에 대해서는 알려진 바가 없으나 방응모의 장학생들 중 일본 유학생들과의 교류가 있지 않았을까 짐작할 뿐이다. 백석이 아오야마 학원을 졸업할 무렵 결성된 이심회 회원들은 경성에서 그리고 조선일보사에서 만남을 가졌다.

담긴 산문을 따로 남기지 않았기 때문에 정확히 언제 이즈로 여행을 갔으며, 누구와 함께 어떤 일정으로 갔는지 기록에 남아 있지 않다. 『이심회 회보』가 발행된 1934년 3월 이전에, 그것도 금귤이 누렇게 익은 겨울에 이즈 남단의 가키사키에 다녀왔다는 것을 작품을 통해 알 수 있다. 당시 식민지 조선에서 보기 힘든 귀한 과일인 "싱싱한 금귤"(「伊豆國湊街道」)을 먹는 것은 분명 "즐거운 일"이었을 것이다. 또한 산문 「해빈수첩」의 소제목 "가마귀"에도 "겨울바다의 해가 올라와도 바람이 멎지 않는 아츰"이라는 서술을 보았을 때, 백석이 이즈에 간 계절은 겨울이다. 한편으로는, 타지에서의 오랜 유학 생활로 인해 건강상 요양이 필요했고 그 때문에 이즈로의 온천행을 선택하지 않았을까 하는 추측도 가능하다.[5] 이즈반도는 도쿄보다 겨울이 따뜻한 지방이다. 그러나 온천이 목적이었다면 이즈반도 남단 '가키사키'까지의 여정에 대한 설명이 불충분하다고 판단된다. 가키사키는 시모다 항 근처의 작은 어촌으로, 이즈반도의 유명 관광지도 아닐 뿐더러 온천으로 유명한 지역도 아니다. 시모다 근처에 사는 사람들에게나 낯설지 않은 지명이다.

이 논문은 이러한 의문점에서 출발하였다. 이즈반도에는 유서 깊은 슈젠지(修善寺) 온천 지역이 있으며, 당시에 도쿄에서 슈젠지 역까지는 철도가 놓여 있었기 때문에 기차 여행으로 적합한 곳이다. 슈젠지 온천은 나쓰메 소세키(1867-1916)를 비롯한 일본 근대 문인들이 요양과 집필을 위해 묵었던 장소로도 유명하다. 이외에도 동쪽 해안 지역

5 『시와 소설』 창간호(1936)에는 「伊豆國湊街道」 외에 「탕약」도 함께 실려 있다.

에 아타미, 이토 등의 유명 온천 지역이 있는데 백석의 여행 경로에는 남이즈 시모다 항 근처의 가키사키 지역만 언급되고 있을 뿐이다. 왜 유명 관광지가 아니라 카키사키의 해변인가. 이 논문은 백석이 4년간의 도쿄 유학 시절의 경험으로 창작된 2편의 시와 1편의 산문이 이즈반도 여행, 특히 남이즈의 가키사키를 다녀온 후 창작되었다는 점에 주목하여, 이즈반도가 어떤 문학적 공간으로 인식되어 여행지로 선택되었으며 이즈반도에서의 작품이 귀국 후 백석의 기행 시편들에서 어떠한 위치를 점하고 있는지에 대해 살펴볼 것이다.

2. 독서체험과 이즈반도 여행의 상관성 : 가와바타 야스나리의 『이즈의 무희』

백석에 대한 연구는 상당한 수준에 이르렀으나 일본 기행 시편 및 산문에 대해서는 상대적으로 미흡했다. 이유는 작품 수가 적을 뿐만 아니라 관련 연구 자료가 부족했기 때문이다.[6] 김숙이는 야오야마 학

6 곽효환은 백석의 기행 시편을 연구한 논문에서 백석의 일본 기행 시편 2편은 제외시켜야 한다고 주장하였다. 백석의 시를 『사슴』과 그 이후로 나누고 『사슴』 이후의 작품들에서 기행시편의 뚜렷한 흐름이 나타나기 때문이라는 이유에서이다(곽효환, 「백석 기행시편 연구」, 『한국근대문학연구』 제18호, 한국근대문학회, 2008.10). 그러나 일본의 이즈반도를 여행하고 쓴 작품이 분명하고 시집에도 실려 있는 작품을 기행 시편에서 제외하는 것은 백석 시 전체를 이해하는데 있어서 적절하지 못한 분류라고 판단된다. 시집이 나오기 전에 발표한 「통영」을 기행 시편의 시작으로 삼는 것도 창작시기상 이즈 기행 시편과 큰 차이가 나지 않는다.

원 영어사범과의 1933년 10월에 시행된 학년별 수강과목을 자료로 제시하며 백석이 중국 고전과 영미 문학 작품, 그리고 일본 작가 나쓰메 소세키와 이시카와 타쿠보쿠(1886-1912)[7] 등의 문학 작품을 집중적으로 수강했음을 알 수 있다고 밝혔다.[8] 구체적인 수업 내용까지는 알 수 없지만, 백석은 이 시기에 일본 근대 소설과 시를 비롯하여 당시 일본에 소개된 영미 유럽 및 러시아 문인들의 번역 작품을 읽었다.

아오야마 학원의 커리큘럼을 살펴보면, 백석은 '영문강독'(24학점)과 '영문학'(10학점)을 취득해야 했다. 백석은 유학 시절 영미의 문학 작품을 비롯하여 에세이를 집중 수강하였다. 백석이 1934년 귀국 후 『조선일보』 신문 기자로 근무하면서 발표한 번역문[9]의 상당수도 이 시기 수업에서 읽었다. 1940년 번역 출판한 소설 『테쓰』(조광사) 역시 그렇다. 백석의 시 「흰 바람벽이 있어」에 등장하는 시인 프란시스 잠[10]이나 라이너 마리아 릴케[11]의 시, 그리고 시 「허준」에 나오는 소설가 도스토옙스키와 번역문 「임종 체홉의 6월」에 나오는 소설가 체

7 이동순, 「시인 백석과 그의 정신적 스승 이시카와 타쿠보쿠」, 『월간조선』, 조선일보사, 1999.

8 김숙이, 「새로 찾아낸 백석 시인 연구 자료」, 『서정시학』, 2010. 봄호.

9 김응교는 백석이 귀국 후 번역한 러시아 비평가 마르키스의 「죠이스와 애란문학」에 주목하여, 시집 『사슴』의 향토성과 방언이 식민지 작가의 자기 정체성을 찾기 위한 노력의 일환이라고 보았다(김응교, 「백석·일본·아일랜드」, 『민족문학사연구』 44권, 민족문학사학회·민족문학사연구소, 2010).

10 손진은, 「백석 시의 형성과 프란시스 잠 시」, 『어문학』 제80호, 한국어문학회, 2003.6.

11 김재혁, 「문학 속의 유토피아 : 릴케와 백석과 윤동주-시적 주체와 공간의식의 관점에서」, 『헤세연구』 26집, 한국헤세학회, 2011.12.

호프, 시 「나와 나타샤와 흰 당나귀」에서 나타샤라는 이름의 아름다운 러시아 여인 등 러시아에 대한 관심 역시 이 시기의 독서체험이 어떠했는지를 짐작하게 한다. 중국 시인인 이백, 두보, 도연명의 한시를 1학년 한문 시간(2학점)에 깊이 있게 접했다고 보기는 어렵겠지만, 중요한 것은 백석의 일본 유학 시절이 독서체험에 집중되어 있었던 시기였다는 점이다.

졸업예정자일람을 보면 백석의 취미가 독서라고 적혀 있다. 백석이 영어사범과를 다녔지만 주변에서 가장 쉽게 접할 수 있었던 책은 일본어 서적이다. 그러나 일본 문인들의 이름이나 작품은 백석의 시나 산문, 번역문에서 전혀 언급된 적이 없다. 이것은 분명 의식적인 측면이 있다. 당시 '이즈'를 무대로 한 근대 일본 작가의 소설 내용을 고려하였을 때, 백석의 이즈 기행 작품과 연관성이 있다고 판단되는 것은 가와바타 야스나리(1899- 1972)의 『이즈의 무희』이다. 백석이 가와바타 야스나리의 『이즈의 무희』를 읽었다는 기록은 없다. 그렇지만 1926년 1·2월에 잡지 『운문시대』에 발표되고 그 다음 해에 단행본으로 출간되어 큰 인기를 얻은 작품이다. 무엇보다도 소설 『이즈의 무희』는 1933년 고쇼 히라노스케 감독에 의해 동명의 영화로 제작되면서 더욱 인기를 누렸다. 『이즈의 무희』는 이즈의 슈젠지 온천에서 시작하여 주변의 온천 지역을 떠돌며 공연하는 유랑극단의 춤추는 소녀 "카오루"와 주인공이 만나서 동행하다가 남이즈의 시모다 항구에서 주인공이 도쿄행 배를 타고 떠나면서 헤어지는 내용이다.

도쿄에서의 독서 체험은 자연스럽게 일본 근대 문인들의 문학적 공간으로써 이즈를 인식하게 했다. 문학적 공간이라고 하면 작품의 배경이 되는 장소라든지 작가가 작품을 집필한 장소라는 이미지를

떠올리기 쉽다. 이즈는 당시 일본 근대 문인들의 작품 집필과 동시에 사교와 요양의 장소였다. 가와바타 야스나리가 「이즈서설」에서 "이즈는 시의 고장(詩の國)이라고 세상 사람이 말한다"고 한 것처럼 근대 일본 문학과 연관이 극히 깊은 곳이다.[12] 당시 영국 유학파 출신의 유명 소설가 나쓰메 소세키는 지병인 위궤양이 악화되어 도쿄를 벗어나 자연 풍광이 아름답고 온천이 유명한 이즈 중북부의 다루마산 슈젠지 온천의 키쿠야 여관으로 요양을 떠났다.[13] 그러나 1910년 슈젠지에서 발작과 각혈을 하고 사경을 헤매다가 겨우 회복이 되는데, 이 '슈젠지의 대환' 사건을 기점으로 전반기 3부작과 후반기 3부작이 나뉘지고 작품 세계도 영향을 주어서 후반기 3부작이라고 불리는 『피안이 지날 때까지』, 『행인』, 『마음』에는 인간의 고뇌와 구원의 문제에 천착한 작품 세계를 보여준다. 나쓰메 소세키의 경우 '이즈'가 작품의 배경으로 한 「슈젠지의 일기」가 있다.

그 외에도 카지이 모토지로(1901-1932)의 『레몬』(1931)에 실린 단편소설들이 이즈의 아름다운 자연 풍광을 배경으로 하고 있다. 카지이 모토지로와 가와바타 야스나리는 바둑을 두거나 『이즈의 무희』의 교정을 보는 등 이즈의 온천 여관에서 친교를 맺었다. 이노우에 야스

---

12 伊豆と近代文學との關係であるが、昭和六年川端康成が 「伊豆序說」に 「伊豆は詩の國であると世の人 いう。」と謳いあげているようにそのかかわりは極めて深い。また「伊豆は近代文學の宝庫である。」という學者すらあるほどで、この地を舞台や背景にした作品の數が制限なく多い(勝呂伊 弘、『伊豆の文學-その風土と作品』、長倉書店、1988)。

13 소설가 아쿠타가와 류노스케(1892-1927), 화가 야스다 채언(1884-1978), 화가 요코야마 다이칸(1868-1958)도 이즈의 슈젠지를 방문하였다.

시(1907-1991)도 이즈에서 보낸 유년 시절을 그린 『시로밤바』를 남겼다. 오카모토 기도(1872-1939)가 쓴 희곡 『슈젠지 모노가타리』가 있다.

가마쿠라 시대까지 이즈는 교통이 불편한 유배지에 불과했다. 그러나 근대에 이르러 교통망이 확충되고 유명 온천지역이라는 장점 때문에 일본 근대 작가들의 방문이 이어졌다. 이즈에 와서 작품 창작에 몰두하거나 이즈를 배경으로 한 작품을 쓰는 이유는 이즈의 아름다운 자연이 창작의 영감과 모색의 공간으로 작용했기 때문이다. 또한 현실을 떠나 문학적 방황과 갱신의 공간이라는 역할을 수행하기도 적합한 장소였다. 예를 들어, 『이즈의 무희』에서 주인공이 이즈로 여행을 오게 된 동기를 서술하는 부분을 인용하여 살펴보도록 하겠다.

> 스무 살의 나는 자신의 성질이 고아 근성으로 비뚤어져 있다고 심한 반성을 거듭한 끝에, 그 숨 막히는 우울을 견디지 못하고 이즈로 여행을 온 것이다. 그러니까 세상의 보편적인 의미로 자신이 좋은 사람으로 보인다는 것은 더할 나위 없이 고마운 것이었다.[14]

"스무 살의 나"는 자신의 "고아 근성"으로 비뚤어진 성격에 대해 심한 반성을 하며 괴로워하다가 급기야 이즈로의 여행을 결심하게 된다. 새로운 모색의 방향을 여행에서 찾고자 하였다. 자신을 잘 알지 못 하는 타인으로부터 "좋은 사람으로 보인다"는 평가가 스스로를 안도하게 하고 내면의 회복을 이루게 한 부분이다. 가와바타 야스나리

---

14 가와바타 야스나리, 신인섭 역, 『이즈의 무희』, 을유출판사, 2010.

의 자전적 소설이기도 한 이 작품에서 이즈는 문학적 방황과 갱생의 공간으로 볼 수 있다. 신인 소설가이자 시인 지망생이었던 백석에게도 학업과 독서의 공간인 도쿄를 떠나 문학을 생각하고 창작의 열의를 다질 문학적 방황과 갱생의 공간이 필요했다. 식민지 조선의 유학생 백석이 도쿄에서 느꼈을 외로움과 우울을 생각해 볼 때, 소설의 주인공이 그랬던 것처럼 이즈에 와서 확인하고 위로 받고 싶었던 "더할 나위 없이 고마운 것"은 무엇이었는지는 그의 작품을 분석하는 과정에서 찾을 수 있을 것이다.

또, 시모다의 해변 풍경이나 유랑 가무단, 어린 무희 등의 묘사가 백석의 관심을 끌었을 것이다. 소설 속의 무희는 백석의 시에 나타나는 소외되고 가련한 여인들의 이미지와 겹쳐진다. 시 「팔원」에서 "손잔등이 밭고랑처럼" 몹시 터진 나이 어린 계집아이의 고생이나 시 「여승」 속 여인의 슬픈 운명과 같이, 무희 역시 열 네살의 예쁜 처녀이지만 가난한 집안 사정상 온천 마을을 떠돌며 잠자리조차 마땅치 않은 유랑단의 생활을 해나가고 있다. 주인공과 헤어지고 난 후 그녀의 인생이 순탄치 않을 것임은 예상하기 어렵지 않다. 소설의 마지막 부분에 이르면, 백석의 산문에 나왔던 지명 "남이즈(南伊豆)"를 발견할 수 있다. 다음에 인용된 부분은 도쿄로 돌아가기 위해 시모다 항에서 무희와 헤어진 직후의 장면이다.

> 기선이 시모다 바다를 나가 이즈반도 남단이 뒤로 사라질 때까지 나는 난간에 기대어 앞바다의 섬 오시마를 줄곧 바라보고 있었다. 무희와 헤어진 것이 먼 옛날이라도 된 것 같은 기분이었다. 할머니는 어떻게 하고 있나 하고 선실을 들여다보니 벌써 사람들이 둥그렇게

이런저런 위로를 하고 있는 것 같았다. 나는 안심하고 그 옆 선실로 들어갔다. 사가미나다는 파도가 높았다. (중략) 선실 등이 꺼져 버렸다. 배에 실은 생선과 바닷물 냄새가 강해졌다. 어둠 속에서 소년의 체온으로 온기를 느끼며 나는 눈물을 나오는대로 내버려 두고 있었다. 그것은 머리가 맑은 물이 돼서 주르르 흘러넘치고, 그 뒤에는 아무것도 남지 않은 것처럼 달콤한 상쾌함이었다.

밤에 시모다 항을 출발하는 도쿄행 기선을 타고 오시마 섬을 바라보며 방금 헤어진 무희를 추억한다. 컴컴한 시모다 바다 위에서는 이즈에서의 일이 마치 먼 옛일처럼 느껴진다. "배에 실은 생선과 바닷물 냄새"는 선실의 불이 꺼지자 강하고 선명하게 지각된다. 어둠 속에서 소년의 "체온"으로부터 느껴지는 온기에 위로를 받고 마침내 주인공은 마음껏 눈물을 흘린다. 타인으로부터 받는 순수한 위로에 대한 반응이었다. 당시에는 시모다 항에서 밤에 출발하는 기선을 타면 다음 날 오전 도쿄만에 도착하게 된다. 시모다 항은 백석의 시에 나오는 '가키사키'와 위치상 거의 비슷한 지역이다. 백석이 도쿄에서 이즈반도까지 기차를 타고 왔다면, 백석이 이즈반도 여행 후 남긴 작품은 분명 지금과는 다를 것이다. 기선에 승선하거나 배 위에서 바라본 바다의 풍경 등을 작품에 쓰지 않았지만 백석의 이즈 기행 시편과 산문의 내용에 가키사키와 그 근처의 바다만 배경으로 등장하는 것은 그가 이 지역에만 머물다 갔을 가능성을 시사한다. 이즈 중부의 슈젠지 온천을 경유했다면 그와 관련한 작품도 창작했을 것이라고 판단된다. 기행 시편은 시의 내용을 분석하는 것도 중요하지만 여행의 여정과 이동 수단을 살펴보는 연구도 병행되어야 한다.

3. 이즈로 가는 길 : 도쿄-시모다 기선 여행

백석의 이즈 기행 시편 중에서 가장 중요한 지명은 '가키사키'이다. 가키사키는 현재의 지도에서도 쉽게 찾을 수 있는 지역은 아니다. 남이즈 시모다 항 근처의 작은 바닷가 마을이기 때문이다.[15] 그러나 1930년대 백석이 이즈반도를 여행할 무렵에는 가키사키 근처의 '시모다'는 일본 근대 역사의 현장으로 유명한 관광지였다. 도쿄만과 시모다 항을 왕복하는 기선이 운항했고 소설『이즈의 무희』의 주인공처럼 백석 역시 이 기선을 타고 도쿄와 시모다를 오갔을 가능성이 높다. 철도의 노선과 기선의 운항로가 확대되어 가면서 1930년대는 여행을 새로운 문화 향유로 인식하고 있었다.

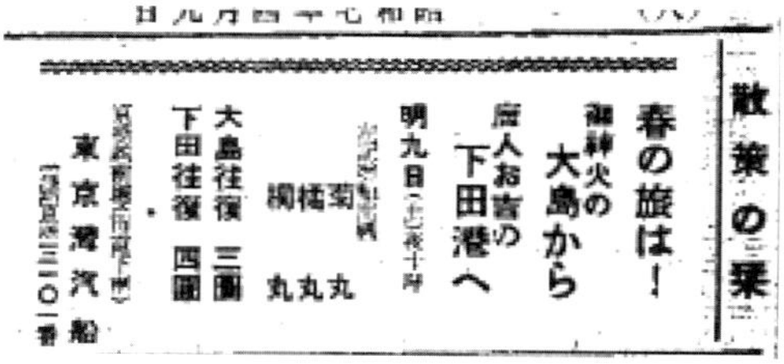

散策の栞
春の旅は！
御神火の大島から
唐人お吉の下田港へ
明九日（土）夜十時
菊丸 橘丸 桐丸
大島往復 三圓
下田往復 四圓
東京灣汽船

〈사진 1〉

15 김응교는「枾崎의 바다」에 대한 분석에서 백석이 "일본의 가난한 갯마을"에 "자신도 모르게 바닷가 해변 풍경에 대한 관심이 모아졌을 것"이라며, 시인 자신의 고향인 정주가 작은 포구이기도 한 사실과 시인이 교사 생활을 하던 곳도 함흥 바닷가 연안 지역이라는 사실과 무관하지 않다고 밝히고 있다(김응교,「백석의 일본기행시와 환상」,『한민족문화연구』 44권, 2013). 그러나 이것이 백석이 가키사키를 배경으로 시를 쓴 이유로는 부족하다. 백석의 여정이 도쿄와 시모다 항을 오가는 기선에 승선했기 때문에 당도할 수 있었던 장소이다.

시모다 항은 일본 최초의 개항지이다. <사진1>은 1932년『요미우리 신문(讀賣新聞)』(4월 9일 일요일 조간 8면)에 실린 여행 광고이다. 산책의 안내(散策の栞) 란에 "봄의 여행은! 고진카(御神火)의 오시마부터 당인 오키치의 시모다에"[16]라는 광고 문구에 이어 운항 중인 3편의 기선 "키쿠마루(菊丸), 타치바나마루(橘丸), 키리마루(桐丸)가 적혀 있다. 시모다까지 왕복 가격은 4엔, 밤 10시 출발이다. 동경만기선을 찾아가는 방법(京橋越前堀 전차 정류장에서 하차)과 전화번호(京橋3101番)도 게재되어 있다.

1932년 10월 22일자에는 "메이지 개항사를 물들이는 흑선과 당인 오키치의 시모다 항"이라는 표제 아래『요미우리 신문』2만호 기념으로 애독자 대표 3천명을 초대한다는 기사와 사진이 크게 실려 있다. 여기에 "가키사키는 요시다 쇼인[17]이 숨어 있던 동굴이 있는" 장소로 소개되었다. 실제로 1933년 1월 10일부터 24일까지 200명이 승선할 수 있는 배를 전세 내어 매일 200명씩, 총 3천명을 이즈반도 여행에 참가시킨다. 도쿄에서 1천명, 지방에서 2천명을 선정하였다. 밤 10시에 출발하면 시모다 항에 다음 날 아침 7시에 도착하며, 당일 시모다

16 이즈반도 남단의 여행지로 오시마 섬과 시모다를 소개하고 있다. 이즈 제도의 북쪽 가장자리에 있는 섬 오시마에는 중앙부에 활화산 미하라산에서 뿜어지는 분연이 신화(神火)라고 하여 숭앙의 대상이 되어 왔다. 오키치(お吉)는 시모다 개항 2년 후 미국 총영사로 온 해리스의 시중을 들다가 버림받은 후 외국인과 살았다는 이유로 마을 사람들로부터 당인(唐人)이라는 멸시와 천대 속에 자살한 비극적인 여인이다.

17 요시다 쇼인(吉田松陰, 1830-1859)은 막부말의 사상가이자 교육자. 페리 제독이 타고 온 흑선에 해외 밀항을 시도하였다가 페리 제독에게 거절당하고 투옥되었다.

항에서 밤 10시에 도쿄만을 향해 출발하는 배편이다. 3일간의 일정 중 이틀 밤을 배 위에서 보내게 된다. 겨울에도 도쿄보다 15도나 따뜻하고 언제나 봄과 같은 곳이라고 덧붙였다.

伊豆半島の名蹟地、下田へ
愛讀者[極月]參千名招待の抽籤
愈よ正月五日と決定[七日紙上にて發表]
讀賣新聞社

〈사진 2〉

<사진2>는 1932년 12월 12일 석간 3면의 기사로, 시모다 항의 사진이 함께 실려 있다. 기차와 기선을 이용하여 여행을 독려하고 여행 정보를 제공하기 위한 관광 안내서도 당시에 많이 발행되었으며 물론 이즈반도 관광 안내서도 있다.

당시에 도쿄에서 이즈반도를 오가는 여행 경로는, 첫째 도쿄에서 기차를 타고 미시마에서 간선으로 갈아타 슈젠지 역까지 오는 방법이다.[18] 나쓰메 소세키를 비롯한 일본 근대 문인들이 요양과 집필을 위해 슈젠지 온천을 방문할 때 주로 이용했다. 둘째 도쿄에서 기차를 이용해 슈젠지 역까지 오는 것은 첫째와 동일하나, 슈젠지에서부터 육로로 아마기 고개를 넘어 시모다 항까지 이동하여 시모다 항에서 기선을 타고 도쿄로 돌아가는 방법이다. 가와바타 야스나리의 소설『이즈의 무희』에서 주인공의 여정이다. 셋째 도쿄에서 기선을 타고 출발하여 시모다 항에 와서 다시 기선으로 도쿄에 돌아간다. 1933년 1월 요미우리 신문사가 애독자 대표 3천명을 초대하여 이즈반도 여행에 참가시킨 방법이다. 백석은 이즈반도 중에서도 남이즈의 가키사키 지역에만 머문 것 외에 다른 이

18 고형진,『백석 시의 물명고』, 고려대학교출판부, 2015, 269쪽.

동 경로가 없으므로 기선의 왕복 티켓을 이용해 이즈반도를 여행했다고 추측된다. 시모다 항 근처의 가키사키 근처의 바닷가를 산책하고 사람들의 생활 모습을 관찰하며 시와 산문에 대한 착상을 얻었고 작품으로 남겼다.

산문 「해빈수첩」을 보면 시간적 배경이 "개"는 저녁 무렵, "가마구"는 아침, "어린아이들"은 정오쯤이다. 시 「柿崎의 바다」에서도 저녁 무렵을 시간적 배경으로 하고 있다. 백석이 가키사키에 얼마나 머물렀는지는 정확히 알 수 없다. 그러나 백석이 가키사키에 하루 이상은 머물렀을 것으로 보인다. 시 「伊豆國湊街道」에서 "휘장마차"를 타고 달린 길은 가와즈에서 시모다 항까지의 해변도로이다. 휘장마차는 장거리 운행 수단이라기 보다는 관광용으로 해변의 정취를 즐기기 위해 탔던 것으로 보인다. 바다가 보이고 누런 금귤이 익어가는 마을은 백석에게 이국적인 동시에 매우 인상적인 풍경이었다.

4. 가키사키 해변의 산책자

저녁밥때 비가 들어서
바다엔배와사람이 흥성하다

참대창에 바다보다푸른고기가께우며 섬돌에 곱조개가붙는집의 복도에서는 배창에 고기 떨어지는 소리가 들렸다

이즉하니 물기에 누굿이젖은 왕구새자리에서 저녁상을받은 가슴앓는 사람은 참치회를먹지못하고 눈물겨웠다

어득한 기슭의행길에 얼굴이했슥한처녀가 새벽달같이

아 아즈내인데 병인은 미역냄새나는덧문을닫고 버러지같이 눟었다

—「柿崎의 바다」 전문

시의 제목에는 남이즈의 가키사키가 한자 “柿崎”로 쓰여 있다. 또한 “집의 복도”가 있는 구조나 “참치회”가 놓인 저녁상이 일본의 어촌임을 암시한다. 2연을 보면 집은 바다와 아주 가까운 거리에 있다. 집의 섬돌에는 “곱조개”가 장식처럼 붙어 있고 집의 복도에서 “배창에 고기 떨어지는 소리”가 들릴 정도이다. 어촌 사람들의 일상은 참대창에 푸른 고기를 꿰어 말리는 풍경에서 엿볼 수 있다. 산문 「해빈수첩」의 “가마구”에도 비슷한 풍경 묘사가 나온다. 생선을 말리는 풍경은 가키사키의 바다가 삶과 죽음이 공존하는 장소임을 암시한다. 백석의 시선은 어촌의 풍경에만 머물지 않고 3연의 “가슴 앓는 사람”과 4연의 “얼굴이 했슥한 처녀”, 그리고 “병인”의 모습을 따라간다. 밥을 넘기기도 어렵고 “새벽달” 같이 서 있거나 “버러지” 같이 누워 있는 병약한 사람들의 모습이 백석이 발견한 가키사키의 또다른 풍경이다.

1연의 배와 사람으로 흥성거리는 바다의 풍경과는 사뭇 상반된 아프고 쓸쓸한 사람들의 모습이 여행자 백석의 시선에 포착된 이유는 무엇일까. 자연이 아름답고 해산물이 풍부하고 근대의 역사 유적지가 많아서 볼거리가 많은 곳에 왔지만 백석이 찾아간 곳은 현지 사람들의 삶과 밀착된 장소이다. 가키사키 해변은 삶으로 생동하는 공간이면서 한편으로는 병든 사람들의 연약한 삶이 공존하는 장소이다. 이들을 바라보는 백석의 시선에는 연민이 담겨 있다. 그러나 다음 시에

서는 길 위의 여행자가 느끼는 즐거움으로 가득하다.

넷적본의 휘장마차에
어느메 촌중의 새새악시와도 함께타고
머ㄴ바다가의 거리로 간다는데
금귤이 눌 한 마을마을을 지나가며
싱싱한 금귤을 먹는것은 얼마나 즐거운일인가.

—「伊豆國湊街道」 전문

제목을 보면, 앞의 시와 마찬가지로 화자가 머물고 있는 장소가 한자로 표기되어 있다. 한시의 제목 같은 느낌도 들게 한다. 여행시의 기본 구조 중에서 이동수단을 타고 낯선 여행객과 동승하여 목적지로 가는 형식을 취하고 있다. '~에 ~와도 함께 타고 ~을 지나가며'가 주된 서술이다. 마지막 행에는 여행의 즐거움에 대한 감상이 적혀 있다. 화자가 타고 있는 것은 "넷적본의 휘장마차"이다. 고풍스러운 휘장의 이미지를 전달하는 동시에 여행길의 낭만적인 분위기에도 일조하고 있는 것은 이 휘장마차가 예스럽다는 것이다. "넷적본" 혹은 "옛것"에 대한 백석의 기호와 지향은 백석의 이후 시에서도 빈번하게 나타나는 시어이며 사소하고 낡은 사물을 발견하고 이것을 공동체의 근원으로 확장하게 하는 시선을 제공한다.

화자의 여정은 일본 이즈반도의 아름다운 해안도로를 지나가는 것이다. 시간을 거슬러 과거의 한 시절을 향수하게 한다. "넷적본의 휘장마차"에서 오는 친근함과 반가움 때문이다. "옛것은 그 자체로 친근하고 다정한 사물의 선택 기준이 되며, 고향을 떠나 다른 고장의 풍광을 묘사한다고 하더라도 하나의 공통된 삶의 구조 속에서 그 풍광들을 보고 있다는 것을 타나낸다. '옛것'이라는 형식은 일상적이고 범상한 소재를 전혀 다른 차원의 그 무엇으로 변모케 하는 정신이 내재된 언어기호이다."[19] 시에서 "휘장마차"는 낯선 여행지를 거부감 없이 편안하고 친근하게 받아들이는 이동 수단으로 기능한다. 주목할 점은, "휘장마차"라는 어휘가 1930년대에 일본에서도 식민지 조선에서도 사용된 적이 없다는 것이다. 당시에 흔히 쓰던 '황마차'와 유사한 이동 수단이거나 평안도 지역 또는 북방에서 "휘장마차"라는 어휘가 사용되었는지는 모르지만, 백석이 일본어를 배제하고 시의 분위기를 위해 만들어낸 단어로 볼 수도 있다.

"휘장마차"의 안과 밖을 살펴보자. 화자는 휘장마차 안에서 "싱싱한 금귤"을 먹으며 여행의 즐거운 기분을 만끽하고 있다. 그런데 화자와 "새새악시"가 타고 있는 휘장마차 밖의 풍경이 바로 "금귤이 눌한 마을"이며 화자는 휘장마차를 타고 이런 "마을마을"을 연속적으로 바라보며 지나가고 있다. 누런 금귤나무가 있는 마을은 눈앞에 펼쳐지지만 화자는 그 풍경 안에 포함되어 있지 않고 단지 스쳐 지나갈 뿐이다. 여행길에서 바라보는 풍경에서 화자는 소외되어 있다. "휘장"으로 차단된 공간과 휘장마차의 속도 때문이다. 그러나 휘장마차 안에서 화자의 시선이 머무르는 두 지점, 휘장마차 밖에 존재하는 금귤과 자신의 손 안에서 실제로 만져지고 맛볼 수 있는 금귤을 동시에 소유하면서 이 상황은 극복된다. 바깥 풍경의 하나를 휘장마차 안으로 끌어들인 것이다. 그러므로 손 안의 금귤은 싱싱할 뿐만 아니라

19 손진은, 「백석 시의 '옛것' 모티프와 상상력」, 『한국문학이론과 비평』 24, 한국문학이론과 비평학회, 2004.9.

금귤을 먹는 행위는 "즐거운 일"이 된다. 휘장마차가 운행하는 방향으로 여행자의 시선은 일정한 속도와 함께 움직일 수밖에 없고 화자가 풍경을 향유하는 감각은 금귤의 촉각과 미각을 통해 동시적으로 충족된다. 또한 백석의 시에서 금귤이 등장하는 것은 이 시 한편 뿐이며, 금귤이 이즈반도의 특산물이라는 점에서도 지역색을 드러내기에 충분한 소재이다.

"금귤이 눌 한 마을마을"은 그 자체로 이국적인 풍경이다. "싱싱한 금귤을 먹는 것은 얼마나 즐거운 일인가"라는 구절을 통해 이 시가 「柿崎의 바다」 보다는 여행의 즐거움에 대해 이야기하고 있다는 것을 알 수 있다. "금귤"은 식민지 조선에서 쉽게 볼 수도 없을 뿐더러 값이 비싸 맛보기도 어려운 귀한 과일이다. 여행의 즐거움 중에는 여행지에서의 음식을 맛보는 즐거움을 빼놓을 수 없다. 특히 백석은 음식에 대해 남다른 감각을 지닌 시인이다. 백석의 기행 시편의 특징 중 하나가 음식의 이름과 맛에 대한 묘사와 즐거움의 표현이며 이것은 이즈반도 여행에서도 동일하게 나타난다.

산문 「해빈수첩」에는 가키사키 해변의 산책자로서의 시선과 태도가 잘 나타나 있다. 수첩에 메모를 하듯이 소제목을 따로 정해 놓고 그에 따른 단상을 적은 것 같지만 산문시로 보아도 무방한 매우 시적인 산문이다. 백석이 가키사키 해변의 저녁 풍경에서 먼저 발견한 것은 "고요한 시인"이자 "해변의 숭엄한 철인들"로 의인화된 개이다. "하늘에는 쏘구랑별들이 자리를 박구고 먼바다에 배ㅅ불이 물길을 옮는" 해변에서 개가 짖지도 않고 한가롭게 다니는 모습에서는 여유와 서정성이 느껴진다. 그러나 가키사키 해변의 아침 풍경은 사뭇 다르다. 갈매기가 아니라 검은 색의 까마귀가 등장한다. "가다귀"는 "먼 촌수의 큰아버지의 제사에 쓸어 뫃인 가난한 일가들"의 모습으로 의인화하였다. 아침 바다가 밝은 희망이나 활기찬 기운이 가득한 공간이 아니라 죽음과 저주의 공간으로 그려지고 있으며, "가마구"는 바다 사람들을 무섭게 저주하는 존재로서 "바다 사람들을 잡어오란 구신의 녕"을 기다린다. 까마귀에게 죽음의 이미지를 덧입힌 것은, "바다 사람들이 왕구새 자리를 펴고 참치를 말리는 시절엔 참대 끝에 가마구의 송장을 매어 달어 그 자리 가에 세"워 두며 까마귀를 쫒아내는 풍습에서 기인한다. 어촌의 "참대"에는 생선이나 "피도 갈지 않은 가마구의 쭉찌 하나"가 늘 꿰어 달려 있는 것이다. 삶의 현장인 동시에 도처에 죽음이 존재하는 공간으로 가키사키의 바다를 묘사하고 있다. 이것은 시 「柿崎의 바다」에서 "가슴앓는 사람", "얼굴이 했슥한 처녀", 버러지같이 누운 "병인"에게서 환기되는 죽음의 이미지와 유사하다. 백석이 온천 요양을 위해 이즈로 갔다는 주장을 뒷받침하는 근거로, 일본 기행 시편에는 여행지에서의 즐거움만이 아니라 병자들을 바라보는 백석의 연민, 그리고 죽음의 사자이며 제사장인 까마귀가 등장하는 산문의 내용을 들 수 있다. 어촌의 이국적인 풍속을 묘사한다는 차원을 넘어서 죽음의 분위기가 낯선 두려움으로 다가온다.

마지막으로 가키사키 해변에 등장하는 존재는 어린아이들이다. "바다에 태어난 까닭"에 "바다의 주는 옷과 밥으로 잔뼈가 굵은 이 바다의 아이들"은 모래성을 쌓기도 하고 바다에 조약돌을 던지기도 하며 하루 종일 즐겁게 놀다가 "크면은 바다로 나아가여햐 하는 바다의 작은 사람들"이다. 산문 「해빈수첩」은 고요한 저녁의 바닷가 풍경에서 시작하여 다음 날 아침 "밤물에 떠들어온 강아지의 송장을 놓고" 주변을 둘러싼 까마귀의 다소 그로테스크한 겨울 아침을 묘사하다가 "모래장변"에서 뛰노는 어린아이들의 매우 긍정적이고 희망적인 모습을 그리며 끝난다. 바다를 두려워하지 않는 건강하고 활기찬 아이들의 모습이 유독 백석의 시선을 끌어 당겼는지도 모른다.

가키사키 해변의 저녁으로부터 다음 날 아침과 정오를 지나는 동안 백석의 시선이 개, 가마귀, 어린아이들로 옮겨가는 것은 단순한 관찰과 목격의 결과가 아니라 내면 의식의 흐름을 따라간 결과이다. 시인으로의 자각과 죽음에 대한 두려움을 벗어나 어린아이의 천진하고 힘찬 모습을 발견하는 과정이 산문에 담겨 있다.

5. 결론: 여행의 형식

백석의 시에서 여행은 중요한 의미를 갖는다. 백석은 도쿄 아오야마 학원 유학 시절에 일본의 이즈반도를 여행하고 시 「柿崎의 바다」와 시 「伊豆國湊街道」, 그리고 산문 「해빈수첩」을 남겼다. 백석의 기행 시편에 대한 연구는 상당히 진행되었으나, 그동안 일본 기행 시편에 대해서는 단편적인 언급에 그칠 뿐이었다. 백석의 일본 유학 시절 행적이 상세하게 남아 있지 않은 것도 이유가 될 것이다. 백석의 일본 유학에 관해서는 학적부와 졸업예정자 일람이 공개되었다. 그러나 일본 기행 시편의 작품 편수가 적다고 해도 시 「柿崎의 바다」는 시집 『사슴』(1936)에 수록되었으며, 시 「伊豆國湊街道」는 잡지 『시와 소설』(1936)에 발표되었고 산문 「해빈수첩」은 『이심회 회보』(1934)에 실렸다. 시 「伊豆國湊街道」에는 여행의 즐거움이 드러나 있지만 가키사키의 바다를 배경으로 한 시와 산문에는 삶과 죽음이 동시에 드리워진 어촌 풍경이 이중적으로 그려진다. 그리고 일본 기행 시편에서도 백석의 기행 시편이 갖는 특징이 잘 드러나 있다. 지명을 제목으로 사용한다는 것과 지역 사람들의 일상적이고 소소한 삶의 모습을 관찰한다는 것, 지역 음식을 맛보고 묘사한다는 것은 일본 기행 시편에서도 공통적으로 찾아볼 수 있다. "참치회"와 "금귤"은 이즈반도의 특산물이기 때문에 이것만으로도 이국적인 정취가 충분히 환기될 수 있다. 백석이 시를 쓸 때 이국적 정취보다는 시의 분위기를 흩뜨리지 않는 범위 내에서 자신에게 친숙한 어휘를 선택하는 동시에 일본어에 대한 의식적 배제가 기저에 깔려있었다. 러시아어나 중국어, 만주어 등 다른 외국어는 시어로 사용했기 때문이다. 시 「伊豆國湊街道」에서 "휘장마차" 역시 당시에는 사용되지 않은 어휘이므로 무엇의 대체어인지 추후의 자료 조사가 필요하다.

그러나 이 논문에서 가장 주목했던 점은 백석이 일본 유학 중 여행지로 선택한 곳이 왜 이즈반도의 가키사키 해변인가 하는 것이었다. 언제 누구와 어떤 경로와 이동 수단을 이용했는지에 대해서는 불명확하다. 첫째, 유학 중 독서에 심취했던 백석이 이즈를 문학적 공간으로 인식했기 때문이다. 일본 근대의 문인들이 이즈의 온천 지역을 찾아 요양과 집필을 병행하며 사교 활동을 했다. 특히 가와바타 야스나리의 『이즈의 무희』는 이즈를 무대로 한 대표적인 소설이다. 당시 영화로도 제작되어 큰 인기를 끌었던 만큼 백석도 이 소설을 읽었을 가능성이 있으며 신인 소설가이자 시인 지망생이었던 백석은 문학적 방황과 갱신의 공간으로 이즈를 인식했던 것 같다. 둘째, 여행의 시대로서의 1930년대를 살았던 백석에게 여행은 기차나 기선 등의 운행 노선이 여행지를 선정하는 중요한 선택지로 작용했을 것이며 여기에 신문의 지면 광고나 여행 안내서, 그리고 여행 산문 등이 영향을 미쳤다. 백석의 일본 기행 시편을 살펴보았을 때, 슈젠지를 비롯한 이즈반도의 다른 지역에 대한 언급 없이 남이즈 '가키사키'에만 집중되어 있다는 점에서 기선을 이용해 도쿄와 시모다 항을 왕복하는 노선을 선택한 것이라고 판단했다. 그러나 신문 광고에 나온 시모다 항의 관광지보다는 바다의 사람들이 생활하는 삶의 현장으로서의 가키사키나 노란 금귤나무가 늘어선 해안도로가 백석을 시선을 더 오래 머물게 한 것은 분명하다. 이런 태도는 이후의 기행 시편에서도 일관되게 지속된다.

■ 참고 문헌

〈기본 자료〉

이심회, 『이심회 회보』 창간호, 1934.

구인회, 『시와 소설』 창간호, 주식회사창문사출판부, 1936.

백석, 『사슴』, 선광인쇄주식회사, 1936.

이동순 · 김문주 · 최동호 엮음, 『백석 문학전집1 시』, 서정시학, 2012.

김문주 · 이상숙 · 최동호 엮음, 『백석 문학전집2 산문 · 기타』, 서정시학, 2012.

가와바타 야스나리, 신인섭 역, 『이즈의 무희』, 을유출판사, 2010.

〈논저〉

고형진, 『백석 시의 물명고』, 고려대학교출판부, 2015.

곽효환, 「백석 기행시편 연구」, 『한국근대문학연구』 제18호, 한국근대문학회, 2008.10.

김숙이, 「새로 찾아낸 백석 시인 연구 자료」, 『서정시학』, 2010. 봄호.

김응교, 「백석 · 일본 · 아일랜드」, 『민족문학사연구』 44권, 민족문학사학회 · 민족문학사연구소, 2010.

______, 「백석의 일본기행시와 환상-백석 시 연구5」, 『한민족문화연구』 44권, 한민족문화학회, 2013.

김재혁, 「문학 속의 유토피아 : 릴케와 백석과 윤동주-시적 주체와 공간의식의 관점에서」, 『헤세연구』 26집, 한국헤세학회, 2011.12.

손진은, 「백석 시의 형성과 프란시스 잠 시」, 『어문학』 제80호, 한국어문학회, 2003.6.

______, 「백석 시의 '옛것' 모티프와 상상력」, 『한국문학이론과 비평』 24, 한국문학이론과 비평학회, 2004.9.

이동순, 「시인 백석과 그의 정신적 스승 이시카와 타쿠보쿠」, 『월간조선』, 조선일보사, 1999.

이선민 · 최흡, 『서중회 이야기』, 기파랑, 2008.

勝呂伊弘、『伊豆の文學-その風土と作品』、長倉書店、1988.

수수께끼와 백석의 시
—「柘榴」「木具」「국수」를 중심으로

1. 서론

이 글은 백석의 시 중에서 수수께끼의 형식으로 시상을 전개시키는 작품 세 편을 골라 그 미학적 효과에 주목한다. 수수께끼는 단순하고 유쾌한 언어유희일 뿐만 아니라 한 민족 공동체의 생활 및 사상과 사유의 총체성을 인지할 수 있는 수단[1]이기도 하다. 백석이 평북 방언과 토착어로 구현한 고향 마을은 일가친척과 유년의 화자가 민족적 동질감과 유대감을 회복하는 화해로운 공간이다. 이 공간의 구현이 수수께끼의 형식을 취했을 때 어떤 새로운 의미를 획득하는지 살펴보는 것을 일차적인 목적으로 한다. 기존의 논의에서 백석 시의 수수께끼 형식에 관한 고찰은 주로「국수」에 한해서 소략하게 언급되었다. 이경수는 백석 시의 반복 기법에 주목하여, 특히「국수」의 시상 전개가 기본 문형을 반복하는 스무고개의 질문 형식을 따르고 있다는 점

---

1 최래옥,「수수께끼」,『한국민속대관』, 고려대 민족문화연구소, 1982.

을 지적했다.[2] 최정례는 「국수」에서 스무 고개 형식의 수수께끼는 실체가 드러나지 않는 무엇을 언급하는 과정에 우리 존재에 대한 질문까지 포함시키는 효과를 지닌다고 밝혔다.[3] 이 글은 「국수」를 포함한 백석의 다른 시편에서 구비 문학의 한 형태인 수수께끼가 어떻게 활용되고 있으며 그것이 갖는 시적 의미와 효과에 대해 고찰한다.

수수께끼는 기본적으로 대상에 대한 정의를 목적으로 한다. 대상의 특징에 대해 제한하고 규정하는 방식으로 정의항과 피정의항, 질문과 대답 간의 등식을 성립시키는 말놀이다. 그러나 수수께끼는 대상을 명료하게 설명하는 일반적인 묘사 방식을 따르지 않는다. 수수께끼가 시와 유사하다고 할 때 그것은 대상을 대하는 태도의 유사성에서 기인한다. 수수께끼도 시와 마찬가지로 창조적인 상상력을 기반으로 하며, 대상에 대한 연상과 상상력의 결과라는 점에서 수수께끼의 시학적 조명이 가능하다.[4] 그렇다면 시에서 수수께끼의 자질을 어떻게 발견할 수 있는가.

수사적 측면의 고찰이 우선되어야 한다. 수수께끼는 'A는 B이다'의 은유 방식을 기본 형태로 하여 'B이면서 B가 아닌 것', 'B이고 C인 것' 등의 다양한 수사적 변주를 통해 대상을 보여준다. 이 때 대

---

2 이경수, 「백석 시의 반복 기법 연구」, 『상허학보』 7, 2001, 370면.

3 최정례, 「백석 시 연구」, 고려대 대학원 석사학위논문, 2001, 34~35면.

4 이재선, 「수수께끼와 그 시학적 성격」, 『창작과비평』, 1973 겨울호, 998~1015면. 이재선은 민담과 시학을 고여 올리는 저변적 기반으로서의 수수께끼에 주목한다. 그는 구비 문학의 전통인 수수께끼가 민담과 설화에 삽입되어 사건 전개의 역할을 담당해 왔으며 향가와 시조에서도 발견된다는 점을 지적한다. 특히 「처용가」, 윤선도의 「오우가」, 만해 한용운의 「알 수 없어요」를 수수께끼 형식을 취하는 예로 들고 있다.

상을 의인화하여 무생물을 생물로 대체시켜 설명하거나 직접적인 제시를 피하기 위해 완곡어법을 사용한다. 대상의 부분이 전체를 제시하거나 전체가 한 부분을 나타내는 제유의 방식도 쓰이며 반복법, 열거법 등이 수수께끼에 자주 사용되는 수사법이다. 수수께끼가 기지와 지혜의 경합이 되는 것은 이와 같은 수사법을 동원한 '은폐 구조'를 갖기 때문이며, 시적 효과를 획득하는 것은 이러한 은폐 구조를 풍부하게 구성할 수 있는가의 여부와 그 안에서 소재의 속성을 새롭게 인식할 수 있는가에 있다. 이 과정에서 은유의 방식은 확장되어 대상의 본질에 대한 풍부하고 깊이 있는 의미 영역에 도달하기도 한다.

백석의 시 「柘榴」(1936)에서 시작하여 「木具」(1940)를 통과하고 「국수」(1941)에 이르는 시편들을 하나의 연속선상에 놓고 수수께끼 형식의 사용을 고찰한다.

2. 시와 수수께끼의 은유 구조 : A는 B이다

南方土 풀안돋은 양지귀가본이다
햇비멎은저녁의 노을먹고삷다

太古에나서
仙人圖가꿈이다
高山淨土에山藥캐다오다

달빛은異鄕
눈은 정기속에 어우러진싸움

—「柘榴」 전문(『사슴』, 선광인쇄주식회사 1936)

수수께끼를 풀듯이 제목을 보지 않고 시의 내용만으로 정답인 '석류'[5]를 떠올리기는 쉽지 않다. 시를 구성하고 있는 각각의 행들을 수수께끼의 질문이라고 상정하고 시를 읽어보자. 이 시에서 석류는 의인화되어 있는데, 1연 1행에서 석류의 원산지가 남쪽지방의 척박한 사막 같은 땅이라는 사실을 알 수 있다. '양지귀'는 햇살 바른 가장자리를 뜻하는 평북 방언이다. 석류는 고려 시대에 중국에서 전래된 과일이며 원산지는 현재의 이란 지방이다. 1연 2행은 석류꽃의 색깔이 붉은 이유에 대한 감각적인 표현이다. '햇비'는 여우비의 평북 방언으로 보이며 짧은 비가 그치고 난 후에 저녁 하늘을 물들이는 노을을 먹고 사는 듯이 그 색깔이 붉고 선명하다는데 주목한다.[6] 석류는 중국 한무제 때 장건이 실크로드 개척에 나섰다가 옛날 페르시아 지방에서 귀국할 때 가지고 들어와서 전해진 과일이다. 석류는 기원전부터 페르시아 지방 사람들이 약재로 쓰면서 신의 과일이라고 여겼다.[7] 동아

5 자류와 석류는 같은 나무를 가리키는 동일한 명칭이다. 석류라는 이름은 '안석국(安石國, 페르시아)에서 자라는 나무'라는 뜻에서 유래했다. 우리 시사에서 석류를 주재로 한 시로는 정지용의 「柘榴」(1927)와 조지훈의「아침」(1949)이 있다. 시어의 선택에서 정지용과 백석은 '자류'를, 조지훈은 '석류'를 채택하여 쓰고 있다.

6 석류꽃이나 석류 모두 붉은색을 띄고 있지만 이 부분은 석류꽃으로 보는 것이 타당하다. 이 시는 석류의 뿌리, 꽃, 열매, 씨앗에 이르는 일련의 과정을 시화한 것으로 보이기 때문이다. 백석 초기시의 이미지즘적 요소가 두드러진 부분이기도 하다. 노을을 먹고 아름다워지는 꽃의 이야기는 설총의 「화왕계」에서 장미와 할미꽃을 의인화하여 그들의 미모와 지혜를 묘사한 부분과 비슷하다.

시아 문화권에서 복숭아가 무릉도원의 상징이고 신선들의 음식인 것처럼 석류 역시 불로장생의 의미를 지닌다. 2연 2행의 '선인도가 꿈'이라는 표현은 석류의 약효에 대한 믿음이 반영된 것이며, 고대로부터 내려온 이 믿음을 시적인 표현으로 3행에서 고산정토를 찾아 '산약'을 캐는 것을 의인화된 석류의 주된 일로 해석하는 것은 무리일까. 의인법은 수수께끼에서 가장 빈번하게 쓰이는 수사법 가운데 하나인데 석류에 부여한 인격은 자연스럽게 석류의 원산지, 석류꽃과 열매의 빛깔, 석류의 효능을 인간에 비유하여 연상 작용을 가능하게 한다. 1연과 2연에서 'A는 B이다'의 은유 방식은 B가 수수께끼의 내용이자 시의 내용이고, A는 수수께끼의 답이자 시에서 행동의 주체가 된다. 짧은 시형에는 이런 형태의 단순한 은유가 효과적이다. 수수께끼의 질문은 답 자체보다는 답에 이르게 되는 추리 과정과 능력을 더 가치 있는 것으로 취급한다. 이것은 시에서도 마찬가지이며 그 과정의 참신성이 시적인 효과를 발휘하고 감동을 줄 수 있다. 일종의 '낯설게 하기'의 효과를 살펴볼 수 있는데 수수께끼는 익숙한 것을 낯설게 만들면서 오히려 그것의 특징을 선명하게 부각시킨다.[8]

시의 1연과 2연은 수수께끼의 문법을 따라 석류를 재미있게 설명

---

7 정경연, 『몸에 좋은 색깔 음식 50』, 고려원북스, 2005, 167~170면.

8 러시아 형식주의자 슈클로프스키는 '낯설게 하기'를 문학성의 핵심으로 파악했다. 그는 '낯설게 하기'가 모든 종류의 수수께끼의 기초가 되는 동시에 유일한 의미를 갖는다고 보았다. 개개의 수수께끼는 보통 때는 적용되지 않는 단어들에 의한 대상의 묘사, 대상의 정의, 약간의 변형된 반복을 통해 얻어진 음성학적인 특수화를 사용한다. 또한, 사회비판이나 풍자의 기능을 수행하는데 수수께끼는 효과적이다(빅토르 슈클로프스키(김치수 역), 「기법으로서의 예술」, 『러시아 형식주의』, 이화여대 출판부, 1997, 96~100면).

한 재치가 돋보인다. 그러나 마지막 연에 이르면 그동안 비교적 쉽게 읽히던 시가 난해하게 느껴진다. 3연은 석류가 현재 처한 상황으로 보아야 한다. 달빛이 비치는 이곳은 의인화된 석류가 그동안 살아왔던 곳과는 다른 타향이다. 달빛 아래에서 펼쳐지는 모든 것들은 낯설다. 이때 '달빛'이 의미하는 것은 무엇인가. 3연을 석류의 현재라고 보면 1연과 2연은 과거 회상에 해당된다. 흔히 우리의 민간 수수께끼에서 석류는 '웃으면 이빨 쏟아지는 것'[9]이라는 명제의 답인데 이것은 석류의 특징을 고스란히 지니고 있는 재미있는 표현이다. 석류의 석류다움은 바로 열매가 익어서 스스로 터지는 순간이다. 석류가 여물면 아랫부분의 과육이 불규칙하게 터지면서 그 안에 담겨 있는 씨앗들을 볼 수 있다. 이 순간을 포착한 것이 3연이다. 일반적으로 꽃의 개화 순간을 노래한 시들은 많았지만 석류처럼 과일이 충분히 여물어서 스스로 벌어지는 순간을 포착한 시는 드물다. 마지막 행은 해석의 어려움을 동반하고 있지만 '눈'을 빼곡하게 영근 석류 씨앗으로 본다면 '정기 속에 어우러진 싸움'은 석류 속에서 석류 씨앗이 익어가는 과정을 시화한 것이다. 석류의 근원에 해당하는 먼 과거와 현재가 한 시에서 만나는 충돌 효과는 3연 1행의 달빛 아래 낯선 공간을 획득하는데 이것은 석류의 붉은색을 강조하기 위한 장치로 보인다. 밤이 되어 해의 붉은 빛은 모두 석류 속으로 들어가고 창백한 달빛만 남은 풍경은 석류가 가진 생명력, 즉 '정기(精氣)'로 집중하게 한다. 자세히 들여다보면 석류의 씨앗들이 석류 과육 속에서 쏟아질 듯 담겨 있는 순간을 포착하는 예민한 감각도 포함된다. 1·2연과 3연은 한 편의 시

9 김성배, 『한국 수수께끼 사전』, 집문당, 1988.

로서는 완결성이 부족한 듯 보이지만 두 부분으로 나누어서 해석한다고 해도 수수께끼의 형식으로 읽을 때 시의 의미가 분명해진다. 다음 시에서는 서사를 지닌 수수께끼의 형식이 조직되며 그 연쇄의 과정에서 자연스럽게 우리 민족의 생활과 정서를 구현한다.

3. 시와 수수께끼의 연쇄 구조 : A는 B하고 C하는 것

五代나 날인다는 크나큰집 다 찌글어진 들지고방 어득시근한 구석에서 쌀독과 말쿠지와 숫돌과 신뚝과 그리고 녯적과 또 열두 데석님과 친하니 살으면서

한해에 멫번 매연지난 먼 조상들의 최방등 제사에는 컴컴한 고방 구석을 나와서 대멀머리에 외얏맹건을 질으터 맨 늙은 제관의손에 정갈히 몸을 씻고 교우 옻에 모신 신주앞에 환한 초불밑에 피나무 소담한 제상위에 떡 보탕 시케 산적 나물지짐 반봉 과일들을 공손하니 받들고 먼 후손들의 공경스러운 절과 잔을 굽어보고 또 애끊는 통곡과 축을 귀에하고 그리고 합문뒤에는 흠향오는 구신들과 호호히 접하는것

구신과 사람과 넋과 목숨과 있는것과 없는것과 한줌흙과 한점살과 먼 녯조상과 먼 훗자손의 거륵한 아득한 슬픔을 담는것

내손자의손자와 손자와 나와 할아버지와 할아버지의 할아버지와 할아버지의 할아버지의 할아버지와……水原白氏 定州白村의 힘세고 꿋꿋하나 어질고 정많은 호랑이 같은 곰같은 소같은 피의 비같은

밤같은 달같은 슬픔을 담는것 아 슬픔을 담는 것

—「木具」 전문(『문장』, 2권2호 1940.2)

전체 서술 부분의 주어 '목구'는 시의 본문에서 생략된다. 그러나 우리는 이미 생략된 주어인 수수께끼의 답을 알고 있다. 나무로 만든 제기인 '목구'라는 답을 전제하고 각 연을 수수께끼 풀이 방식으로 읽어나갈 수 있다. 이때 수수께끼의 정의항에 해당하는 시의 내용은 이미 "알려져 있는 것을 안 알려지게" 가리는 효과를 산출한다.[10] 이런 서술방식은 시의 내용을 풍성하게 할 뿐만 아니라 시의 전개를 치밀하게 구성하는데 기여한다. 수수께끼의 성격을 통해 '목구'는 일차적으로는 제사 음식을 담는 그릇인 제기이면서 엄밀한 의미에서는 제기 이상의 의미를 획득하게 된다.

먼저 1연은 의인화된 목구가 사는 장소가 제시되는데 그곳은 크나큰 집의 다 찌그러진 '들지고방'이다. 고방은 지어진 지가 오래되어 '옛날'이라는 시간의 흔적을 고스란히 간직하고 있으며, 눈에 보이지 않지만 집안 사람들의 화복을 관장하는 '열두 제석신'도 함께 하는 공간이다. 수수께끼의 답은 '쌀독'과 '말쿠지'와 '숫돌', '신뚝' 등 가족들의 일상 생활용품들과 함께 고방에 보관된 물건이라는 것을 짐작할 수 있다. '말쿠지'는 벽에 옷 같은 것을 걸기 위해 박아놓은 큰 나무못을 이르는 평북 방언이고 '신뚝'도 방이나 마루 앞에 신발을 올리도록 놓아둔 돌을 의미하는 평북 방언이다. 쌀독은 쌀을 넣어 두는 독이므로 1연에 나열된 물건들은 모두 어떤 물건을 담는데 쓰인다

10 김열규, 「수수께끼라는 언어 전략이 텍스트 상관성에 던지는 몇 가지」, 『배달말』 14, 1989, 319~325면.

는 공통점이 발견된다. 이런 맥락에서 볼 때 '슛돌' 역시 칼이나 낫을 갈아서 날을 세우는 돌이 아니라 물건을 담는 용기를 뜻하는 평북방언이 아닐까 하는 의문이 든다. 고방이 잡다한 물건들을 보관하듯이 고방 안에 있는 물건들 역시 다른 물건들을 담는 용도로 쓰이고 있다는 설정이 인상적으로 제시된다. 이제 2연에서 목구가 무엇을 담는데 쓰이는지 구체적으로 드러난다.

2연에서는 목구를 의인화하여 서술하고 있기 때문에 최방등 제사의 주체가 마치 목구인 것처럼 보인다. 최방등 제사는 평북 정주 지방의 토속적인 제사 풍속으로 차손이 맡아서 모시게 되는 5대째부터의 제사를 일컫는다. 늙은 제관은 고방에서 목구를 꺼내와 정갈하게 닦은 후 떡, 탕, 식혜, 산적, 나물, 생선, 과일 등을 담아 제상에 올리고 제사를 지낸다. 그러면 귀신이 된 조상들이 후손의 절을 받거나 흠향하러 찾아온다. 그렇다면 왜 수수께끼의 정의항 같은 '~하고 ~하고 ~하는 것'이라는 구문을 택한 것일까. 그것은 2연이 단순히 목구만을 설명하는 것으로 그치는 것이 아니라 목구와 관련된 각각의 제사 음식들이며 제사의 진행 과정, 집안의 전체 모습, 나아가 우리의 민속을 보여주기에 적합한 방식이기 때문이다. 이것은 시간적 연쇄, 공간적 인접(1연), 행위·사건의 연쇄(2연)를 위해 주로 사용되는 수수께끼의 "순서·연관의 인접성을 이용한 은폐 진술"[11]에 해당한다. 이 과정에서 지나친 생략이 일으키는 은폐는 수수께끼의 수용을 거부하는 반응을 일으킬 수도 있으나 목구와 관련된 일련의 행위는 이 과정을 무리없

11 한채영, 「수수께끼의 틀과 은폐 책략」, 『한국민속학보』 5, 1995, 241면~243면.

이 시상 전개에 사용하고 있다.

3연과 4연에서 목구의 제유적 성격은 더욱 확장된다. 목구는 이제 제사 음식을 담는 그릇의 역할을 넘어선다. 2연에서 '합문 뒤에 귀신과 호호히 접한' 그것은 이제 만남과 소통의 장소로서 역할을 한다. 일차적으로는 제사를 바라보는 시선에서 산 사람과 죽은 사람의 경계는 무화된다. '귀신과 사람', '넋과 목숨', '한줌 흙과 한점 살', '있는 것과 없는 것', '조상과 후손'의 서로 상반된 존재들이 제사라는 가족 행사에서 목구를 중심으로 만난다. 그리고 그들이 만나서 소통하는 것은 '거룩한 아득한 슬픔'을 공유하는 일이다. 4연에서는 화자 '나'를 중심으로 과거의 먼 조상들과 미래에 존재할 후손들이 만난다. '나'는 3연에서 목구가 한 것과 마찬가지로 조상과 후손의 '슬픔'을 담고 있는 현존재이다. '수원 백씨 정주 백촌'의 인생 내력이 모두 담긴 슬픔을 화자 '나'는 간직하고 있다. 그러나 이 슬픔은 '나' 혼자의 것이 아니며 조상과 후손들 사이의 보이지 않는 연대감을 형성하는 근원에 해당한다. 또한 대대손손을 이어져 오는 가족의 정체성인 본적 '수원백씨 정주백촌의'와 '힘세고 꿋꿋하나 어질고 정 많은 호랑이 같은 곰 같은 소 같은 피의' 기질도 모두 조사 '~의'로 연결되어[12]

12 여기서 이 모든 것을 연결시키는 데 공헌하는 것은 조사 '~의'의 기능이다. 나와 할아버지의 양 끝으로 몇백 년의 시간을 넘어서 연결되는 '내(나의) 손자의 손자'와 '할아버지의 할아버지', '할아버지의 할아버지의 할아버지'는 조사 '~의'로 연결된다. 이때 함께 주목할 것은 접속사 '~와/과'의 기능인데 3연에서는 삶과 죽음을 경계로 A와 A가 아닌 것들을 연속적으로 나열·결합하여 슬픔의 주체를 밝히고 있으며 4연에서는 '~의'로 연결된 가족들을 한 명씩 불러오는 역할을 담당한다. 이 부분은 연쇄적인 의미가 아니라 나열과 결합의 의미가 강하다. 표면적으로 드러나 있지는 않지만 이와 같은 나열

'비 같은 밤 같은 달 같은' 슬픔의 내력으로 설명되고 있다. 기존의 해석에서는 '호랑이 같은 곰 같은 소 같은 피의 비 같은 밤 같은 달 같은'의 부분을 모두 '~같은'으로 연결된 관형구르 보았기 때문에 '피의 비 같은'이 난해한 표현으로 남아 해석의 어려움이 있었다.[13] '~같은'과 결합된 어휘가 모두 보통명사이고 '피의 비'만 '~의'로 수식을 받는다고 할 때 이것은 재고의 여지가 분명히 있다. 이 부분은 '호랑이', '곰', '소'의 피로 상징되는 가족의 강인하고 활달한 기질과 혈통을 의미한다고 보아야 할 것이다. 이어서 가족의 슬픔을 수식하는 대상으로는 '비', '밤', '달'이 더 어울리며 시상의 흐름에도 무리가 없어 보인다. 그러므로 '피의'와 '비' 사이에는 쉼표가 있다고 상정하고 이 시를 읽어 나갈 때 시의 올바른 분석에 접근할 수 있을 것이다. 결국 슬픔은 수원백씨 정주백촌의 슬픔이며 이 가족의 피의 슬픔인데 이 슬픔의 정조가 비, 밤, 달과 같다는 직유법이 사용된다.

백석은 과거에 존재했던 것과 미래에 존재할 것의 만남, 눈에 보이지 않는 것과 눈에 보이는 것의 만남을 제사라는 상황과 제사에 쓰이는 목구를 통해 구체적으로 드러낸다. 따라서 혈통을 따라 흐르는 가

과 결합이 가능하기 위해서는 가족사에서 '시간의 연쇄'라는 것을 전제하고 있어야 한다.

13 고형진은 이 부분을 「휘모리잡가」(곰보타령)와 비교 분석하면서 부연적 수식의 형식을 지닌 백석 시의 표현 형태는 휘모리잡가와 사설시조에 뿌리가 닿아 있다고 밝혔으며 '엮음'의 시 형식이라고 명명하였다. '같은'이라는 어휘가 반복되고 동시에 어구들이 줄줄이 나열되고 있으며 그러한 나열과 반복은 전체적으로 슬픔을 수식하는 형태로 짜여져 있다(고형진, 「백석 시의 표현 형태와 전통 시가의 '엮음'」, 『현대시의 서사 지향성과 미적 구조』, 시와시학사, 2003, 314~315면).

족의 정체성과 기질, 슬픔이라는 지극히 정서적인 것, 삶과 죽음을 포함한 한 집안의 내력, 그리고 시간을 형상화시키는 힘이 모두 옛 물건인 목구를 통해 이루어진다. 이 모든 것이 연결되고 연속적인 상황 속에 위치해 있다는 점은 1연과 2연에서 확인했듯이 이 시가 '연쇄 구조'를 채택함으로써 긴밀한 구성이 가능해진 것이다. 수수께끼 형식은 백석의 이러한 상상력과 결합되어 시의 전반부인 1·2연이 보여주는 참신한 재치에 머무르지 않고 '목구'라는 특정 사물이 가진 보편적 성격인 그릇에서 출발하여 깊은 사색과 민족적 공감대를 모두 담아내는 데 기여한다. 수수께끼 형식을 통해 목구는 제사의 도구에서 제사의 주체로 의인화되었으며 이 과정은 우리에게 지극히 친숙한 존재인 목구를 생경하게 바라보게 되는 시선의 제고를 가져온다. 그 결과 수수께끼의 형식은 먼지 가득한 고방에서 목구를 가져와 그것을 중심으로 우리의 제사 풍속을 재발견하는 인식의 전환을 시도한다. 더불어 우리가 가진 유형·무형의 전통이 조상에서 후손으로 유구하게 흘러갈 것임을 믿으며 현재의 상황을 직시하고 있다.

4. 시와 수수께끼의 긴장 구조 : A는 B하는 것이다, 이런 A는 무엇인가

> 눈이 많이 와서
> 산엣새가 벌로 날여 멕이고
> 눈구덩이에 토끼가 더러 빠지기도하면
> 마을에는 그무슨 반가운것이 오는가보다
> 한가한 애동들은 여듭도록 꿩사냥을 하고
> 가난한 엄매는 밤중에 김치가재미로 가고

마을을 구수한 즐거움에 사서 은근하니 흥성 흥성 들뜨게 하며
이것은 오는것이다
이것은 어늬 양지귀 혹은 능달쪽 외따른 산녑 은댕이 예데가리밭에서
하로밤 뽀오햔 힌김속에 접시귀 소기름불이 뿌우현 부엌에
산멍에같은 분틀을 타고 오는것이다
이것은 아득한 녯날 한가하고 즐겁든 세월로 부터
실같은 봄비속을 타는듯한 녀름 볕속을 지나서 들쿠레한 구시월 갈바람속을 지나서
대대로 나며 죽으며 죽으며 나며 하는 이 마을 사람들의 의젓한 마음을 지나서 텁텁한 꿈을 지나서
집웅에 마당에 우물든덩에 함박눈이 푹푹 싸히는 여늬 하로밤
아배앞에 그어린 아들앞에 아배앞에는 왕사발에 아들앞에는 새끼사발에 그득히 살이워 오는것이다
이것은 그 곰의 잔등에 업혀서 길여났다는 먼 녯적 큰마니가
또 그 집등색이에 서서 자채기를 하면 산넘엣 마을까지 들렸다는
먼 녯적 큰 아바지가 오는것같이 오는것이다

아, 이 반가운것은 무엇인가
이 히수무레하고 부드럽고 수수하고 슴슴한것은 무엇인가
겨울밤 쩡 하니 닉은 동티미국을 좋아하고 얼얼한 댕추가루를 좋아하고 싱싱한 산꿩의 고기를 좋아하고
그리고 담배내음새 탄수내음새 또 수육을 삶는 육수국 내음새 자욱한 더북한 샅방 쩔쩔 끓는 아르궅을 좋아하는 이것은 무엇인가

이 조용한 마을과 이마을의 으젓한 사람들과 살틀하니 친한것은 무엇인가

이 그지없이 枯淡하고 素朴한것은 무엇인가

—「국수」 전문(『문장』, 3권4호 폐간호 1941.4)

앞에서 살펴본 두 편의 시보다 이 시 「국수」에서 백석은 수수께끼 형식을 통해 대상에 새롭고 풍부한 시각을 부여하면서 접근한다. 화자는 수수께끼를 하듯이 청자를 상정하고 5번에 걸쳐 '이것은 무엇인가'라는 질문을 던지는 방식을 취한다. 시에서 '이것'은 한겨울에 마을을 찾아오는 어떤 반가운 존재로 의인화된다.[14] 그러나 이 시에서도 수수께끼의 표면적인 답은 제목에서 밝히고 있는 것처럼 국수지만, 궁극적으로 이것은 '국수'를 넘어서 오랫동안 국수를 먹어온 마을 사람의 소박한 심성과 삶의 내력 전체를 가리킨다고 보아야 할 것이다.

1연은 그 일련의 과정을 국수라는 반가운 손님이 찾아오는 겨울을 시작으로 서정적으로 서술한다. 4번 반복되는 '이것은 오는 것이다'라는 문장 사이에서 어떻게 오는가에 대한 서술이 1연의 내용을 구성한다. '눈구덩이에 토끼가 빠질' 정도로 눈이 많이 내리는 한겨울에 마을 사람들은 국수를 만들어 먹는다. 국수 먹는 풍경은 '구수한 즐거움에 차서 은근하니 흥성흥성 들뜨게 하는' 삶의 즐거움과 따뜻함을 내포한다. 이런 풍경은 산 속 외딴집에서도 예외가 아니다. 비탈의 '예데가리밭에서' 나와 '하루밤 뽀오얀 흰 김 속에 접시귀 소기름불이 뿌우현 부엌에서' 이무기 같은 분틀을 통과시켜 만든 국수를 먹는다.

---

14 유종호는 '반가운 것'이 국수임을 알지 못하다가 시가 진행됨에 따라 마침내 그 정체를 알고 의표를 찔렸다는 생각을 하게 된다고 해석하면서, 스무고개 같은 전개 및 처리가 아주 이색적이며 또 하나의 낯설게 하기라고 지적한다 (유종호, 「백석」, 『다시 읽는 한국시인』, 문학동네, 2002, 272면).

국수를 즐겨 먹는 계절은 눈이 많이 오는 겨울이지만 이 마을 사람들이 '대대로 나며 죽으며 죽으며 나며' 살아왔듯이 국수도 봄비와 여름 볕, 가을 바람을 지나는 긴 시간의 재료 준비 과정을 거쳐야 먹을 수 있다. 아버지에서 아들로, 또 그 아들로 이어지는 가족의 내력도 국수를 통해 전해진다. 아버지와 어린 아들이 마주 앉아 국수를 먹는 장면은 아버지의 '왕사발'과 아들 앞에 놓인 '새끼사발'이라는 국수 그릇의 크기를 비교하면서 구체적인 생활의 모습을 보여준다. 또 국수는 아버지의 이야기 속에서만 살아있는 '먼 옛적 큰아버지'와 '큰어머니'가 오시는 것처럼 반갑다. 국수는 단숨에 음식의 차원을 넘어 '의젓한 마음'과 '텁텁한 꿈'을 지닌 마을 사람들의 역사, 한 집안의 가족사를 통과해 이어져 오는 시간의 길을 따라 형상화된다. 수수께끼의 형식에서 서술 부분에 해당하는 'A는 B인 것이다'에서 B에 해당하는 주된 행위는 'A가 온다'는 것에 초점이 맞추어져 있는데 이것은 수수께끼가 '교란의 언어'[15]를 사용한다는 사실에 충실한 부분이다. 실제로 '국수'는 특정 계절에 만들어 먹는 음식이지 어느 곳에서부터 오는 존재는 아니다. 그러나 시에서는 A가 '오는 것이다'를 반복·강조하여 서술하고 있기 때문에 낯선 대상을 만나는 설렘을 선사하는 것이며, A가 음식이라는 사실을 은폐하여 독자의 짐작을 교란시키고 읽는 재미를 배가시킨다. 겨울이면 어김없이 먹는 국수가 수수께끼의 형식으로 표현했을 때 겨울이면 오는 어떤 특별한 존재, 기다림의 정서를 동반한 존재가 된다. 마을에 도착한 존재는 겨울 동안 어느 집이건 빠짐없이 들를 것이며 마을 사람들이 이 존재와 만나는 순간은 평화

15 김열규, 앞의 논문, 318~320면.

롭고 화해로운 공동체를 구성한다. 수수께끼의 형식은 일상에서 쉽게 접하는 음식인 '국수'를 새롭게 인식하도록 기능한다.

2연에서는 '국수'의 구체적인 모습이 의인화되어 제시된다. 국수면의 색깔과 맛, 냄새, 곁들여 먹는 재료, 먹는 장소가 2연의 구체적인 내용을 구성한다. 먼저 '히수무레하고 부드럽고 수수하고 슴슴한 것'은 국수면의 색깔과 맛을 표현한 것으로서 형용사의 나열만으로도 의인화된 국수의 성격을 적절하게 전달한다. 3행과 4행에서 국수의 모습은 '~을 좋아하고'의 반복을 통해 '국수'의 기호로 표현된다. '동치미국'에 국수면을 말아 얼얼한 '댕추가루'로 간을 하고 '산꿩고기'를 고명으로 얹은 한 그릇의 국수가 완성된다. 이 국수를 '샅방 쩔쩔 끓는 아르궅'에 앉아 먹을 때 제맛을 느낄 수 있다. 이것은 평북 지방 사람이 즐기는 국수의 취향이며 그들이 공유하는 정서이자 연대감의 다른 표현이다. 3연은 자연스럽게 국수를 즐기는 평북 지방 사람과 연결된다.

3연을 보면 국수와 마을 사람들의 친연성이 드러난다. '조용한 마을과 이 마을의 의젓한 사람들'과 살뜰하게 정을 나누는 국수는 마치 친구와 같은 존재이다. 국수는 1연에서처럼 겨울이면 먼 곳으로부터 이 마을에 찾아와 마을 구성원의 하나로 받아들여진다. 이때 국수의 성품은 마을 사람들과 크게 다르지 않아서 '그지없이 고담하고 소박한' 것으로 표현된다. 마지막 행에서 '이 그지없이 고담하고 소박한 것은 무엇인가'라는 수수께끼 형식의 질문은 국수와 마을 사람들의 일치를 찾아가는 과정에 대한 확인이며, 근원적으로 우리가 어떤 사람들인가에 대한 질문이라고 볼 수 있다.

수수께끼의 형식으로 살펴보면, 1연은 수수께끼의 답인 '국수'에 대한 정의항 기술 부분에 해당하며 2연과 3연은 수수께끼의 힌트와 질문 부분이다. 서술어를 보면 1연은 어떤 경로로 'A는 오는 것이다'에 집중해 있으며 2·3연은 형용어구 다음에 이어지는 'A는 무엇인가'의 질문으로 강조된다. 이같은 서술어의 반복 사용은 이 시에서 '긴장 관계'를 함축하고 있으며 이 긴장이 시를 탄력있게 연결시키는 고리를 제공한다.[16] 가린 듯이 드러내고 감추면서 동시에 공개하며 위장하듯 지적해야 하는 수수께끼 자체의 속성 때문에 고도의 언어적 위장을 발휘할 수 있게 된다.[17] 이 과정 속에서 국수의 속성들이 새롭게 제시되고 마을 사람들과 하나인 것처럼 일치되는 결과에 이르면 수수께끼의 드러난 답은 국수이지만 드러내고자 하는 답은 마을 사람들의 삶과 심성이 된다. A를 말하면서 A´도 함께 말하는 것, 이것이 수수께끼가 지닌 순간적인 기지와 재치를 넘어서 정서의 교감과 울림을 전해주는 시의 효과일 것이다.

5. 결론

수수께끼는 백석의 시에 자주 등장하는 유년의 공간에서 유년의 화자들끼리 혹은 유년의 화자들이 부모나 친척 어른들과 함께 즐겨

16 이경수는 백석의 시에서 기본 문장을 부연하며 반복하는 언술의 구조가 집단적 정서를 환기하는 데 결정적으로 기여한다고 지적한다. 특히 수수께끼 질문의 반복은 리듬을 형성할 뿐만 아니라 국수의 본래의 의미에 새로운 의미 변화를 가져옴으로써 시의 의미를 한층 더 풍부하게 해 준다고 밝혔다(이경수, 『한국 현대시와 반복의 미학』, 월인, 2005, 98~100면).

17 김열규, 앞의 논문.

했을 법한 놀이이기도 하다. 우선 수수께끼의 내용을 살펴보면 생활의 지혜나 재치, 상상력을 엿볼 수 있는 요소를 발견할 수 있다. 수수께끼의 소재는 주로 생활 주변의 일상적 사물에 대한 관찰에서 나온 경우가 대부분이고 무엇보다도 이를 바탕으로 한 공동체 구성원들은 공감대를 쉽게 형성한다. 이것은 백석이 자신의 시 속에 구현하려고 했던 화해롭고 평화로운 공동체의 모습과도 정서적으로 상통하는 면이 있다. 수수께끼 형식을 사용한 시쓰기는 전통을 되묻는 과정에서 발견할 수 있는 우리 고유의 정서를 밑바탕으로 하고 있으며, 여기에는 백석 시를 관류하는 '토속성'이나 '과거 지향성'의 정서가 흐르고 있는 동시에 전통을 바라보는 구체적 시각도 감지할 수 있었다.

「柘榴」에는 수수께끼의 가장 기본적인 구조인 'A는 B이다'의 은유 구조가 쓰였다. 짧은 시형 속에서 석류의 원산지, 붉은 빛깔, 약재로서의 효능을 의인법을 사용하여 재치 있게 전달했다. 「木具」는 'A는 B하고 C하는 것'의 연쇄 구조를 지닌 수수께끼의 방식으로 목구의 보관 장소, 사용법 등을 의인화하여 제시했다. 그러나 참신한 재치에 머무르지 않고 목구는 수수께끼 형식을 통해 제사의 도구에서 제사의 주체로 의인화되었으며 이 과정은 우리에게 지극히 친숙한 존재인 목구를 생경하게 바라보게 되는 시선 재고의 효과를 가져왔다. 수수께끼의 형식은 먼지 가득한 고방에서 목구를 가져와 그것을 중심으로 우리의 제사 풍속을 재발견하는 인식의 전환을 가져왔다. 한편으로 우리가 가진 유형·무형의 전통이 조상에서 후손으로 유구하게 흘러가는 모습이 목구를 바라보는 시선에 슬프게 담겨 있다. 「국수」는 'A는 B하는 것이다, 이런 A는 무엇인가'의 수수께끼 형식을 갖는다. 1연에는 국수의 제조 과정과 먹는 모습이, 2연에는 국수의 색깔과 맛, 냄새,

곁들여 먹는 재료, 먹는 장소 등이 자세하게 의인화되어 서술되었다. 2연과 3연에서 서술어 '이것은 무엇인가'의 반복된 질문은 국수와 국수를 먹는 마을 사람들이 서로 다르지 않다는 친근성을 근거로 마을 사람들의 순박한 삶과 심성을 도출해 내는데 효과적인 역할을 담당했음을 밝혔다. 시가 수수께끼 형식을 취함으로써 획득하는 효과는 다음과 같다.

우선 대상을 의인화하여 대상에 대한 새로운 접근을 시도하였고 대상에 대한 여러 가지 다양한 연상 작용을 가능하게 하였다. 의인법의 사용은 세 편의 시에 공통적으로 사용된 수사법이며 수수께끼의 가장 흔한 수사법의 하나이다. 수수께끼의 답에 해당하는 제목을 미리 알고 읽었을 때 시가 오히려 더 신선하고 독특하게 다가오도록 하는 묘미는 수수께끼의 답을 맞추는 놀이의 즐거움과 상통했다. 이 경우 즐거움은 발상의 파격성을 알아가는 과정에 있기 때문이며 수수께끼가 시적일 수 있는 이유도 여기에 있다. 둘째로 지적할 부분은 시 자체가 가지고 있는 섬세한 감각이다. 수수께끼가 시와 만났을 때 증폭되는 효과는 사물에 대한 신선한 접근에 있다. 「柘榴」에서는 달빛과 석류의 붉은 빛의 선명한 대조를 통해 석류가 지닌 생명력을 획득했고 눈에 보이지 않지만 석류의 씨앗들이 석류 과육 속에서 쏟아질 듯 담겨 있는 순간을 포착하고 상상하는 감각도 포함된다고 보았다. 「木具」에서는 슬픔이라는 지극히 정서적인 것, 삶과 죽음을 포함한 한 집안의 내력, 그리고 시간을 형상화시키는 힘이 모두 옛 물건인 목구를 바라보는 백석의 감각이 내포되어 있기 때문에 가능하다고 보았다. 「국수」에서는 마을 사람들의 소박한 성품을 닮아 있는 국수의 모습을 통해 마치 마을 구성원의 하나인 것처럼 사람들과 국수를 일치시키는 감각에 주목하였다.

수수께끼의 형식을 시에 적용하여 시상을 전개시키는 것이 단순한 실험 차원에서 머무르는 것이 아니라 어떻게 질문하는가에 따라 질문 자체가 시가 될 수 있음을 백석을 통해 확인할 수 있었다.

■ 참고 문헌

〈기초자료〉

백석, 『사슴』, 선광인쇄주식회사, 1936.

이동순 편, 『백석전집』, 창작과비평사, 1987.

김학동 편, 『백석전집』, 새문사, 1990.

김재용 편, 『백석전집』, 실천문학사, 1997.

『문장』, 2권 2호(1940.2) 3권 4호(1941.4)

〈논저〉

고형진, 『현대시의 서사지향성과 미적 구조』, 시와시학사, 2003.

고형진 편, 『백석』, 새미, 1999.

김성배, 『한국 수수께끼 사전』, 집문당, 1973.

김열규, 「수수께끼라는 언어 전략이 텍스트 상관성에 던지는 몇 가지」, 『배달말』, 1989, 배달말학회.

유종호, 『다시 읽는 한국시인』, 문학동네, 2002.

이경수, 「백석 시의 반복 기법 연구」, 『상허학보』 7, 2001, 상허학회.

______, 『한국 현대시와 반복의 미학』, 월인, 2005.

이재선, 「수수께끼와 그 시학적 성격」, 『창작과비평』, 1973 겨울호.

정경연, 『몸에 좋은 색깔 음식 50』, 고려원북스, 2005,

최래옥, 「수수께끼」, 『한국민속대관』, 고려대 민족문화연구소, 1982.

최정례, 「백석 시 연구」, 고려대 대학원 석사학위논문, 2001.

______, 「백석 시의 근대성 연구」, 고려대 대학원 박사학위논문, 2004.

한채영, 「수수께끼의 틀과 은폐 책략」, 『한국민속학보』 5, 한국민속학회, 1995.

츠베탕 토도로프 편(김치수 역), 『러시아 형식주의』, 이화여대 출판부, 1997.